孟飛，蕭楓 主編

刑罰之下

歷史的審判反思

文字獄、車裂、鬼目粽、燻耳、
二龍吐鬚……古代的刑罰有多狠？
超多冤案由此誕生！

從刑鏈裡找歷史真相？古代冤案與律法深探！
從前的刑罰公正嗎？皇帝一人掌握生殺大權？

秦始皇真容 × 朱元璋地宮 × 岳飛真墓 × 歷代各大刑具

那些至今還沒解謎的歷史冤案、還有造就冤案的嚴酷律法！

目錄

第一　案件歷史

目錄

二、精神刑具

目錄

第一

案件歷史

一、千古疑案

秦始皇的模樣

秦始皇（西元前二五九至前二一○年），即嬴政，戰國時期秦國國君，秦王朝的建立者。秦莊襄王之子。因出生於趙都邯鄲，又名趙政（有一說秦與趙同祖）。

西元前二四七年五月，其父病卒，十三歲的嬴政即位為秦王，由相國呂不韋和太后寵信的宦官嫪毐專擅國政。西元前二三八年，行冠禮、始親政，立即鎮壓嫪毐叛亂。次年罷免呂不韋職務，任用李斯為相，分派王翦等將軍繼續進行統一全國的戰爭。十年間，成功消滅割據稱雄的六國，建立中國史上第一個統一的多民族中央集權國家。

他將全國分為三十六郡，郡下設縣，同時確立了以「三公九卿」為主體的中央政權組織，自稱「始皇帝」。此外，他也下定決心統一法律、度量衡、貨幣和文字，拆除戰國時期各國邊境地區的防禦工事，修築馳道、直道，並在現今滇黔一帶建造了「五尺道」，強化全國陸路交通。

同時，他還派兵北征匈奴貴族，南定百越諸地，又築長城、開靈渠，採取一系列鞏固國家統一、促進經濟和文化發展的重要措施。為了加強思想統治，焚燒「秦紀」以外的列國史籍、民間收藏的儒家經典，及諸子百家著作，坑死以古非今的方士四百多名。

秦始皇為人剛愎自用、獨斷專行，實行嚴刑峻法和繁重賦役，再加上連年征戰，讓廣大人民難以承受，最終導致秦帝國在短短兩代間覆亡，未能實現他想傳之萬世的美好計畫。

秦始皇身為中國歷史上第一位皇帝，自古以來，人們對他的評價褒貶不一。褒者，稱讚他為千古一帝；貶者，批評他是罕見的暴君。然而，不論如何看待他，秦始皇開創了大一統封建帝國的偉大歷史成就，這是任何人都難以否認的。他展現的雄才大略和統一天下的能力，也是任誰都難以否認的。

「秦王掃六合，虎視何雄哉！」大詩人李白的這個名句，勾勒出秦始皇揚威奮武、掃蕩天地四方的雄偉形象。「一箭射大鮫，裂岸鳴驚弦」、「東嶽留勝蹟，西華挽強弓」，無論是有名還是無名的詩人，都寫了不少與這位皇帝有關的詩句，從中似乎能感受到他的威猛高大，氣勢更是凜凜不凡。

在一些文藝作品中，還把他形容成英勇無比的軍事統帥；某部電影更將秦始皇塑造成馳騁疆場的戰將，騎馬揮刀、親自將敵手斬落馬下。在繪畫作品中，秦始皇同樣是腰粗體胖、高大威猛、英姿煥發、不可一世。總之，人們心中的秦始皇，不僅天下無敵，相貌也俊偉不凡。

從史料記載來看，秦始皇性情暴烈、剛愎自用，認為「天下之事無大小皆決於上」。遺憾的是，他並非帶兵打仗的統帥，從未親身參與過戰役。更令人失望的是，秦始皇相貌醜陋、身形猥瑣，甚至帶有一些殘疾，完全不符合人們對他的想像。

關於秦始皇的外貌，司馬遷在《史記·秦始皇本紀》中有明確記載：「（尉）繚曰：『秦王為人，蜂準、長目、摯鳥膺、豺聲，少恩而虎狼心。』」

這樣看來，秦始皇的外表的確讓人難以讚美：「蜂準」，簡而言之，就是馬鞍鼻，鼻梁凹陷顯著；「長目」是眼球突出，也就是眼睛「鼓鼓的」；「摯鳥膺」，是醫學上所謂的雞胸，是典型的軟骨病症狀；「豺聲」，則顯示這位始皇帝患有嚴重的支氣管炎，久咳不癒導致聲音嘶啞難聽。

秦始皇這些相貌特徵顯示，他屬於典型的軟骨病患者，身體發育不正常，而使得胸廓和鼻梁形狀扭曲。胸、鼻的畸形還導致支氣管炎經常發作，有時還引發「羊癇瘋」。由此可見，這位統一六合、平定天下的偉人，不僅外貌不佳，身體狀況也相當差，被多種疾病糾纏；使他脾氣暴躁、性情乖戾，待人「少恩而虎狼心」。

究竟秦始皇的相貌是否如此？不少人對此表示懷疑。

首先，司馬遷在《史記》中所記載的內容，雖然是權威史料，但也僅是轉述尉繚的言談，屬於第二手資料。尉繚的說詞是否可信，則難以確定。他是戰國末年出生於魏大梁（今河南開封）的人，名繚，姓氏不詳，因官居國尉而被稱為尉繚。秦王政十年（西元前二三七年）進入秦宮後，協助策劃統一六國的大計，提出用金錢收買別國豪臣，擾亂其原有布局，被嬴政採納。然而，不久後他與嬴政發生爭執、匆忙逃離，從此下落不明。

尉繚是個游士，對醫學一無所知，對人體的觀察和判斷都不見得準確。且尉繚與嬴政的關係緊張，由《史記‧秦始皇本紀》的記載可以看出，其言詞具有貶低和詆毀的傾向，難免有扭曲或誇大的可能性。此外，尉繚當時發表這番言論時，是什麼背景和場合？這份資料從何而來？司馬遷都沒有詳細說明。所以，尉繚對秦始皇相貌的描繪，我們不可輕易相信。同時，還要考量秦始皇處於風雲變幻莫測的戰國時代，短短一生，屢遭刺殺、行蹤神祕，親見他的人相當有限，且他的疾病更是朝廷的最高機密，連司馬遷也可能未必得知，尉繚又怎麼可能知道得如此詳盡呢？

其次，從秦始皇的實際活動來看，他的身體應該相當健康，根本不像是罹患軟骨病或患有支氣管炎等老年疾病的樣子。例如，秦始皇執政的第二十七年（西元前二二〇年）至第三十七年（西元前二一〇年），十

年之間，共五次出巡，赴隴西、攀嶧山、登東嶽、上琅邪、臨碣石，路途坎坷、行程萬里。以當時的交通與醫療條件，即使貴為皇帝，被人伺候得十分周到，如果身體狀態不好，恐怕也難以支撐。

再者，秦始皇三十七年，他東遊「至之罘（今山東煙臺市），見巨魚，射殺一魚。」（見《史記・秦始皇本紀》）。既為巨魚，而且親自射殺，這說明秦始皇能拉大弓，擁有強大的臂力和高超的射箭技術。倘若他的身體真如尉繚所言，豈能有這樣的表現？再從「圖窮匕首見」的史實來看，秦始皇絕非軟骨病患者。

秦王政二十年（西元前二二七年），燕太子丹祕密派遣壯士荊軻刺殺嬴政。當匕首從督亢地圖中露出時，荊軻的左手已緊緊抓住嬴政的衣袖，右手中的匕首隨即刺來。嬴政大驚，急忙閃躲，衣袖居然被刺斷了。他想拔劍自衛，可是來不及了，只得繞著柱子與荊軻周旋。結果，這位刺客不僅沒能刺殺嬴政，反被他拿劍砍斷了左腿，又重創其身八處，荊軻很快喪命（見《戰國策・燕策三》），這件事也說明了秦始皇的身體狀況良好。假如他形銷骨立或舉止失措，衣袖恐怕難以被刺斷，也不可能與刺客周旋，早已成為刀下亡魂。

再次看秦始皇的工作情況，他的身體狀況應該不會太差。《史記》記載，秦始皇勇於任事，勇於負責，不論大小事都得經過他的批准。尤其統一六國後，百廢待舉、萬事俱興，他必須做出許多重大的決策，就算僅是處理批文這項工作，其工作量就已相當可觀。據《史記正義》記載，秦始皇當政期間，「言表箋奏請，秤取一石，日夜有程期，不滿不休息」。當時沒有紙張，檔案全都寫在竹木簡上，秦始皇得看完一石檔案才能休息。

秦時一石為一百二十斤，要日以繼夜看完這麼多檔案，絕對需要一個強壯的身體。秦始皇不僅身體非常健康，而且精力充沛，除了處理公

務，還親自檢查社會治安的工作。在他統治的第三十一年十二月的一天夜裡，他與四名武士偽裝成老百姓，在咸陽巡行。突然間，有幾個想要搶劫的暴徒出現，秦始皇帶領武士們反擊，成功刺殺了這些匪徒。這顯示他不僅身體強健，武功可能也相當不錯。

無庸諱言，這位始皇帝怕死也是出了名的。他聽從盧生的建議，為了讓自己的居處無人知曉，下令在咸陽附近兩百里的範圍內，在已建成的兩百七十座宮殿間，添建複道和甬道，並要求各宮殿設置帷幕、鐘鼓，住著妃嬪。他在眾多的宮殿中穿梭來去，夜不虛度；若是身體不好，豈能勝任這樣的生活？

此外，從陝西臨潼出土的秦兵馬俑來看，它們的主人也並非矮小瘦弱。以一號俑坑為例，六千件陶製的士兵、馬匹，威風凜凜、雄偉壯觀。武士俑們個個身形高大、肌肉豐滿、英姿煥發、雄偉勁健，身高均在一百八十公分左右，有的甚至高達兩百公分，皆為典型的「關中大漢」。以此推測它們的主人，應當是八九不離十的模樣。

從以上各種情況來看，秦始皇的外貌應該是威猛高大、英武瀟灑的，而且他還精通武藝、精力充沛、處變不驚，能應付各種複雜局面，承擔繁重的工作量。著名歷史學家翦伯贊曾推論嬴政的相貌相當俊俏；有些學者也認為，秦始皇出生在秦地，他的母親趙氏是出了名的美人，按照子肖其母的生育規律，嬴政的長相不應該很差。而且他的生活條件不錯，肯定不會營養不良，因此他應該是個高大魁梧、相貌堂堂的西北大漢。至少他應該是常人模樣，絕非發育不良、相貌寒磣、身形難看的多病之人。

秦始皇的樣貌真的如此嗎？有些專家學者不同意這種推斷，並提出了一些理由：

第一，《史記》對嬴政外貌的描述大致準確，儘管司馬遷的記載並非

第一手資料，但畢竟是史書中對秦始皇外貌的明確描述，目前並未發現其他不同或完全相反的記載。司馬遷是個善於描寫人物形象的高手，《史記》中記載的人物，具有數量眾多、類別豐富、個性鮮明這三大特點。他成功塑造了近百個令人印象深刻的人物，其中有些特別注重外貌和神情的描繪，使這些人物形象具有強烈的可視性。

例如：對漢高祖劉邦的描寫是「隆準而龍顏，美鬚髯，左股有七十二黑子」；張良「狀貌如婦人好女」；李廣「廣為人長，猿臂」；蔡澤「曷鼻，巨肩，魋顏」……等。這些描述雖然文字不多，卻面目活現、形象生動、各具特色。對於像秦始皇這樣的重要人物，司馬遷應該會認真對待，不會輕易只憑道聽塗說而描述；因此，我們可以相信司馬遷所寫的秦始皇外貌是可信的。

第二，秦始皇的性情暴戾、易發脾氣，這也是他多病纏身、心情沮喪的原因。他幼年時，隨同父母在趙國為人質，為了逃避追殺，四處躲藏、寄人籬下、食居不安，很可能因此營養不良而導致軟骨病。由於鼻部和脊椎骨彎曲、變形而使呼吸不暢，因此說話時聲音宛如「豺聲」，一旦「羊癲瘋」發作，更是令人驚恐。再從秦始皇喜好侏儒來看，他的身形可能並非高大威猛。例如，他在統一六國之後，曾打算擴建苑囿，範圍包括陳倉（今陝西鳳翔、寶雞一帶），東至今河南靈寶，面積廣闊、東西千里，一旦實施這項計畫，所需的資金可想而知。

周遭大臣懼於秦始皇的虎威，誰也不敢諫止，唯獨他的侏儒好友優游勇於發言。他戲謔地說：「陛下的這個計畫太好了，這麼大的苑囿，多放凶禽猛獸，就沒有人敢在此出沒；若有強盜從東方襲來，只要讓麋鹿上場，就能把他們全趕跑了！」秦始皇聽後大笑不止，立即打消了這個荒唐的念頭。據記載，他身邊的侏儒不止優游一人，他們都與這位喜怒不定的皇帝相處得很好。這也說明秦始皇由於自己身材不高、長相不

佳，特地找來一群侏儒做陪襯；如果他身心健康，一定不會與這些人結為摯友。

第三，秦始皇五次出巡，並不能證明他的身體狀況有多好，因為他有豪華車輛可坐、有駿馬可騎，跋山涉水不費力氣。此外，他所到之處都豎石立碑、自我張揚，以掩飾他的身體不佳。再者，從他逃脫荊軻追殺這件事來看，他連自己的佩劍都拔不出來，可見他的武功並不了得。若非御醫將藥袋砸向荊軻，他可能難以倖免。而逃生是人的本能，即便身體再弱，也絕不會引頸就戮。

另外，從御醫時刻都攜帶著藥袋的情況來看，秦始皇很可能長期體弱多病，否則他不會將這些物品帶上朝堂。至於他每天需閱讀一石的竹木簡書檔案，這也不足為奇，必定有人為他搬運，甚至可能會為他誦讀。這些與秦始皇的外貌並無必然關聯，因此不必為他增添英武瀟灑、高大奇偉等過度美化之詞。

至於那些秦兵馬俑，眾所周知是以寫實手法製作，以高手、大馬組成的大軍陣勢，來展現當年秦軍統一六國的磅礡氣勢。這些陶俑的形象當然要健壯端莊、高大威猛，不能因為秦始皇本人其貌不揚、身材普通，就將這些陶俑按照他的模樣來設計，更不能由陶俑的模樣去推斷統帥的尊容。這種機械的類比，不僅缺乏根據，也不夠嚴謹，甚至有些滑稽可笑。

整體來看，還是應該相信《史記》對秦始皇外貌的描繪，不能被固有的思維框架所限制。司馬遷曾提到「以貌取人，失之子羽」，成大事業者未必都威武英俊；同時，壞蛋、惡人也並非都獐頭鼠目。從歷史來看，一些留名青史的人物，身材可能相對矮小，外貌也不好看，像傳說中的舜，身高不及常人，皮膚還又黑又粗；春秋時期齊國政治家晏嬰、孔子門生子羔、漢代丞相蔡義、文學家王粲、晉代大學者山濤等，身材都相當矮小，有的甚至近似侏儒，但他們同樣有非凡的成就。

　　不僅文臣學者如此，鏖戰沙場的將軍，也有身材矮小的例子。像春秋時魯國大將臧紇、漢代將軍嚴延年、三國時魏國名將樂進等，身高都遠遠不及一般人，長相也不好看。然而他們在戰場上表現出色、武功非凡，常把高大雄壯的對手打得落花流水。可見一個人的身材和外貌，並不必然影響他們的成就。更何況秦始皇貴為天子，手下還有眾多傑出人才，誰敢斷言他無法創造驚天動地的成就呢？

　　秦始皇的形貌不佳，名聲也不太好，很多人將他歸於暴君之列。一提到他，幾乎沒人有什麼好感，甚至有些畫家還不願意為他畫像。例如，唐代著名肖像畫家閻立本，繪製了「歷代帝王圖」，呈現從西漢到隋朝十三位帝王的「真容」，其中包括開國皇帝，也有亡國之君，卻唯獨缺少首位打出皇帝名號的秦始皇，可見對他懷有很深的成見。

　　據說閻立本的寫實技巧相當高超，其肖像畫都生動逼真，即便如此，他可能也難以畫出秦始皇的真實尊容。畢竟當時缺乏照片參考，也無錄影，僅憑司馬遷的幾句描述，要準確描繪出數百年前的秦始皇，實在相當困難。因此，即使閻立本真為這位始皇帝畫像，恐怕十之八九非其本人。

　　那麼，現在所見的秦始皇畫像是怎麼來的呢？為何把他畫得如此威武英俊？有些專家學者推斷，「歷代帝王圖」中的開國之君，都被畫得威武剛毅、相貌堂堂，使後人推測秦始皇應該是這樣的形象。可能以晉武帝司馬炎的畫像為參考，將秦始皇也畫成方臉廣額、高鼻美目、方嘴美髯、大耳垂肩的富貴樣貌。這樣的呈現讓大眾容易接受；相反的，如果按照司馬遷描述的秦始皇形象來繪製，說不定會引起一些異議呢！

　　秦始皇到底長什麼模樣，實在一時難以明確說清楚，這對文藝工作者在塑造其形象上，是個難題。解開這個難題是有必要的，至少可提供一個較準確的版本，讓大眾不再對這位千古一帝肆意編造、妄加揣測。

曹操爲何不當皇帝

　　曹操，一名吉利，字孟德，小名阿瞞。除了這些很普通的名字外，他還有一個不普通的名號——魏武帝，或者叫「武皇帝」。其實，曹操終其一生，鞍不離馬、甲不解身、東蕩西征、南征北討，挾天子以令諸侯，費了很大力氣，統一中國北部，雖有皇帝之實，卻無皇帝之名。漢延康元年（西元二二〇年）正月，曹操病逝洛陽，葬於高陵（今河北臨漳西南），終年六十六歲。當年十月，他的兒子曹丕廢漢自立，在洛陽即位，改元黃初，國號曰「魏」。十一月，曹丕追尊其父為武皇帝，廟號太祖。至此，曹操才算有了皇帝正式名稱，他的這個偉大遺願，在曹丕手裡完成，是名副其實的「兒子創造老子」。

　　曹操是個很有本事的人。陳壽在《三國志·武帝紀》中評價其為「抑可非常之人，超世之傑矣」。他到另一個世界去當皇帝，是其高明之處，也是無可奈何的選擇。眾所周知，曹操在鎮壓黃巾軍起義中起家，建立了以「青州兵」為精銳的曹家隊伍，他在占據兗州（今山東兗州市）期間，一些大臣擁獻帝逃至洛陽，這裡的宮室也已化為廢墟，百官依壁而居，幾天吃不到一頓飽飯。在漢獻帝和大臣們走投無路之際，曹操做了一個自以為聰明的決定。建安元年（西元一九六年）九月，他將獻帝接到許昌，自任大將軍，同時封武平（今河南鹿邑西北）侯。自此，政權完全歸屬於曹氏，皇帝僅保持名義上的位置。

　　建安十三年正月，曹操擔任丞相；建安十八年五月自封為魏公，賜予九錫；建安二十一年四月被晉封為魏王，地位高於其他諸王。曹操的兒子曹丕成為王太子，女兒被尊稱為公主，王宮位於鄴城（今河北省臨漳縣西南鄴鎮），設有相國、御史大夫、尚書令、侍中等官職，形式上與皇帝沒有太大區別。魏王在名義上仍然次於漢獻帝，實際上皇帝只是曹

操手中的傀儡，無人再將他視為重要人物。

　　曹操大權在握，皇帝之位近在咫尺，然而他卻巧妙地操縱漢獻帝二十四年（從建安元年到延康元年），玩弄其於股掌之中，直到臨終之際，仍未廢除比他小二十六歲的漢獻帝。儘管曹操已經全面完成了曹魏王朝的建立，卻從未親自登上皇帝寶座。許多人對此疑惑不解，甚至將其視為曹操的最大「奸謀」。其實這正顯示了他的非凡智慧。由於曹操謹慎權衡利弊，他還不能當這個皇帝。

▌為了避免成為眾矢之的

　　曹操是位傑出的政治家和軍事家，善於從整體和戰略的角度思考問題。當時天下大亂、群雄並起，出現了一批實力強大的人物，如袁紹、袁術、呂布、張繡、孫權、劉備……等，個個都不甘屈居，都希望獲得一些成就。而曹操自己擁有的實力還不足以征服群雄、除盡異己。特別是在討伐董卓的戰爭中，曹操感受到漢室仍然有一定的號召力，像孫堅等人，「知有討賊而不知有他」。在與劉備的接觸中，他發現這個人表面上高喊以匡扶漢室為己任，實際上卻是天下第一號「皇帝迷」。袁氏集團的實力也雄厚，一直在密切關注曹操。所有人的焦點都集中在皇帝的位置上，一旦自己稱帝，各路諸侯將不得不再次像當初討伐董卓一樣討伐自己，所以曹操堅決不願成為董卓的翻版；相反地，他千方百計要消除這些對立勢力。

　　在曹操看來，儘管漢獻帝只是個年幼的皇帝，但卻是最理想的政治籌碼。「挾天子以令諸侯」比自己親自稱帝討伐更名正言順，也更符合天命，合乎眾望。此外，曹操也清楚了解，即使能用武力逐一消滅地方割據勢力，他仍無法使整個士族階層屈服。儘管他果斷除去這個階層中的一些重要人物，如孔融、崔琰等，但還是不可能除掉整個士族階層。再

觀察自己營壘的知識分子，最擁護他的，莫過於荀彧、荀攸叔姪，但是連他們都強烈反對稱魏王，更何況稱皇帝。因此，曹操充分利用漢獻帝這塊招牌，占據天時、地利、人和等有利條件，逐步發展並壯大自己。

即便在統一中國北方後，曹操還是沒有代漢自立。例如，建安二十四年十二月，孫權襲殺關羽之後，為了嫁禍於人，他主動寫信給曹操，對其歌功頌德，勸他登基稱帝，而自己甘願稱臣。曹操請眾臣閱讀這封信後，說道：「是兒欲使吾居爐火上耶！」（參見《魏略》）。他一眼識破孫權的陰謀，仍然只行皇帝之實，不掛皇帝之名，堪稱是聰明的算計。

▌ 為了避免重蹈他人覆轍

皇帝為萬民之主，擁有龐大的領土，握有天下最高權力，覬覦其位者大有人在。當年的董卓也是大權在握，廢少帝，立獻帝，犯了帝位不可輕易謀取的大忌；最終遭到諸侯聯合討伐，死無葬身之地，教訓極為慘痛。還有像袁術這樣的人，志大才疏，竟也想代漢自立、享受當皇帝的滋味。然而他誤判了天下情勢，也沒有清楚了解自己的實力，結果導致兄弟反目、眾叛親離，最終不僅未能成為皇帝，還損失全部家財和自己的性命。

袁術，汝南汝陽（今河南商水西南）人，字公路，是大軍閥袁紹的堂弟。他來自一個四世三公的大官僚家庭，祖上四代都曾擔任太尉、司徒、司空等職務，掌握全國最高的軍事、政務和監察執法大權。官高勢大，門生故吏遍及天下。不僅家族勢力遠勝曹操，就連手中的軍隊，也讓曹操畏懼三分。當董卓專權時，袁術逃奔南陽（今屬河南），占據了那片土地，不聽從召喚。在曹操和袁紹聯手攻擊下，袁術率領餘眾割據揚州（今長江下游與淮河下游間）。

興平二年（西元一九五年）冬天，漢獻帝被郭汜等人追殺，百官和士

卒死傷慘重。袁術認為時機成熟，可以代漢自立，於是召集手下說：「今劉氏衰微，海內鼎沸。吾家四世公輔，百姓所歸，欲應天順民，於諸君意如何？」（參見《三國志‧魏志‧袁術傳》）。眾人看他有意當皇帝，都不敢回答這樣的問題，只有主簿閻象當場勸阻，但袁術置之不理。建安元年（西元一九六年）七月，袁術迫不及待稱帝，聽說孫堅得到了傳國玉璽，於是逮捕了孫妻、奪走這項寶物。不久後，又聽信術士的荒誕言詞，說他命中注定要當皇帝。

袁術自以為一切都準備妥當，便在建安二年正月於壽春（今安徽壽縣）稱帝，自稱為仲家，設立公卿百官，舉行郊祀天地儀式，非常有模有樣地當起了皇帝。然而，袁術的倒行逆施引起眾人反對，他的親家呂布因此毀婚，以示抗議，接著兩人開戰，結果呂布打敗了袁術。同年五月，袁術向陽夏（今河南太康）的陳王劉寵借糧，遭到拒絕；九月，曹操率軍擊敗了袁術，袁術投奔他的部下雷薄和陳蘭，但也被拒之門外。他試圖將皇帝稱號歸還袁紹，但袁紹不肯接受。

走投無路的袁術因眾叛親離，最終嘔血而亡。袁術去世後，他的妻子歸給了廬江太守劉勳，女兒則被孫權納入後宮。一個勢力強大的軍閥，因利令智昏、擅自稱帝，最終導致家破人亡、聲名狼藉。曹操親眼目睹袁術的失敗過程，再聯想到董卓的屍體暴露於市場、被火焚燒的場景，深刻體悟到這些前車之鑑，因此他不會輕易重蹈董卓和袁術的覆轍。即使他大權在握、重兵在手，廢獻帝易如反掌，他也絕不會冒天下之大不韙去當皇帝。

▌為了避免慕虛名而處實禍

根據《三國演義》第五十六回的描述，建安十五年春，曹操在銅雀臺大宴文武官員。當時，儘管赤壁兵敗，但曹操仍然牢牢控制整個北方，

情勢仍可樂觀。王郎、鍾繇、王粲等官員趁機進獻詩章，大力稱頌曹操「功德巍巍，合當受命」，公開勸他登基為帝。曹操看了這些拍馬屁的文字，笑了笑說：「諸公佳作，過譽甚矣！」接著向大家介紹自己年輕時的志向和微不足道的期望。在這段表露心情的話裡，他向大家說明自己毫無野心，只想專心為國家討賊立功，死後圖個「漢故征西將軍曹侯之墓」足矣。

想不到現在身為丞相，人臣之貴已極高，還會有什麼期望呢？在曹操看來，「如國家無孤一人，正不知幾人稱帝，幾人稱王？」不僅曹操終身未稱帝，而且在他生前，劉備、孫權也都不敢稱帝。這顯示曹操在堅持統一、反對分裂的立場上，扮演了中流砥柱的角色。另一方面，曹操也明確指出，現在有人「妄相忖度，疑孤有異心，此大謬也」。同時，曹操也毫不含糊地表示，如果要他回到所封的武平侯之國享受富貴，這實在不可行，恐怕一交出兵權，就會被人所害。若自己戰敗，則國家就會陷入危險之中，所以絕不能只慕虛名而處實禍。

《三國演義》是小說作品，文中所述不可盡信。例如，根據《三國志》記載，銅雀臺修建於建安十五年冬天，而不是這年春天。銅雀臺是曹操為小老婆建造的高級別墅，至少在這一年裡，沒有舉辦過此類國宴。不過，羅貫中記述的曹操言論並非憑空捏造，其來源為《魏武故事》，有些話甚至是直接摘自曹操的〈讓縣自明本志令〉，更加真實地反映了曹操的心聲。透過分析他對百官所說的這些話，我們不僅能看出曹操在權勢巔峰時的清醒與明智，也從不同角度了解他熱衷權力、看重實利的心態。

當時，的確有些人認為曹操藏有異心，諸葛亮和周瑜等人公開罵他「名為漢相，實為漢賊」。在曹操的屬下中，也有人勸他交出兵權，回到自己的封國養老，以此「杜天下人之口」。曹操當然不會受他們操縱，因

為他很清楚，如果只圖這種虛名，一旦失去了兵權，說不定哪天仇人就會殺上門來，他和子孫都會遭殃。而現在，自己大權在握、一言九鼎，連皇帝都可以隨意操縱，功名富貴，樣樣皆備，缺的只是那頂名譽上的皇冠，所以不必圖此虛名，因為他已經完成了兒子要當皇帝的全部準備。兒子當皇帝，自己也會被追認為皇帝。後來的事實證明，這些果然都在他的算計之中。曹操把實用主義和功利主義發揮到極致，所以他不會急於當皇帝。

■ 為了難以割捨的漢室情結

曹操被人罵為「漢賊」，但誰也無法否認他是漢室臣子。細看曹操一生的作為，可以看到貫穿始終的漢室情結。曹操的祖父曹騰、父親曹嵩、他自己及兒子曹丕等，四世都受過漢室皇恩，曹操注重實際，絕不會忽視這個事實。這也是曹操終究沒有篡漢自立的思想基礎。從曹操一生的主要行動來看，同樣可以看到這種漢室情結。他二十幾歲入仕後，就很想為朝廷效力。擔任洛陽北部尉時，不畏豪強、犯禁者殺，工作相當負責；擔任濟南國相時，整頓吏治、成績卓著；當黃巾軍興起時，他立即趕去鎮壓，成功降伏其部眾三十萬人。

董卓亂政，曹操敢刺殺他，且在陳留散盡家財、招募義兵，首先舉起討董義旗。在當時的討董聯軍中，他和孫堅一樣，是最沒有私心雜念的將軍。曹操及時提出討董良策時，眾人置之不理，他一怒之下率五千人先行出擊，結果敗得一塌糊塗。這次的失敗教訓了曹操，沒有實力做不了大事，於是他擴充軍隊、開拓地盤，走上了專心為國家討賊立功的道路。因此不得不說，與袁紹、袁術、呂布、劉備、孫權等人相比，曹操對漢室的貢獻最大。如果不是曹操收留了走投無路的漢獻帝，很難想像他要如何再穩穩當二十五年的皇帝。

　　當然，迎立這個傀儡皇帝，為曹操帶來不少方便，但也帶來了一堆麻煩，比如稍有舉措就要上表，還容易讓人抓到把柄，等於自找麻煩。然而曹操一旦做出決定，就會堅持到底，因此一生都沒有拋棄漢獻帝，也沒有改變「匡扶漢室」的既定方針，這不能不說是曹操的漢室情結發揮作用。他如果代漢稱帝，就會完全毀了自己一生的聲譽和名節，成為真正的漢賊。曹操奮鬥了一生，不得不考量自食其言的後果，所以他寧願為兒子鋪好登基之路，也絕不會親自去當皇帝。

　　以上分析了曹操不當皇帝的理由和原因。這類理由和原因還可以舉出一些，像是障礙尚未解除、內部尚未穩固、時機尚未成熟等。儘管曹操擁有漢朝朝廷的所有權力，但他沒有代漢自立，這是無庸置疑的事實。

　　曹操不稱帝並不代表他不想當皇帝，這在史料中有明確的記載。《曹瞞傳》提到尚書桓階「勸王（曹操）正位，夏侯惇以為宜先滅蜀，蜀亡則吳服，二方既定，然後遵舜、禹之軌，王從之。」由此看來，曹操並非只是一心一意匡扶漢室，其實他還是想當皇帝，只是因為蜀、吳還未平定，他坐不穩這個皇帝寶座。如果「二方既定」，他就會效法舜禹之軌，不客氣地讓漢獻帝禪位。可惜曹操已經暮年，等不到這一天了。

　　曹操死後，夏侯惇還「追恨前言」，以為洩露了天機，很快他也去世了。有人對此進行了考證，並未否定《曹瞞傳》提到過這些話，可見對曹操的這個記載，並非全是無稽之談。另外，曹操在看完孫權勸其稱帝的信後，曾經無可奈何地發出一句感嘆：「苟天命在孤，孤為周文王矣！」周文王沒有等到滅掉殷紂王就去世了，其子姬發後來滅了商、建周朝、即帝位，尊其父為周文王。曹操以周文王自比，說明他並非不想改朝換代，只是身體有病，已經來不及了。

　　還有人認為，曹操不是不想當皇帝，而是他當不了皇帝。就算輕而

易舉把漢獻帝剷除，他也只能當個控制一方的草頭王，當不了統一全國的真皇帝，而且還得背負「篡漢自立」的萬世惡名；倒不如只得實惠、不要虛名，所以才一直「謙虛」不稱帝。如果為曹操排個時間表，可以看出他要當真正的皇帝很難，就從他「挾天子以令諸侯」算起吧！

建安元年，曹操要漢獻帝封自己為大將軍、武平侯。為了安撫勢力最大的袁紹，他又趕緊要漢獻帝封袁紹為太尉、鄴侯。但袁紹不領情，不僅不接受，還大罵曹操「今乃挾天子以令我乎？」曹操深知自己實力不足，只好忍氣吞聲，把自己的「大將軍」封號讓給袁紹。建安二年，董卓的部將張繡率軍攻擊曹操，袁術則公然在壽春稱帝，與曹操唱起「對臺戲」。建安三年，荊州的劉表公開支持張繡，向曹操發動進攻，呂布也跟著動起干戈，孫策則乘機占據江東，根本不理會曹操的召喚。建安四年，劉備公然背叛曹操、歸附袁紹；不久後，許都就遭袁紹大軍的攻擊。建安五年，官渡大戰爆發，曹操獲勝，接著展開了長達七年的征伐，終於大致平定了中國北方。建安十三年，曹操占領荊州，情勢一片大好，他想統一全國，卻不料在赤壁戰役中慘敗，劉備毫不客氣地奪取了西川、荊州，從此形成了三方鼎立的局面。

至此，曹操已經鞭長莫及，他沒有力量和時間再想統一了。總體來看，曹操「挾天子以令諸侯」，身兼多種要職，占據有利位置長達二十四年，但他無法制服各路諸侯。曹操不是沒有想當皇帝之心，而是缺乏回天之力，所以實際上他當不了皇帝。如果曹操公開宣布代漢自立，局面將更加糟糕。曹操的精明之處，在於善用合法外衣，將不合法目的掩蓋起來。雖然他不稱皇帝，但他所有的努力都是為了當皇帝，而且這種努力是有計畫、按步驟的，既穩妥又周到。例如：曹操將三個女兒都嫁給漢獻帝，其中曹節被立為皇后。一方面用於政治上的籠絡，一方面設下幾個眼線，以便控制這位女兒。

從建安十三年開始，曹操就著手改變政治體制，將皇帝權力轉移到自己手中。這年六月，他罷免了三公，並親自擔任丞相一職。所有命令都先由丞相主簿司馬朗傳遞給代尚書令荀彧，再由荀彧轉交給漢獻帝，最後以詔書形式發布，實際上卻是曹操的「旨意」。到了十六年，曹操任命兒子曹丕為副丞相，進一步牢牢掌握中央大權。十七年，曹操可以帶劍穿鞋直接上殿，而且入朝不用小跑。十八年正月，曹操以皇帝的名義併十四州為九州，其所統治的冀州，成為全國最大的州，魏郡成為最大的郡，為將來的魏國奠定基礎。同年五月，曹操被封為魏公並獲得九錫，後者是天子賜予臣子的九種禮物和待遇，通常被視為大臣篡位的先兆。十九年正月，曹操在自己的封地舉行耕種籍田儀式，顯示魏的分封國地位正式確立；同年三月，漢獻帝宣布魏公的地位高於諸侯王，並賜予曹操金璽、赤紱、遠遊冠等物，擁有過去皇太子的待遇。

建安二十年九月，曹操掌握分封諸侯、任命郡守和國相的權力，得官爵者皆知有魏公而不知有天子。二十一年五月，曹操升爵為魏王，並獲得金虎符，正式確立他在制度上的調兵權。與此同時，曹操也積極完善魏國的政治體制：任命鍾繇為魏國相國、華歆為御史大夫，並建立太學作為培養人才的據點。曹操還在北方實施屯田、改革賦稅、頒布租調制度，為將來準備充足的糧食，可以說曹操在政治、軍事、組織、經濟等各方面，都為即將登基做好準備。到了這種地步，曹操仍不滿足，經常對漢獻帝發火，讓這位天子苦苦哀求：「君若能相輔，則厚；不爾，幸垂恩相舍。」意思是：「如果您能輔佐我，我會很感激；如果不行，希望您能慈悲地放我一條生路。」漢獻帝恨不得把皇位拱手相讓。曹操深知時機尚未成熟，經過深思熟慮，還是把這個寶座留給了兒子。

整體來看，曹操為什麼不當皇帝是個相當複雜的問題，自古以來就有各式各樣的說法。人們常說：「旁觀者清，當局者迷。」然而身處其中

的曹操，始終保持一份可貴的清醒。雖然他沒有當上皇帝，卻實實在在獲得許多超過當皇帝的榮耀，這正是曹操想要得到的。

梁武帝為何「禁女人」

中國古代皇帝中，有一位虔誠狂熱的佛教信徒，他一方面貪戀九五之尊的權位和榮耀、擁有三宮六院眾多嬪妃和無數財富；另一方面痴迷於佛教活動和教義之中，實行「戒肉」和「禁女人」，在佛教史上產生深遠的影響，他即是曾三次放棄皇位去修行的梁武帝。

▊ 蕭衍

梁武帝名蕭衍，字叔達，小名練兒，南蘭陵（今江蘇武進西北）人。生於宋大明八年（西元四六四年），卒於梁太清三年（西元五四九年），享年八十六歲，是歷史上的高壽皇帝。他在東晉南朝兩百七十年間，在位長達四十八年，是統治時間最長、較有作為和富有特色的一位皇帝。梁武帝博學多聞、文武雙全。史書說他「六藝備閒，棋登逸品，陰陽緯候，卜筮占決，並悉稱善」。

在學術和文采方面，梁武帝都相當傑出，這使他在接觸宗教時，更容易理解佛經內容、領悟其中精髓。他早年奉行的是道教而非佛教，不久後，與沈約、謝朓等人一同被南齊竟陵王蕭子良召為西邸文學之士，在這段時間接觸了佛教經典和一些名僧，引起他對佛學極大的興趣。齊中興二年（西元五〇二年）四月，當時是梁王的蕭衍在建康（今南京市）南郊稱帝，兩年後正式宣布放棄道教、皈依佛教，那年蕭衍四十歲。

梁武帝皈依佛教是真誠的，他特別重視佛家的戒律。據史料記載，他在即位後的第十八天，就急忙跑到無礙寶殿受戒，取法名冠達，成為

一位名副其實的佛教徒皇帝。

這時的蕭衍，腦袋裡充滿了這樣的想像：自己從一名普通官員變成皇帝，看來並不特別，那麼，也完全有可能從皇帝變為菩薩，永生不滅、照亮萬世。為了實現這個目標，就要準備吃苦、戒肉食、禁女色，嚴格要求自己。此外，他特地要求文武百官和平民百姓，都要像他一樣虔誠信佛。「南朝四百八十寺，多少樓臺煙雨中」，杜牧的詩句寫出當時佛事的興盛，梁朝成為佛教國度。

梁武帝對佛教的信仰不僅是真心誠意，而是達到如痴如狂的程度。他以皇帝之尊，甘心到寺院為「奴」，以現身說法的方式，示範給臣民們看，產生極為重要的示範作用。

例如「捨身」，這樣滑稽可笑的做法，竟發生了四次之多。按照佛教的說法，捨身有兩種方式：一是捨財，即把個人所有財物無償捐獻給寺院；二是捨自己，即自願在寺院為僧眾服務。據史料記載，梁武帝在不同時期、共四次，捨身於同泰寺為「奴」，分別是大通元年（西元五二七年）、大通三年（西元五二九年）、中大通元年（西元五四六年）和太清元年（西元五四七年）。

他捨身的時間一次比一次長，一開始是三、四天，接下來逐漸增加到十五、六天，最長甚至達三十七天。國家不可一日無君，在梁武帝的授意下，「公卿以下以錢一億萬奉贖」，把他這個「皇帝菩薩」一次次請回宮裡，然後他再次捨身，讓大臣們贖回。這種自編自導自演的遊戲，不僅讓同泰寺獲得大量財富，同時也檢驗了公卿大臣對他的忠誠度，還藉此推動了全國性的佛教信仰，一舉三得，他對此相當自豪。

既然到同泰寺捨身，就不可能把一大群花枝招展的嬪妃帶進寺院。梁武帝只好把這群女人留在宮裡，堅決奉行禁女人主義。據《南史・梁本紀》所載，梁武帝「自五十外便斷房事」，從此不近女色，弄得嬪妃宮女

怨聲載道，有的甚至偷偷使用「媚術」，企圖讓這位「皇帝菩薩」回心轉意，即便只是稍微心領神會，總比守冷宮來得好受些。

梁武帝既然決定獻身佛教，自然無法顧及這些只會添麻煩而不幫忙的後宮佳麗。最基本的一點，他必須堅持佛教的根本戒律。在佛法修行中，無論深淺，都必須以歸戒為基石，即皈依和受戒，才能成為佛家的真正弟子。眾所周知，佛教自東漢時期傳入中國後，教義經歷多次變化，但獨身滅欲是一直未變的，這一點得到廣大僧眾的一致認同。如果不遵守禁女的戒律，就難以成為一位真正的和尚，梁武帝當然要率先遵守這條戒律。另外，從「五戒」和「五常」的關聯來看，佛教與儒教彷彿有異曲同工之妙。禁色淫，符合儒家的「禮」，最易贏得知識分子階層的認同；同時，梁武帝還藉此向全體臣民宣示：自己毫不留戀皇帝的榮華富貴，比如斷絕房事這一條，你們誰能做到呢？

既然是佛教徒，理所當然要禁絕女人，連皇帝也不能例外。這毫無疑問，不必為此大費脣舌；但有人看法不同，覺得梁武帝禁女人是個特例，能做到這一點很不容易。要談這個問題，得先來了解一下梁武帝的後宮生活。按照《周禮》規定，「王者立後六宮，三夫人、九嬪、二十七世婦、八十一御妻，以聽天下之內治。」漢代以後，還「加以美人、良人、八子、七子之屬」。後來又將後宮細分為十四個等級。到了魏晉時期，雖然仍遵從漢制，然而「自夫人以下，世有增損焉。高祖（梁武帝）撥亂反正，深鑑奢逸，惡衣菲食，務先節儉，德配早終，長秋曠位，嬪嬙之數，無所改作。」

從上述話裡，可以看出梁武帝不滿前朝後宮的混亂狀況、決心整頓，確立後宮編制。加上他「深鑑奢逸」，元配夫人去世後，他「長秋曠位」，而「嬪嬙之數」也「無所改作」，顯示這位皇帝對女色的興趣並不強烈。根據史書記載，蕭衍的結髮妻子是郗徽，來自高平金鄉（今山東金

鄉），外貌普通但很有才華，善隸書、讀史傳、嫻習女工，是很有名的大家閨秀。南齊劉昱欲迎娶她為妃，齊安陸王蕭緬也想聘娶，但都被郗家婉拒，卻看上了當時尚無多大名望的蕭衍。

　　齊建元四年（西元四八二年），十四歲的郗徽嫁給了十八歲的蕭衍。當時上流社會娶妾風氣盛行，蕭衍也不例外，到了齊永泰元年（西元四九八年），他又迎娶了十四歲的少女丁令光。然而過了些時候，郗徽在襄陽病逝，年僅三十二歲。到了齊永元三年（西元五○一年），蕭衍攻入建康時，又納了齊東昏侯蕭寶卷的妃子阮令嬴，當時她二十四歲；同時，蕭衍還收攬了一位姓吳的宮女當小老婆。從史書可以看出，蕭衍一生中有為他生育兒子的女人，還有董淑儀、丁充華、葛修容等，與他關係密切的女人有十幾位。當他成為皇帝後，才追諡髮妻郗徽為武德皇后，而丁令光、阮令嬴、吳氏則分別被冊立為貴嬪、修容和淑媛。在接下來長達四十七年的時間裡，梁武帝再也沒有冊立其他后妃，所謂的「長秋曠位」，並非言過其實。

　　前面已提到，梁武帝禁女人時，正值五十歲的虎狼之年，身為一個擁有正常生理欲望的男性，面對美女如雲的後宮，真正不碰女人是很困難的。或許正是因為那神祕的佛教力量，使這位正值盛年的皇帝，能夠禁絕房事、清心寡慾。即使是裝模作樣，也需要一定的自制力。有些人認為梁武帝禁女人與他的前妻郗徽有關。這位女子給予他極大的刺激，以至於在她死後的許多年裡，梁武帝都難以平靜，不得不在佛祖面前為她求情討饒，從此對女人完全失去興趣。

　　郗徽出身高貴，父親是郗燁，官至太子舍人，母親是宋文帝劉義隆的女兒尋陽公主。在這樣的家庭背景下長大的郗徽，自視甚高、性情冷酷。然而，她的肚皮卻十分不爭氣，一口氣生了玉姚、玉婉、玉嬛三個女兒。這讓有意登基的蕭衍很不滿意，於是納了丁令光為妾。丁氏性情

仁慈、為人寬和、居宮接馭、頗得人心，很快讓郗徽妒火攻心，對待丁令光極為刻薄，每日讓她舂米五斛（每斛十斗），不許他人相助。這對一名十四、五歲的少女來說，真是一種殘酷折磨。

蕭衍憐香惜玉，多次調解妻妾關係，郗徽總是鼻孔朝天，根本不予理睬。當時蕭衍的職務是雍州（今湖北襄樊）刺史，四品官銜，面對水火不容的妻妾關係，他束手無策。一個是結髮妻子，夫妻情分一直不錯，而且郗家很有勢力，這個女人得罪不得；一個是心愛的小妾，眼看受到虐待，身為丈夫卻無力阻止，這讓蕭衍傷透腦筋。多虧這種局面不長，妻妾相處不到一年，郗徽病逝，丁令光獲得徹底解放，蕭衍也真正鬆了口氣。

可是，蕭衍卻無法擺脫郗徽的陰影。據《釋氏通鑑》記載，郗徽死後陰魂不散，她的妒忌心不僅沒有減弱，反而變本加厲。她看到丈夫竟然登上皇位，後宮還擠滿了國色天香的女子，讓她一刻也難以安寧。不料，郗徽受到佛的制裁，竟然化為一條巨蛇，面目猙獰可怕，這才讓郗徽意識到佛法的神通廣大。於是，她迅速改變心意，進入後宮向梁武帝託夢，希望丈夫為她懺悔，並為她修功德，以求盡快脫離苦海。梁武帝看在夫妻情分上，日夜閱讀佛經，制定「慈悲道場懺法」，並請許多和尚不停地念經，為郗徽懺罪祈福超生。結果，郗徽得以化為天人，向梁武帝表示感謝。

透過這件事情，梁武帝更進一步了解到佛法「懲惡揚善」的重要，深刻體會到嫉惡女人的可怕。他下定決心不再立后，寧可讓後宮這個至關重要的位置空著。在他四次捨身佛寺期間，遠離了每個女人，即使被贖回宮中，也遵守這條戒律，使眾多後宮佳麗長吁短嘆，白白守了個只當擺設的皇帝。

以上提及的梁武帝禁女人的理由，似是而非，讓人難以信服。民間

有個傳說，或許能解開他禁女人之謎。蕭衍早就想當皇帝，暗中製造了兵器，等待時機發動叛亂。永元二年（西元五〇〇年）冬天，以長兄尚書令蕭懿無罪被殺為由，公然舉兵造反。他率軍進攻建康，與城中將領展開廝殺。然而，有位敵人處於高處，使出一把長槍，勢不可擋；蕭衍難以對抗，踏緊馬鐙，企圖起身直刺敵人心窩，不料一支冷箭突然射來，射中了蕭衍的兩個睪丸，還帶走了部分陽具。多虧他的副將及時趕到，將他帶到一位老僧那裡包紮，才得以保住性命。

老僧看到蕭衍的奇異相貌，預言他前途光明、與佛有緣，且為他治療傷勢、開導人生，讓他成為日後的「皇帝菩薩」。蕭衍登基後，決心報答老僧，派人去寺院尋找，不料老僧已經坐化歸西。於是，登基後的梁武帝決定要為佛捨身，捨身之處就選在當年療傷的同泰寺。此後，男根不全的梁武帝對女人失去興趣，然而為了報復齊東昏侯，於是搶了他的宮女吳淑媛。後來吳氏生下豫章王蕭綜。當時，梁武帝已經失去生育能力，這位蕭綜其實是齊東昏侯的遺腹子。後來吳氏向兒子道出這個祕密，蕭綜因此背叛了梁武帝，不久便投奔魏國。

這個傳說或許有一定的真實性，但正史並未記載、缺乏實證，容易受到質疑。如果按照這個傳說所述，梁武帝受了如此嚴重的箭傷，應該會喪失生育能力，但事實上，在攻下建康並稱帝之後，他還生下了許多子女。例如，後來的梁簡文帝蕭綱，是梁武帝的第三個兒子，出生於攻下建康兩年後的皇宮，母親是丁貴嬪；後來的梁元帝蕭繹，是梁武帝的第七個兒子，出生於攻下建康後的第八年，即天監七年（西元五〇八年）八月，其母是阮修容。這些都是正史所記載的梁武帝子嗣；此外，還有第八個兒子蕭紀。

因此，梁武帝登基後至少生了六個孩子，這怎麼可能會沒有生育能力呢？至於傳說中的豫章王蕭綜，是梁武帝的次子。據《南史》記載，吳

淑媛「七月而生綜，宮中多疑之」。從這段描述來看，蕭綜的出生日期可能不太確定，他是否真的是梁武帝的孩子，實在難以確認。後來，蕭綜也投奔魏國，然而因不滿自己的命運，最終不得志、憂鬱而終。這個傳說或許有真有假，但若說梁武帝因箭傷而禁女人，恐怕缺乏足夠的證據支持。

還有人說，梁武帝是個偽君子，因為懼怕郗氏勢力而不敢過於放肆。他進攻建康時，得到齊東昏侯的余、吳二妃，左擁右抱、朝夕不離。此事惹來一些人的怨憤，多虧將軍王茂勸說，蕭衍才放了余妃，只留姿容姝麗的吳妃給自己享受。他登基後，一方面自稱克己，一方面卻又放手縱著，弄出不少笑話。例如，他提倡節儉，不用錦帳用棉帳、不穿綢緞穿布衣、一條被子蓋兩年、一頂帽子戴三年、不准宮女穿華麗衣服、裙裾長度不能拖至地面。他自己的飲食也很節儉，寫了〈斷酒肉文〉，害漢族和尚從此不能喝酒吃肉，但他自己卻不減口福。他的訣竅是：一種菜變成幾十種口味，而且樣樣精緻，因此梁武帝實際上節儉不了多少。

最生氣的是，他縱容皇親國戚的貪欲。例如，他的弟弟蕭宏，積存的金銀財寶塞滿上百間庫房，僅現錢存量就達三億以上，蕭宏的寵妾一雙鞋子價值超過一千萬錢。梁武帝的兒子蕭紀在四川當刺史時，搜刮黃金達一萬多斤、白銀五萬多斤。竟陵太守魚弘，娶了一百多房小老婆，珠寶、服飾、車馬皆「窮一時之絕」。這些梁武帝不是不知道，但從來沒有認真管過。他自己雖然堅持「輟半日之餐，全一禽之命」，但對這些腐敗分子卻聽之、任之，就這點來說，他不是個稱職的皇帝。由此聯想到他禁女人的戒律，也多是擺擺樣子。從史料記載來看，梁武帝四十歲信佛，並很快受戒，但他照樣過著有女人的生活，直到五十歲才禁斷房事，這一拖就是十年。但做出這個重要決定之後，「嬪嬙之數，無所改

作」，後宮佳麗依舊，人數沒有減少幾個，還要那麼多宮人做什麼呢？況且，梁武帝捨身最長的時間是三十七天，相當於獨自出去遊玩一次，回到後宮禁不禁女人，那只有佛知道了。

梁武帝禁女人的事，放到一般人身上，沒人會當一回事，何況他還是佛教徒；但因為他是皇帝，所以引起眾人的關注。其實這種屬於個人私事，也沒必要說三道四，但可惜梁武帝把佛事、國事攪在一起。身為皇帝，卻沒有做好皇帝該做的事，後來錯誤地接納了野心家侯景，不僅讓梁朝遭到毀滅性的浩劫，他自己也被活活餓死。後人談到他禁女人的舉動，大都視為歷史上的笑柄，好心沒好報，這恐怕是梁武帝沒有預料到的可悲結局。

駱賓王的下落

「鵝，鵝，鵝，曲項向天歌。白毛浮綠水，紅掌撥清波。」這是蒙童初識字時常學的一首唐詩。其作者是初唐著名詩人駱賓王，與王勃、楊炯、盧照鄰並稱為「初唐四傑」。

駱賓王出生於浙江義烏，自幼聰慧過人。傳說〈鵝〉詩是他七歲時所作，因而被後人譽為神童。然而他一生命運坎坷、懷才不遇、潦倒失意。唐高宗儀鳳四年（西元六七九年），他升任侍御史，掌管舉薦賢能及彈劾百官事務，之後因常向武則天上書言事而遭誣陷下獄。在獄中，他作〈在獄詠蟬〉詩以明志，其中「露重飛難進，風多響易沉，無人信高潔，誰為表予心？」四句至今猶被世人所稱頌。獲釋後，他改任臨海（今屬浙江）縣丞，後世因此尊稱他為「駱臨海」。武則天光宅元年（西元六八四年），唐朝將領徐世勣（後賜姓李，避太宗諱，名李勣）之孫徐敬業，因反對武后篡位稱帝，於揚州舉兵十餘萬發動叛亂，企圖恢復大唐

李氏王朝。

駱賓王因對武氏政權不滿，決定投奔徐敬業，擔任幕僚，並撰寫〈代徐敬業傳檄天下文〉，文章用詞嚴厲，反覆訶斥、多加揶揄，批評武后「入門見嫉，蛾眉不肯讓人；掩袖工讒，狐媚偏能惑主」，極盡貶抑武后爭權奪寵，獲得先帝所信任的媚態。他還歷數武則天的穢行惡跡和陰謀野心，將之與徐敬業起兵的正義與威武相對比，來瓦解武氏朝中士氣，並用「一抔之土未乾，六尺之孤安在？」一語形容先帝屍骨未寒，武則天就將太子軟禁於宮中，對武氏動之以情、曉之以理，期望她能還政於唐；最後以「試看今日之域中，竟是誰家之天下！」為結語，氣勢恢弘，極富感召力。武則天閱讀此文後，十分震驚，詢問是誰寫的，周圍的人告訴她是駱賓王。武則天十分惋惜地嘆道：「宰相之過也，人有如此才，而使之流落不偶乎！」（《資治通鑑・唐紀十九》）。

然而，徐敬業軍力寡不敵眾，只能堅持三個月，最終被武則天所派的大將李孝逸擊敗，逃至海陵（在今江蘇泰州），最終被部將所殺。駱賓王亡命遁逃、下落不明，成了文學史上的一樁千古疑案。

▌被殺說

《舊唐書・駱賓王傳》記載：「敬業敗，伏誅。」《新唐書・李勣傳》曰：「敬業與敬猷、之奇、求仁、賓王輕騎遁江都，悉焚其圖籍，攜妻子奔潤州，潛蒜山下，將入海逃高麗，抵海陵，阻風遺山江中，其將王那相斬之，凡二十五首，傳東都，皆夷其家。」《資治通鑑・唐紀十九》也提到：「乙丑，敬業至海陵界，阻風，其將王那相斬敬業、敬猷及駱賓王首來降。」正史記載的都是他兵敗被殺。與駱賓王是世交的宋之問在〈祭杜審言學士文〉中也說：「駱（賓王）則不能保族而全軀。」對他的死深感痛惜。

▎投水自盡說

唐代張鷟《朝野僉載》記載：「駱賓王〈帝京篇〉曰：『倏忽摶風生羽翼，須與失浪委泥沙。』後與徐敬業興兵揚州，大敗，投江水而死，此其讖也。」認為駱賓王早在〈帝京篇〉中預言了自己要投江自盡。

▎逃遁說

據明代朱國楨《涌幢小品》記載，明武宗正德年間，南通城東的黃泥口發現了駱賓王的墓穴，墓主衣冠如新。後來該墓被遷至狼山，至今遺跡猶存。清代陳熙晉在《駱臨海集箋注．附錄》中提到，雍正年間有人自稱是李勣三十七代孫，據其家譜記載，揚州兵變失敗後，駱賓王與徐敬業之子躲藏於邗河，因而幸免於難。後來駱賓王客死崇川，他的墓由徐敬業之子所建。唐代海陵的地理位置在今日江蘇泰州一帶，離南通市相當近。駱賓王在兵敗後，可能就近躲藏，然後帶著壯志未酬的遺恨離世，這就是南通駱墓的由來。

▎落髮為僧說

唐中宗時期，郗雲卿蒐集駱氏文集，編成十卷，流傳後世。他在《駱賓王文集序》中提到：「文明（唐睿宗年號，西元六八四年）中，與敬業於廣陵共謀起義，兵事既不捷，因此逃遁。」《新唐書．駱賓王傳》也記載：「敬業敗，賓王亡命，不知所之。」後人據此推測，兵變失敗後，官兵未能捉拿到徐敬業和駱賓王，因害怕武則天問罪，便以假亂真、函首以獻。兩人最終逃脫，落髮為僧。唐代孟啟〈本事詩〉更詳細地描述：「當敬業之敗，與賓王俱逃，捕之不獲。將帥慮失大魁，得不測罪，時死者數萬人，因求戮類二人者，函首以獻。後雖知不死，不敢捕送。故敬業得為衡山僧，年九十餘乃卒。賓王亦落髮，遍遊名山。至靈隱，以近

八十歲卒。」造成徐、駱兩人逃脫成功的一個重要原因，是他們起兵的目的是為了恢復李唐王朝，深受眾人愛戴同情，故失敗後能得到他人的庇護，得以逃脫。

至於駱賓王是否真的出家為僧，〈本事詩〉所載的一段軼聞或許能解開謎底。唐代詩人宋之問秋夜在杭州靈隱寺賞月時，吟出兩句詩：「鷲嶺鬱岧嶢，龍宮鎖寂寥。」之後陷入沉思，無法繼續。這時一位老僧走過，得知原因後，即道出：「何不云『樓觀滄海日，門對浙江潮』？」並接連吟詠數句完篇，句句珠璣。宋之問對此驚訝不已，由衷讚嘆。次日再訪時，卻已不見此人。後來有人告訴他，那位老僧正是駱賓王。這段趣聞有一定根據，被視為詩壇佳話。宋代的《唐詩紀事》、元代的《唐才子傳》都收錄其中，只是細節稍有出入，但當代許多學者認為這個故事純屬虛構，因為宋之問和駱賓王本來就非常熟悉，即使歲月流逝，駱賓王年事已高，又出家為僧，也不至於兩人相遇卻不相識。

綜合以上種種說法，無非是駱賓王兵敗後，或死或生兩種觀點，長期以來爭論不休，各抒己見。

主死者認為，在正史中除了《新唐書》提到駱賓王兵敗後「不知所終」外，其他史書皆說他被殺。宋之問所言的駱賓王「不能保族而全軀」，更被視為他被殺的有力證據。駱賓王與宋之問的父親是同僚，駱賓王的文集中還有三首贈送宋之問的詩：〈在江南贈宋五之問〉、〈在兗州餞宋五之問〉、〈送宋五之問〉。這些詩中直接稱呼宋之問為「故人」，顯示兩人關係密切、情誼深厚，因此宋之問的話是非常可信的。關於駱賓王投水自盡的說法，雖然被許多人認為是虛構的小說情節，而且帶有宿命論的色彩，並沒有其他證據支持，因此很少有人相信。然而，《資治通鑑考異‧唐紀十九》引用《唐紀》中提到：「敬業（敬）猷……賓王走歸江都……敬業入海，欲奔東夷，至海陵界，阻風，偽將王那相斬之來降，

餘黨赴水死。」，顯示駱賓王的確是投水自盡了。

　　主生者認為，郗雲卿是奉詔令搜羅駱賓王詩文，必然要仔細考證他一生的主要行蹤。而得出的駱賓王「逃遁」結論，是否定其被殺的重要證據。除此之外，駱賓王的〈夕次舊吳〉、〈過故宋〉、〈詠懷〉三首詩，盡是對故土之情、國家之思，如「西北雲逾滯，東南氣轉微」、「唯當過周客，獨愧吳臺空」等，大概不是一般的詠古抒情之作，可能是其兵敗後重遊故地的深刻感慨。另外，孟啟〈本事詩〉所載，雖有疏漏，但大致是可信的。王那相為了爭取功勞和獎勵，完全有可能以假首級報告京師。宋之問知曉後，就〈祭杜審言學士文〉中記下了「駱則不能保族而全軀」。退一步說，即使宋之問明知是假首級，他也絕對不會說出真話。因此，以宋之問的話來證明駱賓王被殺是站不住腳的。

　　駱賓王出家為僧一事也絕非空穴來風。有人對《潛陽唐夏駱氏宗譜》研究後認為，駱賓王在兵敗後先逃亡至靈隱寺出家，後來定居於潛陽（今浙江臨安縣），十幾年後才去世，遺體被運回浙江義烏安葬，因此今日浙江義烏繡川溪仍有駱賓王墓。駱氏宗譜雖然是清宣統元年（一九〇九年）重新修訂，且殘缺不全，但譜中載有明清人序跋十餘篇，均未對駱賓王遁跡於潛陽提出異議，顯然是可信的。對於駱墓，《駱臨海集箋注》所附《和駱賓王遺墓詩‧詩引》說，義烏為駱賓王的衣冠塚，本墓在崇川（今日南通境內）。這就是明代在南通境內發現駱墓的緣由。上述兩種說法雖然細節稍有不同，但都肯定駱賓王兵敗後逃亡至江浙一帶。

　　關於駱賓王投水自盡，還有很多疑點。既然有人看見他投水，誰又能說這不是潛逃呢？駱賓王出生於浙東水鄉，應該很熟悉水性。當時正值兵亂，他極有可能入水遠遁而去；這也正說明他並未遭到誅殺。而後人誤以為他死於溺水，才有了《朝野僉載》、《資治通鑑考異》的記載。因

此看來，認為駱賓王在兵敗後隱匿生還的說法，似乎占了上風，但其實也不盡然。反對者認為，郗雲卿的序言存在著不同版本。宋代著名私人藏書家陳振孫在《直齋書錄解題》卷一六「駱賓王文集」條下注曰：「其首卷有魯國郗雲卿序，言賓王光宅中廣陵伏誅。」又曰：「又有蜀本序文視前本加詳，而云廣陵起義不捷，因致逃遁。」兩個版本的郗序關於駱賓王的下落竟截然相反，究竟該相信哪一個呢？至於徐敬業的子孫，引用《舊唐書·李勣傳》，只提到：「偶有脫禍者，皆竄跡胡越」，這個記載提到其後代在吐蕃地區繁衍生息，誰能保證清代所謂李勣的三十七代孫不是冒牌的呢？他所聲稱的先祖替駱賓王修墓一事是否可信？以此推論，駱賓王是否真的逃脫，仍然值得商榷。

　　總之，駱賓王的生死至今仍是個爭論不休的問題，各方廣泛引用各種資料，爭辯不休。在沒有新的證據出現之前，這場爭論仍將繼續下去。

宋仁宗為何見不到生母

　　清代謝藍齋根據說書人石玉昆《龍圖公案》整理的《龍圖耳錄》，記載了這樣一個故事：

　　宋真宗乏嗣，劉、李兩位妃子都懷有身孕。時值欽天監奏天狗星犯闕，真宗分賜兩位妃子玉璽龍袱一個，以鎮天狗衝犯。又刻金丸一對，上書「金華宮劉妃」、「玉宸宮李妃」，賞給兩人用來驅除邪祟。一次真宗酒後醉言：「皇后已死，誰若生有皇子，就立為正宮。」劉妃心胸狹窄，唯恐李妃生下皇子於己不利，就與總理都堂郭槐暗中勾結，設計陷害李妃。次年三月李妃分娩，郭槐買通接生婆，用剝了皮的狸貓偷換出太子。而李妃因血暈不省人事、毫無察覺。劉妃命令宮人寇珠將太子抱至

銷金亭，用裙帶勒死，丟至金水河中。

　　然而，寇珠素懷憐憫之心、不忍下手，時逢內宮首領陳琳採辦果品歸來，就將太子放入妝盒，前往南清宮八千歲處求救。八千歲獲知詳情後，把太子暫時收養。劉妃向皇帝進獻讒言，說李妃生了妖孽。宋真宗聯想到「天狗犯闕」，雷霆大怒，將李妃貶入冷宮。後來，劉妃也生有一子，依照約定，皇上立她為正宮，兒子為太子。不料太子七歲夭折，真宗傷心不已。八千歲趁機將李妃之子引見，皇上見其聰明伶俐，又酷肖自己，十分高興，便將他封為東宮太子。劉后見太子面貌舉止頗似真宗，想起了七年前之事，就嚴刑逼供寇珠。寇珠為保全李妃及太子，堅貞不屈，觸階而死。

　　李妃得知太子是自己的兒子後，天天燒香祈禱。恰被劉后撞見，就密奏皇帝說李妃詛咒自己，真宗下詔賜死李妃。冷宮內侍紛紛為李妃鳴不平，有一貌似李妃者甘願替其受死。內侍官秦風則派心腹將李妃偷偷護送出宮，安置在陳州家中。郭槐與秦風向來不和，就設計焚燒了冷宮，把秦風活活燒死。李妃在陳州秦氏家中，思君念子、哭瞎雙眼。秦風死後，她遂失去經濟來源，棲身破窯、乞食為生。這時太子已經登基，是為仁宗。

　　包公放糧，途經陳州，李妃攔轎喊冤，並拿出金丸為證。包公見是國母，就帶她同回開封府，包公夫人為其治好了眼病。仁宗因從小在南清宮長大，奉狄后為母親。適逢狄后做壽，包公送李妃進宮與仁宗相識。狄后召來仁宗，母子二人最終相認。仁宗下密旨要包公嚴審郭槐，又將郭槐供詞拿給劉后審閱，劉后作賊心虛、膽顫驚恐，突發暴疾身亡。仁宗命令包公代寫詔書頒行天下、匡正國典，祭祀天地、太廟，迎請太后還宮正位。此時黎民百姓才知當朝國母姓李，而不姓劉。

　　上述就是大家熟知的「狸貓換太子」故事。後來有人根據《龍圖耳

錄》，將其寫進一百二十回的《三俠五義》。劇作家們也不甘寂寞，將其改編成《狸貓換太子》戲曲，廣為流傳。以至於七歲小孩、八旬老婦也對這段宮廷祕聞瞭如指掌。究竟歷史上有沒有此事呢？答案是否定的。但是，小說家、劇作家也非完全憑空捏造，其中仍隱含一些史實。

歷史上的確存在劉妃、李妃這兩人，宋仁宗便是由李妃所生。然而直到李妃病逝，宋仁宗與李妃母子也未相認。這完全是一幕悲劇，與小說或戲曲中的美好結局截然不同。據《宋史·后妃上》記載，劉妃出生於太原，後來遷徙至益州（今成都）。她最初是真宗的美人，大中祥符中被封為修儀，進而成為德妃。她「性警悟，曉書史，聞朝廷事，能記其本末」，是一位記憶力很好的女子。宋真宗退朝後，她協助批閱奏章，處理得井井有條。每當宮中有重要事務商議，她都能根據自己掌握的知識旁徵博引、提出對策。然而，如此精明的女子卻未能生育，實在令人遺憾。李妃，即李宸妃，杭州人，初入宮時為劉德妃的侍女，莊重寡言。當時真宗以為她是侍寢的女子，後來她懷有身孕，生下了仁宗。然而李宸妃地位卑微，雖生下皇子，卻無力保護自己的孩子，被劉德妃強行收養為義子，並命令楊淑妃照顧。

宮裡的人都因為劉德妃的權勢而不敢說出真相，是個重大的祕密，沒人膽敢張揚。劉德妃以自己出色的才幹，贏得宋真宗的信任，真宗堅持立她為皇后。到了乾興元年（西元一〇二二年），真宗駕崩，「遺詔尊后為皇太后，軍國重事，權取處分」。劉太后的權力進一步擴大，事實上成為了皇帝。由於仁宗年幼，她掌權長達十二年之久。朝中大臣有知曉仁宗身世者，因害怕罪及自身，也不敢說出實情。或許是劉太后良心發現，在李妃染病時，曾封她為宸妃，也算是對她的一種安慰吧！然而令人悲嘆的是，李宸妃終其一生也未能與成為皇帝的兒子相認，帶著無盡的遺憾離開人世，去世時年僅四十六歲。

　　劉太后為了私利，強奪她人之子為己子，手法的確不夠光彩。她也考量到後果的嚴重性，小心翼翼地防範著仁宗知曉真相。根據《宋史・后妃上・李宸妃傳》所記載，當宸妃去世後，劉太后打算以宮人的禮儀來治喪，但宰相呂夷簡建議禮宜從厚。她擔心皇帝聽見，趕緊要仁宗離開現場。過了一會兒，她才問呂夷簡：「只是一個宮人去世，有必要這麼隆重嗎？」呂夷簡老謀深算、心知肚明，回答道：「內外事務一視同仁，不應該有所區別！」這句話直指劉太后的痛處，她生氣地說：「這難道不是在挑撥我和仁宗母子的關係嗎？」呂夷簡從容答道：「如果太后不為劉氏族人著想，我也不敢提此建議，倘若還顧及劉氏宗族，就應該喪禮從厚。」劉太后心思縝密，經他一提醒，恍然大悟，問：「應該按照什麼等級的禮儀來安葬李宸妃？」呂夷簡回答：「治喪用一品禮，殯洪福院。」太后照辦。呂夷簡計高一籌，又密令下葬人員用皇后服飾為李宸妃入殮，並用水銀填棺，防止腐化，所有這一切都做得天衣無縫，讓許多大臣都被蒙在鼓裡。

　　劉太后過世後，朝臣們不再有所顧慮。燕王告訴仁宗說：「陛下乃李宸妃所生，妃死以非命。」宋仁宗大為震驚，這才得知自己身世的真相。史料也有提到，告訴仁宗真相的是撫育他的楊淑妃，此時已是皇太后。她告訴仁宗：「此非帝母，帝自有母」，並向他講述了李宸妃的悲慘遭遇。宋仁宗聽後悲痛不已、飲食難進，數日不視朝，並下詔哀痛自責，尊宸妃為皇太后，諡號莊懿，親自前往洪福寺祭告，且打算重新安葬母親。當他開棺時，見到李妃身穿皇太后的服飾、面色如生，心生疑惑，感嘆道：「人言其可信哉！」不但沒有懲罰劉氏家族，反而給予極為優厚的待遇。毫無疑問，這都歸功於呂夷簡當初細心的安排。宋仁宗對生母感到內疚，因此想盡辦法加以彌補。他對李氏家族慷慨寵愛，多次提拔生母的弟弟李用和的官職，還將福康公主嫁給了李用和的兒子李瑋，但這一

切對李宸妃來說，都來得太遲了。

小說或戲曲中向仁宗說明真相的是八千歲，而《宋史》中卻是燕王。根據《宋史·宗室一》所述，燕懿王趙德昭是宋太祖趙匡胤的第二子，太宗太平興國四年（西元九七九年）自殺身亡。另外，《宋史·宗室三》提到，燕王趙俁是宋神宗的第十子，為宋仁宗的曾孫。這兩個人都不可能面諫仁宗，因此《宋史》中的燕王實際上是太宗的第八子周王趙元儼（宋真宗八弟，仁宗叔父），他為人正直，忠心耿耿。劉太后在位時，趙元儼擔心太后會排擠他，於是保持低調，閉門不見外人，假裝精神失常，不參加早朝。直到太后去世，仁宗親政，他才恢復常態，告知仁宗身世。宋仁宗對他恩寵有加，遇到重要國事都找他商議。當趙元儼病重時，仁宗親自調藥服侍，叔姪二人感情深厚。至於小說或戲曲中描述的八千歲領養仁宗為義子，後來讓他見真宗，最終為太子登基為帝，這純屬虛構、不合史實。根據《宋史·英宗本紀》，宋仁宗晚年無子，不得不於嘉祐七年（西元一○六二年）認領濮安懿王趙允讓第十三子趙曙為皇子，一年後即位，成為英宗。因此可以明顯看出，小說或戲曲將濮安懿王趙允讓的事情，搬到八千歲元儼身上，將兩個不同時期的事件混為一談，有意增加故事的曲折性和傳奇性。

包公以斷案如神著稱，但就算真有「狸貓換太子」一事，他縱有天大的膽子，也無法為李宸妃伸冤。因為仁宗當政時，他不在汴京任職，只是個外地的小官。他沒有見皇帝的機會，更無權審問朝中的大官，所以他無法介入此事。至於小說或戲曲中的忠臣陳琳，據考證可能是《宋史》中的內侍程琳，但他是個奸詐之人，絕非正人君子。《宋史·后妃上》記載，劉太后統治時，程琳為了討好太后，進獻「武后臨朝圖」，希望太后仿效武則天自立，但劉太后還有些自知之明，不想重蹈武則天的覆轍，憤怒地將圖丟在地上說：「吾不作此負祖宗事。」程琳自討沒趣，白白挨

了一頓責罵。

　　人們總是同情弱者。李宸妃雖貴為國母，但在劉太后壓制下，守著兒子不敢相認，只能將滿腹辛酸深藏而不能吐露，最終飽含遺恨離開人世。仁宗身為一代帝王，卻被蒙在鼓裡二十多年，與生母從未團圓，雖貴為一國之君，卻無法享受天倫之樂，這是帝王家的悲劇。他們母子的遭遇令人憐憫，而造成這一切的劉太后，理所當然成為被譴責的對象。於是人們創作小說或戲曲「貍貓換太子」，來譴責這個自私自利的女人，並「請來」擅長破案的包公，為李宸妃伸冤、伸張正義。儘管這種移花接木的做法不符史實，但它滿足了人們懲惡揚善的心理願望，明知有假，也樂意接受。此外，「貍貓換太子」的故事具有傳奇色彩，也是人們愛看、愛聽、多年來流行不衰的重要原因。

宋高宗爲何用處女選太子

　　宋高宗趙構（西元一一〇七至一一八七年），字德基，是宋徽宗的第九個兒子，也是欽宗的弟弟。他最初被封為蜀國公，後來被封為康王。靖康二年（西元一一二七年）年初，徽欽二帝被金人掠走後，同年五月，趙構即位於南京（當時稱為應天府，今河南商丘市），改元為建炎，是為宋高宗。他統治了三十六年，以求和苟安的國策。長期信任奸臣秦檜，收諸將兵權、殺岳飛，與金訂立屈辱的「紹興和議」，割地稱臣納貢。為了交付巨額貢品和奢侈開支，他大肆搜刮百姓，政治黑暗、民不聊生。金朝完顏亮率軍攻打宋國，宋高宗幾乎沒有戰鬥防守的準備，不得不讓位給宋孝宗，退居德壽宮，成為太上皇，十五年後因病去世，享年八十一歲。

　　宋高宗在收復領土方面動腦筋不多，但在確定繼承人時卻費盡心

機，關鍵時刻竟然用處女來「選」太子，這在歷史上製造了一段不絕於耳的閒話，同時也留下一個不大不小的謎團。

原來，宋高宗後宮嬪妃眾多，史書記載的有兩位皇后、兩位貴妃、兩位賢妃和一名婉儀，而被他寵幸過但沒有被記載名位的女性則不計其數。然而，為他生下兒子的只有憲聖皇后吳氏、張賢妃和潘賢妃三人。而其中只有潘賢妃生下的兒子存活，取名為趙旉。建炎三年（西元一一二九年）二月，高宗到揚州時，一天晚上正興致勃勃與宮女淫樂，突然收到金兵襲來的報告，驚嚇萬分，因此罹患了不孕症，從此失去生育能力。一個月後，宋高宗到了杭州，隨從統制官苗傅和劉正彥發動兵變，迫使宋高宗退位，立了不到三歲的魏國公趙旉為帝，並請太后垂簾聽政。一個月後，韓世忠殺了苗、劉二人，高宗復位。建炎三年四月壬申日，冊立趙旉為太子。在這場動亂中，趙旉被嚇出病來，拖延至七月，病情惡化，醫治無效，短命而逝。

太子夭折，皇儲乏人，大臣們議論紛紛。有不識時務者開始上疏，要皇帝盡快在宗室後裔中挑選儲君，倘若皇帝日後生出兒子，到時再重新冊立太子。按理這是關心國家大事，照此實行可安人心。然而宋高宗認為這是心懷二志，並藉此事羞辱自己；再說眼前戰事緊張，哪有時間選立太子？為了平息大臣議論，便將上疏者撤職查辦。大家果然緘口藏舌，不再議論立儲之事。

宋高宗和后妃們生不出兒子，戰局也慢慢穩定下來，立儲之事又被重提。這時，輾轉在江西的憲聖皇后也平安返回臨安，她說曾經做了一個怪夢，不解何意，祕密向高宗說了，高宗悟出是選嗣之事。恰在這時，大臣范宗尹也提出了此事，高宗答道：「太祖皇帝以神勇之武定了天下，可是他的子孫沒有享受承繼之福，現在遭遇世亂艱難，他的後代更是飄零可憐，我若不效法仁宗皇帝，為天下著想，怎能告慰太祖在天之靈？」

　　眾所周知，宋太祖臨終前，遵照太后之意，將皇位傳給了弟弟，他自己的後代沒有繼承大權。到了仁宗時，沒有兒子，就挑了四歲的姪子趙宗實當太子，這位就是後來的宋英宗。現在的高宗趙構也沒有兒子，就想仿效宋仁宗，在太祖的後代中選出太子，一方面顯示自己有堯舜之風，一方面也可安定人心。其實，還有一個重要原因：宋太宗的嫡系子孫全都被擄走了，只好在太祖的後代中選出皇太子。果然，副宰相張守、負責軍事防務的長官李回、禁衛官婁寅亮等人紛紛上疏支持或稱讚皇帝這明智之舉。宋高宗於是說：「此事不難行，朕於『伯』字行中選擇，庶幾昭穆順序。」於是決定在太祖的後人中選出皇子。

　　按照趙宗室玉牒，趙構是宋太祖的第六代孫，排行在「伯」字輩中是第七代孫，按照子姪的關係，立他為皇太子理所當然。經過多人尋訪，發現太祖皇帝的第七代孫總共有一千六百四十五人。在這些人中，又挑選出十位年齡七歲以下的幼童，經過反覆審查，相中了一胖一瘦兩個男孩。宋高宗將他們兩個一起召集，再次仔細端詳一番。他發現那個胖孩子身體結實、個頭也高，於是決定「留胖去瘦」，然後賜給瘦孩子三百兩白銀，想要打發他回家。就在這時，一隻白貓從兩個孩子中間穿過，胖孩子一腳踢飛了這隻白貓。高宗看了大為不滿，他想，這孩子這麼輕率，如何擔負社稷重任？於是立即改變決定，留瘦去胖。紹興二年（西元一一三二年）五月，高宗皇帝迎太祖朝奉大夫趙子偁之子伯琮於宮中，賜名瑗。追溯起來，伯琮是太祖第二子秦王趙德芳的後代。

　　伯琮入宮時只有五歲，生活不能自理，於是交給張婕妤負責養育。雖然宋高宗用心選了一個姪子，但他並未將其視為皇子。這其中有宋高宗的理由：第一，高宗當時只有二十五歲，如果醫治有效，說不定以後還會生出兒子。第二，趙瑗年紀太小，未來的發展難以預料，如果不如預期，隨時可以廢掉。第三，「伯」字輩的姪子很多，說不定還有更優秀

的出現，到時擇優汰劣，這對江山社稷更有利。

宋高宗的這些想法的確合理。可是，朝野醫方用盡，他仍然沒有生出兒子。紹興四年，吳才人感到寂寞無聊，也想撫育一個孩子。高宗找來秉義郎趙子彥的男孩，當時七歲，名叫伯玖，長相可愛、聰明伶俐，吳才人一看非常喜歡，就留在身邊精心養育。宋高宗將他改名為趙璩，這樣就有了兩個儲君人選。他們自己尚不清楚這場悄然展開的競爭，但大臣們卻密切關注這件立儲大事。例如，大將張浚特別上表，請求高宗盡快確定皇太子。然而高宗心中有數，對這種請求一概置之不理。

紹興五年五月，大臣趙鼎建議應在宮中建立書院，加強培養這兩名男孩。宋高宗為此修建了「資善堂」，聘請徽猷閣待制范沖和起居郎朱震為宮廷教師。兩個孩子都非常認真，接受了正規的良好教育。紹興十年（西元一一四〇年），岳飛奉詔班師後，提出「正國本以安人心」的建議，趙鼎也提出議立皇子一事，均遭宋高宗斥責。兩年後，十五歲的趙瑗加檢校少保，封為普安郡王，按照慣例，他離開宮廷住進王府。而此時的趙璩則獨居禁中，被封為吳國公。三年後，趙璩晉封為思平郡王，同樣搬進自己的府第，時人稱他為東、西二府。

宋高宗對於選立皇子之事並非沒有考量，然而他仍需思量兩個重要因素：一是撫育趙璩的吳才人已被冊立為皇后，秦檜因與趙瑗關係不佳，遂藉此機會製造吳皇后欲立趙璩為太子的謠言。許多大臣看秦檜臉色行事，弄得「中外議頗籍籍」。高宗左顧右盼，難下立儲決心。二是高宗母親韋太后從金國回來後，因與趙璩接觸較多，對其很有好感，日常言行不免偏向趙璩。高宗是個孝子，不能不考量母親的感受；因此，此事就這樣拖延下去。

紹興二十五年（西元一一五五年）十月，奸相秦檜病死；二十九年（西元一一五九年）九月，韋太后崩於慈寧宮。立儲的兩大障礙已不復存

在，大臣們再次提出確定皇子的問題。高宗覺得再拖延實在難塞眾口，遂將此事提上朝廷議程。然而，趙瑗和趙璩究竟立誰，宋高宗再一次猶豫起來。這天，他獨處宮中，看著一個個如花似玉的宮女，心裡突然湧上一個妙計。於是悄悄召來內府總管，要其挑選未被臨幸的二十名宮女，東、西兩府各賜十人，他要觀察趙瑗、趙璩在女色面前的表現，以決定取捨。

過了一段時間，宋高宗傳令將這些宮女召回，讓女官逐一檢驗。結果，賜給趙瑗的宮女完璧如初，而賜給趙璩的宮女全被臨幸過。宋高宗對此祕而不宣，但他明白了孰優孰劣。女色可亂性、也可致禍。高宗運用這個傳統辦法，識別出誰是正人君子，誰又是好色之徒。經過近三十年的爭論，立儲君的問題就此被十名處女解決定案。

紹興三十年二月二十二日，朝廷舉行了隆重的皇子冊封儀式，宋高宗親筆御書：「瑗可立為皇子，改名瑋。」趙璩仍為皇姪。一個月後，趙璩被封為開府儀同三司，判大宗正事，垂頭喪氣地離開臨安，住進紹興王府。皇子與他擦肩而過，他至死也不會明白自己失算在哪裡。據史書記載，立皇子的制書頒布後，大臣們「動色相慶」、「中外歡悅」，說明了宋高宗的這個決定英明正確，深得人心。趙瑗邁出了關鍵的一步，成為唯一的皇位繼承人。

如此重大而又嚴肅的立儲問題，居然用十名處女去檢測，可謂獨出心裁、歷代罕見。這件事引起後人的爭議，宋高宗果真是用這種難以啟齒的方法選定皇子的嗎？史料中提出了不同看法，概而言之，有以下幾點：

第一，選定趙瑗為皇位繼承人，本是宋高宗的初衷。據《宋史・孝宗本紀》記載：孝宗（即當初的伯琮，後改趙瑗）一開始就受高宗喜愛，「紹興二年五月，選帝育於禁中」，宮中修建「資善堂」書院，主要是為了

教育趙瑗。後來趙璩（即伯玖）被召進宮後，只有「尋詔赴資善堂聽讀」的資格。雖然他也按時受到詔封，其養母也位居皇后，但趙璩的資歷、地位仍然無法與趙瑗相比。因為趙瑗比趙璩年齡稍大，受封幾乎總是領先趙璩一步，這也是他被立為皇子的有利條件。更主要的是，趙瑗性喜儉約、厭惡驕奢，這方面與宋高宗的心性相合。這位經歷了北宋亡國、父兄被擄的皇帝，多少記住了一些慘痛教訓，他曾嚴厲批評過喜玩珊瑚的楚王之子趙仲湜。趙瑗聽到這件事情，引以為戒、宵衣旰食，踵武前賢，很想有所作為。高宗對此看得十分清楚，這正是一國之君最可貴的特質，也是確立趙瑗為皇子的主要原因。

其二，後宮方面的大力支持，對於確立趙瑗的皇子地位發揮了重要的推動作用。所謂韋太后和吳皇后偏向趙璩，並因此干擾高宗立儲君的決心，於史無據，完全是秦檜他們捏造的謠言。關於立皇子之事，韋太后從未有所干涉，從另一事件可以看出她對這類事情的態度。當時，皇后尚未被立，高宗請母親寫道手書，韋太后說：「我但知家事，外庭非所當預。」由此推斷，這位老太太怎麼可能去干涉立皇子的事情呢？

吳皇后在這個問題上表現得更加明智。雖然趙璩是她撫育成人的，但她從未有意立他為皇子，就如《宋史・吳皇后傳》中所述：「伯琮（趙瑗）性恭儉，喜讀書，帝與后皆愛之，封普安郡王。後嘗語帝曰：『普安，其天日之表也。』帝意決，立為皇子，封建王。出（趙）璩居紹興。」很明顯地，吳皇后在確立趙瑗為皇子的問題上，投了關鍵的贊成票，她以公正無私的行動，平息了秦檜一黨的謠言，也消除了高宗的各種顧慮。

在確立皇子的問題上，宋高宗的確有各種顧慮，後宮的態度至關重要，也需要考量秦檜等人的意見。吳皇后與秦檜的關係較好，因為「秦檜等累表請立中宮」，她能成為皇后，是秦檜努力的結果，所以她經常會附和秦檜的意見。然而，趙瑗與秦檜的關係卻十分緊張。對此，吳皇

后心中自然有數。宋高宗擔心她會與秦檜聯手，堅持立趙璩為皇子，但幸好她在這件事情上沒有被秦檜所左右。恰巧在這時候，趙瑗又立下一功。

紹興二十五年（西元一一五五年）十月，秦檜病重，他的家人和心腹想以秦檜之子代父職，企圖繼續操縱朝政。趙瑗得知此消息後，立即向高宗報告，高宗也認為秦氏父子太過分。趙瑗馬上趕到秦家，阻止了這個亂政陰謀。這件事情讓高宗和吳皇后感受到，在大是大非面前，趙瑗表現了膽識與果敢，這正是一個為君者所應具備的特質。吳皇后並未因為私人恩怨而與趙瑗結怨，她依然積極推薦趙瑗晉升皇子，證明秦檜的挑撥，產生不了任何作用。原來高宗之所以讓韋太后和吳皇后充當「擋箭牌」，是為了應對那些關心國家未來的大臣，同時也是為了應付秦檜。或許正因為宋高宗看見趙瑗處理大事的能力，再加上吳皇后的大力支持，才下定決心確立他為皇子。

其三，大臣們在關鍵時刻的苦諫，促使高宗正確選立皇子。趙瑗與趙璩的確難分伯仲，但在文武大臣中，就聲望和人緣來說，趙瑗還是勝過趙璩。例如岳飛入京上奏，見到趙瑗，覺得他英武俊偉，可以立為儲君，為此還上了密奏；老臣趙鼎也多次在皇帝面前稱讚趙瑗。這些做法雖然引起高宗的反感，但也讓他留下了深刻的印象。由於秦檜偏袒趙璩，再加上他箝制輿論，很長時間人們忌談選立皇子之事。秦檜死後，立儲之事又再提起。

晉原人閻安在考進士的策文中趁機發了一番議論，他認為高宗在太祖後裔中選立皇子已經過了二十多年，一直議而不決，儲君至今未定，不知要考驗到何時？如再拖延下去，佞臣將生異望，繼而結黨，成為社稷之患，這樣麻煩可就大了！這篇策文洋洋數千言，用語犀利、說理透澈，深深觸動了高宗，遂欽定閻安為探花。大臣張燾及時上疏：「兩位宗

子『誰為君，誰為臣，應當曉諭天下』」。宰相等一批大臣也紛紛上疏勸說高宗快立皇子，可是依然不見動靜。就在這時，利州（今四川廣元市）提點刑獄范如圭，將仁宗時期名臣請求建儲的奏章蒐集在一起，呈給高宗，終於讓他感悟，認為這件事如果再拖，就會失信於天下。他思索再三，接受了宰相的意見，趙瑗既然封了真王，就應該確定為皇子身分，朝廷做事要符合禮制，就乾脆封趙瑗為皇子吧！

其四，趙瑗的體魄強於趙璩，具有擔當大任的有利條件。從史料記載來看，趙瑗幼時身材消瘦、體質一般，因此差一點落選；想不到他後來長得英俊魁偉、懍懍一表，望而知為廟堂之器。而趙璩雖然也是儀表堂堂，但與趙瑗相比，就差了一大截。據史料記載，這與趙瑗有志進行北伐、恢復北宋疆域有關。趙瑗十分注重身體鍛鍊，尤其喜愛騎馬，而且有嫻熟的騎術。有一次，他策馬時間過長，弄得人困馬乏。快到宮殿前，乘馬突然竄入殿前廊廡，因為廊簷很低，眼看就要把趙瑗從馬上撞下來。只見他不慌不忙用雙手攀住廊簷、懸在半空，輕鬆脫離險境。另外，趙瑗很喜歡打馬球，常召集軍中好手前來較量，就算颱風下雨也照樣比賽。由於長期堅持體能活動，使其體質非常強健，像岳飛這樣的武將，也都很喜歡他，足見其英武非凡。高宗明白，宋金兩國將要長期對峙，戰爭隨時可能發生，身為戰時的帝王，沒有強健的身體是不行的，在選立皇子時，宋高宗不能不考量這個條件。

從以上幾點來看，趙瑗之所以被確立為皇子，有內外各方面的優勢，並不僅僅在於他禁得起女色的考驗。其實，身為封建帝王，「寡人好色」算不上什麼大問題。宋高宗自己有嚴重的男性疾病，在這方面也毫不示弱。據《宋史》記載，紹興三十一年（西元一一六一年）六月，「出宮女三百九十人」，但他沒有落下好色之名，《宋史》評論他是「恭儉仁厚」，可見占有幾位宮女根本算不上什麼問題。而這時的兩位宗子都已

位居郡王，且早已過了結婚年齡，如果僅憑這點決定誰是皇子，傳開後豈不遭人嘲笑？另外，假若趙瑗也與宮女們發生了關係，宋高宗還要從頭再培養宗子嗎？再說，用處女檢驗他們是否好色，可靠嗎？宋高宗也許永遠不知道，他剛開始實施這個計畫時，就被趙瑗的老師史浩一眼看穿，此人及時提醒趙瑗謹慎行事，於是趙瑗在美色面前約束了自己，從而獲得高宗的好感。如果不是史浩的提醒，那十個宮女是否還能保持處女之身，恐怕還很難說呢！

　　宋高宗用處女挑選皇子，在歷史上成了笑柄，趙瑗是否占了那十個宮女的便宜，在歷史上多有爭論。究竟是什麼原因讓趙瑗登上皇子的寶座，可能只有高宗本人才能說得清楚。從確立皇子的結果來看，證明宋高宗的眼光沒錯。紹興三十一年九月，金主完顏亮率六十萬大軍侵宋；十月，宋高宗決定親征；十二月，成功收復泗、和、楚、汝四州，高宗親臨建康（今南京市），而趙瑋（即改名前的趙瑗）隨駕前往。在抗金前線，趙瑋日夜奔波、不辭勞苦，一面及時整理各種奏章文書，一面親自照料高宗的生活，受到上下的一致稱讚。而這時的宋高宗，經過多年的顛沛流離，早已身心俱疲，眼見疆土收復無望，金人又頻頻南侵，心知不如早點把這個爛攤子交給皇子處理。

　　紹興三十二年五月甲子日，頒詔立趙瑋為皇太子，在紫宸殿舉行內禪之禮；六月十日，頒詔皇太子即位，為宋孝宗。高宗趙構自稱太上皇。他高興地說：「我把社稷託付得當之人，沒有什麼遺憾了。」對此，史書有一段相當中肯的評論：「高宗以公天下之心，擇太祖之後而立之，乃得孝宗之賢，聰明英俊，卓然為南渡諸帝之稱首，可謂難矣哉！」

　　宋孝宗在南宋九個皇帝中，的確是個傑出人物，他的皇位來得也算「難矣哉」。然而，從他與那十個宮女的檢測來看，他的皇位似乎又太容易獲得了。究竟是真是假，誰能說得清楚呢？

岳飛的真墓在哪裡

宋高宗紹興十一年臘月二十九日（西元一一四二年一月二十七日），三十九歲的抗金名將岳飛，與他的兒子岳雲及部將張憲，被以「莫須有」的罪名，被殺害在大理寺風波亭裡。

岳飛自十九歲從軍，以身許國、志在抗金，先隸宗澤部下，披堅執銳、屢立戰功；後從王彥渡河收復新鄉，與金兵戰於太行山，斬獲甚眾。金兀朮南侵臨安（今杭州市），岳飛在廣德（今屬安徽省）襲擊金兵，收復建康（今南京市），又大破齊兵，收復襄陽（今湖北襄樊市）等州縣。後出師北伐，獲郾城（今河南省郾城市）大捷，為抗金大業立下了豐功偉績。他正率部乘勝進擊時，卻被朝廷下十二道金牌召回，旋即被奪兵權、下大獄，歷盡嚴刑拷打而堅貞不屈，終被投降派害死。岳飛死訊傳出，朝中正直之臣無不為此千古奇冤而扼腕悲嘆。「市人聞之，悽愴有墮淚者」，人們崇敬這位抗金英雄，仰慕他的高風亮節和浩然正氣。英雄的音容笑貌已不可追尋，岳飛墓遂成為緬懷和憑弔其英靈的千古勝地。多少年來，杭州棲霞嶺的岳飛墓前，觀瞻的人們川流不息，望著中間那座高高的岳墳，以不同的方式表達各自的欽敬與哀思。可是很少有人去想，這座墳墓裡埋葬的是岳飛的遺骨嗎？

眾所周知，岳飛屬於非正常死亡。他很長時間沉冤難以昭雪，倖存的親人又遠徙外地，岳飛既不可能事先選好墓地，又不可能舉行葬禮，也不許有人祭奠。其遺體究竟埋在哪裡，歷來說法不一，至今也是爭論不休的問題。

先聽聽一些很流行的說法。

在過去的杭州，有一句老話：「螺螄殼裡做道場。」說的就是關於岳飛的埋葬地。當年岳飛被祕密殺害後，獄卒隗順十分同情這位被冤殺

的抗金將領，決心要掩埋好岳飛遺體。可是在熱鬧繁華的國都臨安，要掩埋好一名「欽犯」的遺體並不容易，思來想去，他終於有了主意。臨安郊外的螺螄殼堆積如山，而且從來無人過問，何不把岳元帥遺體埋在那裡？原來，當時的錢塘門外有很多窮人以食螺螄為生。廢棄的螺螄殼堆在河邊，有的地方竟有好幾尺厚。在這裡掩埋遺體，可以做得天衣無縫。秦檜一黨就算掘遍臨安城，也絕不會想到這裡。

隗順很快選好了一個地方，當晚就把岳飛等人的遺體背出城外，扒開一堆螺螄殼悄悄埋了。不料這事被秦檜知道，遂命人四處搜查，因為隗順埋得巧妙，岳飛遺體完好儲存。二十多年以後，宋孝宗登上皇位，要為岳飛平反，尋訪英雄遺骨。這時，隗順已經去世，他的兒子遵從父願，在官府告示邊貼一紙條，上寫十個大字：「欲覓忠臣骨，螺螄殼裡尋。」朝中大臣按照這個線索，果然找到了岳飛等人的遺骨。宋孝宗選了黃道吉日，把忠骸遷葬在棲霞嶺上。為了超渡亡靈，請了一百二十個和尚到原葬地做全堂水陸道場。臨安的百姓聽到這個消息，扶老攜幼前去祭奠，「螺螄殼裡做道場」這句話便由此傳開。

還有一種傳說。獄卒隗順將岳飛等人遺體背出後，並沒有埋在螺螄殼裡，而是把他們葬在錢塘門外北山腳下水邊，並以岳飛隨身佩帶的一隻玉環作為陪葬物，置於遺體腰下。然後在墳上種了兩株桔樹，作為日後尋找的標幟。為了掩人耳目，隗順還在墳前立了石碑，上刻「賈宜人之墓」。

隗順把這個祕密一直保留到臨終。他在嚥氣之前，把負屍出城的經過、葬地、標幟等詳細告訴兒子，要他在合適的時候上報官府，一定要重新安葬岳元帥的遺骨。後來，宋孝宗為岳飛平反，並以賜官為賞，尋求英烈遺骸。隗順兒子遵照父親臨終囑託，把岳飛葬地報告臨安府。官府派人找到英烈墓地，將岳飛父子和張憲遺骸遷葬於西子湖畔棲霞嶺

下，之後又修了祠堂，供人憑弔瞻仰。

以上只是傳說，傳說不足為信。來看看相關文字史料對岳飛葬地的記載：

宋紹興十一年十二月，高宗詔岳飛賜死，誅張憲、岳雲於市。「飛死於獄中，梟其首」。「獄卒隗順負其屍出，逾城，至九曲叢祠中。故至今九曲土顯廟尚靈。順葬之北山之濱」。《金陀祠事錄》也說：「隗順負屍潛瘞北山之渭。」可見這兩則史料的說法是一致的。隗順死前「謂其子曰：『異時朝廷求而不獲，必懸官賞，汝告言曰，棺上一鉛箔，有棘寺（大理寺）勒字，吾埋殯之符也。』後果購其瘞……其子殆上臺，官悉如所言，而屍色如生，尚可斂禮服也。」

從上面這些文字史料來看，至少可以知道下列幾件事：

第一、岳飛死於獄中，並被砍下頭顱；而張憲和岳雲是被殺於市。隗順是單負岳飛屍體，還是把三人屍體都背出城？從記載中看不出來。岳飛等三人在當時是「要犯」，按宋律規定，盜葬犯屍要判刑。隗順有無能力和膽量把三具屍體全都背出和安葬？從記載中也難以看出。

第二、隗順將岳飛葬於臨安九曲叢祠旁的北山之濱，即今杭州市昭慶寺以北。當時的最高審判機構大理寺在錢塘門以內，而「錢塘門沿城而北，舊有九曲城」。那麼，九曲叢祠在哪裡呢？《咸淳臨安志》記載，錢塘門以北，有九曲昭慶橋、九曲法濟院、九曲寶嚴院等。此地多湖河，故城垣曲折，九曲叢祠因而得名，其位置當在錢塘門外。王顯廟則在錢塘門外九曲城下，宋紹興年間修建。獄卒隗順要背岳飛屍體出城，錢塘門是必經之地，而王顯廟又正在這條路線上，岳飛遺體「葬之北山之濱」很有可能。所謂北山，就是今天的寶石山。

第三、岳飛自宋高宗紹興十一年（西元一一四一年）十二月被冤殺，至紹興三十二年（西元一一六二年）宋孝宗當上皇帝，七月為岳飛平反昭

雪，其間經過二十一年，岳飛遺體居然「屍色如生，尚可斂禮服」，按照杭州的氣候和地理條件，若不採取防腐措施，顯然是不可能的事情。

岳飛「葬之北山之濱」的說法影響很大，不少史料和方志都採用此說。如明嘉靖年間刊刻的《西湖遊覽志》、萬曆十年刊本《湯陰精忠廟志》、清康熙時修撰的《錢塘縣志》等，都認為岳飛葬於九曲叢祠旁的北山之濱。「濱」為水邊，究竟何處是岳飛的確切葬地，至今也說不清楚。

還有一種說法，認為岳飛埋葬在杭州眾安橋下十七號處。《宋岳武穆公飛年譜·遺跡考》寫道：「今杭州市眾安橋河下十七號忠顯廟，其地南宋為北郭叢葬之所，傳即岳王初瘞處。」他之所以這樣寫，也是有來由的。清代道光十三年（西元一八三三年），杭州地方官府重修棲霞嶺下岳飛廟和岳飛墓，追尋岳飛的初葬地。經過多方查詢，終於在杭州市眾安橋螺絲山下扁擔弄內的紅紙染房旁（俗稱十七號處），找到了最初的岳飛墳。杭州府司獄正式予以確認，並刊印了「岳忠武王初瘞志」，在當時產生很大的影響。清代的學者名流，如胡興仁、沈祖懋、楊昌濬等也持相同看法。眾安橋為岳飛的初葬地，在很長時間內成為定論。清代光緒二年（西元一八七六年），官府在眾安橋修建「忠顯廟」，杭州人俗稱「老岳廟」，其實它的資歷不算老。

對此，後來有些學者提出不同看法。眾安橋這個位置，在南宋時處於錢塘門內，是當時臨安城中的商業街，鋪面林立、人稠物穰。橋南就是「北瓦子」等有名的娛樂場所，車水馬龍、步履匆匆，是臨安城黃金地段，且是御街必經之處，這裡怎會成為北郭叢葬之所？岳飛遺體又怎能被偷偷埋在這裡？

如今人們都知道，岳飛的墳墓在杭州西湖邊棲霞嶺上，前面為岳王廟，岳王廟內西南部為岳墳，墓碑上書「宋岳鄂王墓」。在岳墳的斜對面，有四個反剪雙手、面墓而跪的鐵像，即謀害岳飛的秦檜、秦檜妻

（王氏）、張俊、万俟卨。明弘治年間，參政周木修岳飛墓，先鑄秦檜夫婦二跪像，不久被遊人擊碎。明正德八年（西元一五三一年），都指揮李隆用銅重鑄，增加了万俟卨，成為三銅像。不到十年，被人拋入西湖，傳說西湖為之水臭。明萬曆二十二年（西元一五九四年），按察副使范淶再次鑄像，又增加了張俊，遂成四鐵像；到了清代，又重鑄了四鐵像，這些鐵像後來被毀。現在墓前四鐵像是西元一九七九年，根據河南湯陰岳飛紀念館的相關鐵像重鑄的。

據資料介紹，岳飛墳墓原先並不在棲霞嶺上，而是在前面說的獄卒隗順負屍埋葬處，即今杭州昭慶寺以北地帶。後來為岳飛平反昭雪，才遷葬於此。這樣說來，棲霞嶺上的岳墳，就是岳飛遺骸的埋葬地嗎？有人認為難以說清。

岳飛遇害以後，朝野一致要求為其平反昭雪。宋高宗不能自打嘴巴，對此置之不理。宋孝宗登基後，有志恢復舊土、鼓舞抗金士氣，遂順應民心民意，下詔平反岳飛冤案，追復其原官。又以五百貫的高價購求岳飛遺體，「以禮改葬」，並訪尋岳飛後人，用其孫六人為官。又在岳飛舊宅（此時已改為太學）之左，立廟奉祀，時稱「右佑廟」。乾道六年（西元一一七〇年）七月，朝廷下詔於鄂州（今湖北武昌）建岳飛祠，廟額書寫忠烈；淳熙五年（西元一一七八年）九月，朝廷諡岳飛為「武穆」。淳熙六年（西元一一七九年），岳飛之子岳霖等上「賜諡謝表」，感謝皇帝為其父親恢復官爵與名譽，並賜諡號，其中有「葬以孤儀，起枯骨於九泉之下」等語。在古代，少師、少傅、少保稱為「三孤」，宋高宗紹興十年（西元一一四〇年），岳飛在郾城大捷之後，朝廷特授其為少保，故岳霖稱之為「葬以孤儀」。若這說法可信，岳飛的遺骨是從初葬地拿出後，再按少保的葬禮儀式改葬，其改葬地點為「西湖覆泰山劍門嶺」，即現今棲霞嶺。這裡的岳飛墓則為改葬地，墓中埋葬的，一定是岳飛的遺骸了。

　　既然如此，清道光年間的杭州府司獄為什麼又確定眾安橋下十七號處為岳飛的初葬地呢？他又為何重建岳飛墓呢？難道他與胡興仁等人不知道棲霞嶺為岳飛遺體的改葬地嗎？還有，他們既然認定眾安橋下十七號為「岳王初瘞處」，也一定有岳飛遺體葬於此，那麼，當初隗順負屍葬於「北山之涢」的又是誰呢？岳飛平反後，「以禮改葬」的是誰的遺骸呢？持「北山之涢」說與持「眾安橋下十七號」之說者，都說把岳飛的遺骸遷葬棲霞嶺，那麼現在棲霞嶺岳飛墓一定是改葬地，而墓內所葬是否為岳飛的忠骨，還真有些說不清呢！

元世祖為何兵敗日本

　　元世祖忽必烈（西元一二一五至一二九四年），成吉思汗的孫子、拖雷的兒子，西元一二六〇至一二九四年在位，是中國歷史上相當有成就的一位皇帝。他在位期間，將都城遷至燕京（後來改稱大都，即今日的北京），將國號定為元，在漢族地主的協助下，大力採用「漢法」，制定法令制度，加強中央集權，注重農業和桑植，並興修水利，使元初的社會經濟得以恢復和發展。同時，他又四處征戰，於至元十六年（西元一二七九年）滅了宋朝，隨後又進攻安南、占城、爪哇等國，可謂所向披靡，勢不可擋。然而，元世祖萬萬沒有想到，在進攻日本時屢屢受挫，最終無功而返，使這位大元帝國的皇帝傷透腦筋。

　　元世祖為何兵敗日本？這個問題曾引起中日兩國學者的關注，他們從不同角度進行探討和研究，但至今仍是疑雲重重、看法不一，成為中外戰爭史上的一大疑案。

　　關於日本的情況，元世祖忽必烈當初並不了解，只是聽高麗人說過。忽必烈知道水路遙遠，跨海作戰勝算不高，同時也想要探清日本國

王的底細，於是在至元三年（西元一二六六年）、至元七年和至元十年，先後五次派遣兵部侍郎、禮部侍郎、參議陝西省事趙良弼等人出使日本，企圖進行說服。然而，日本國王六條天皇竟不予理睬，甚至拒絕接見元朝使節。這種夜郎自大的態度，激起忽必烈的滿腔怒火，他決定以武力征服日本。

為了準備好對日征戰，至元十一年（西元一二七四年）三月，忽必烈下令鳳州（今吉林懷德縣附近地區）的經略使忻都、高麗的軍民總管洪茶丘等人，組建一支水陸聯合軍，人數超過一萬五千人，並籌集九百多艘戰船，出元帥忻都率領，浩浩蕩蕩地直驅日本。此時，日本後宇多天皇登基，改元建治，希望有所作為。八月，元軍抵達對馬島，日本將領率領八千騎兵防禦，元軍連續攻下三個島嶼，日本將領陣亡，天皇急忙調動藩屬兵十萬兩千人支援，兩軍戰於博多，忻都利用有利地形和鐵炮轟擊日軍，使日軍大敗。元軍又進攻到今津，大將劉復亨被日軍射下馬來。由於戰事頻繁，元軍箭矢匱乏，有人建議停止再行深入。忻都認為言之有理，決定要劉復亨先行撤退。然而當晚風大浪高，許多元軍船隻撞上岩石損壞，連夜無功而返。這是元軍首次征日，日本人雖然領教了元軍的招數，但終究安然無恙，此戰被稱為「永文之役」。

對於這種耗費性的征討，忽必烈很不滿意。第二年，他再次派遣禮部侍郎杜世忠、兵部郎中何文著前往日本，然而杜世忠不慎失敗，被日本國王殺害，忽必烈聽到消息大怒，決定再次以武力征討。至元十六年（西元一二七九年）二月，他命令揚州、湖南、贛州、泉州等四省建造戰船六百多艘，不僅擴大艦隊規模，也提升戰船品質。至元十八年正月，忽必烈召集阿剌罕、范文虎、囊加歹等人到大都研究對日本的策略，並指派拔都、張宏、李庭負責後勤保障，聽從范文武的建議，增加了一萬名漢軍，並提升阿剌罕為光祿大夫和左丞相，統一指揮征日大軍。二

月，大將軍忻都率領蒙、漢、高麗聯軍十餘萬人從高麗合浦出發，大將軍范文虎帶領南宋新附軍十萬人從江南出發，並攜帶充足的糧草，兩路合擊日本。忽必烈和阿剌罕都認為，如此龐大的軍隊（兩路合計達到十四萬人）對付一個海島小國，如同甕中捉鱉，只要等待勝利的消息。

　　豈料戰事又出意外，這次征日元軍遭受更大的慘敗。十人僅存一二，船隻幾乎全毀，戰敗的元軍被俘虜成奴，僅有三人狼狽逃回大陸！日本人不僅再次避免了元軍的洗劫，還獲得大量戰俘，可謂千年難逢之幸。他們高興地稱這次戰事為「弘安之役」，舉國上下歡慶勝利。元帝國的常勝之師忽必烈坐立不安，想起幾年的辛苦準備，居然全部付諸東流；兩次征日、兩次失敗，而且敗得如此慘重，是人算失利還是天意如此？滿朝文武，竟無一人能說明白。

　　從《元史》和《新元史》的記載來看，元軍第一次征討日本，可說是戰無不勝，形勢十分有利，只是由於兵力太少，士兵又過於疲勞，不敢長驅直入，不得不悄悄撤退，因此才有了忽必烈的第二次征日。那麼第二次行動的準備可以說是相當充分，兵力充足、草糧充實，為什麼結果失敗得更為慘重呢？《元史・日本傳》中一名逃兵的口供可略知一二，他表示，官兵六月人山人海，到了七月，船隊抵達平壺島，不久後又轉移到五龍山。然而八月一日突然颳起大風，船隻相互碰撞，損失慘重。在經歷了五天的煎熬後，范文虎等將領各自乘坐良好船隻逃走，將十多萬士兵拋棄在五龍山下。眾人推舉張百戶為主帥，號稱張總管。他與眾人商議伐木造船返回大陸，正準備行動時，卻被日本人發現。八月七日，日軍一齊襲來，元軍準備不足，大部分士兵戰死，剩餘的二、三萬人被俘虜。八月九日，來到八角島，日軍開始大規模屠殺蒙古、高麗、漢人。對於已降的新元「唐人」，日軍則給予較好的對待，讓他們成為奴隸而保住性命。《元史》總結這次失敗的原因是：「蓋行省官議事不相下，

故皆棄軍歸⋯⋯十萬之眾，得還者三人爾。」

元軍的這次失敗，在《癸辛雜識》等古籍中也有記載，情節基本上相似，故不重複。

元軍兩次征日，兩次均告失敗，而失敗的主要原因，都與遭遇大風雨有關。第一次征日雖然也失敗了，但人員傷亡並不算多；而第二次征日，暴雨毀舟、船隻相撞，又遭到日軍襲擊，結果只有「十萬之眾，得還者三人爾」。把元軍兩次慘敗歸結於惡劣天氣，的確有一定的道理，就連《東國通鑑》和《高麗史》這樣的古籍，也清楚記載了這一點，因此這種看法在中日史學界頗受歡迎，已經成為傳統觀點。

然而不能否認，元軍兩次征日失敗，惡劣天氣只是其中一個因素，若作深入分析，會發現情況並非如此簡單。

首先，我們來看看元軍第一次征日失敗的原因。

《元史‧日本傳》記載：「冬十月，入其國，敗之。而官軍不整，又矢盡，唯擄掠四境而歸。」《新元史‧日本傳》提到元軍撤退之夜遭遇大風雨，「官軍戰船觸崖石多破壞」也的確是事實。再來就是由於元軍士氣不振，加上箭矢又快用完，只好匆匆撈上一把，不得不被迫退兵。只是在退兵的夜裡，遇到惡劣的天氣，船隻撞了崖石才被損壞。這樣看來，天氣並非元軍失敗的主要原因。

對此，日本氣象學家荒川秀俊提出了自己的看法。他的研究結果顯示，日本西部的颱風季節為農曆七月到九月之間，而元軍第一次征日發生在農曆十月下旬，當時的颱風季節已經過去，因此不太可能如《東國通鑑》和《高麗史》所述，元軍在攻打日本途中遇到颱風，無法前進而被迫撤退。至於《新元史‧日本傳》提到撤退之夜風大浪高，官軍的船隻撞崖是極有可能的，但也不會造成太大損失。

那麼，導致元軍失敗、撤退的真正原因是什麼呢？日本當代歷史學

家網野善彥提出了這樣的觀點：元軍第一次征日，艦隊由蒙古軍和高麗軍聯合組成，蒙古軍元帥為忻都，右副元帥洪茶丘，左副元帥劉復亨，他們先行抵達高麗。高麗早已被元軍征服，設為東征行省，建立起攻日基地。被封為左丞相的高麗國王不敢怠慢，派出都督使金方慶等率八千人助攻。亡國的高麗兵幫別人打別人，當然沒有很高的積極度，加上右副元帥洪茶丘又是高麗的軍民總管，這樣他率領的蒙古軍與金方慶指揮的高麗軍，實際上成了主僕關係。這種貌合神離的征日聯軍，不可能齊心協力，甚至還會產生矛盾，「官軍不整」的表現，正是這種情況的真實反映。所以聯軍元帥忻都不敢戀棧，只好無奈撤軍了。這種說法有其一定的道理，從《新元史·日本傳》記載來看，也說明了這個問題。此次戰役後期，金方慶不顧兵少馬乏的狀況，要求背水決戰，忻都一口否決了他的意見：「策疲兵入敵境，非完計也，不若班師。」如果按照金方慶的意見，元軍一定會敗得更慘。

接著，來看元軍第二次征日失敗的原因。

這次戰事發生在當年農曆閏七月，正是日本西部颱風旺盛季節。根據日本史料記載，當時的確有暴風雨侵襲九州和近畿一帶，許多房屋樹木被毀，造成很大的損失。元軍第二次征日極有可能遭遇颱風，由此帶來意外災難，這結論是可信的。

但是，元軍的這場慘敗僅僅歸結於一場颱風嗎？颱風可以毀掉千百艘戰船、吞噬十多萬條生命嗎？若真是如此，能征善戰的元軍豈不全是木偶？再說，元軍上次征日已經吃了颱風的苦頭，富有實戰經驗的將軍，還會重蹈覆轍嗎？答案顯然是否定的。那麼，元軍二次征日慘敗的原因還有哪些？從《元史》、《新元史》等相關史料來看，有以下五點值得注意：

其一，臨陣易帥，犯了大忌。這次遠征，由中書省左丞相阿剌罕掛

帥，統一指揮蒙古、高麗聯軍和新歸附的南軍。然而到了六月，部隊行至中途，阿剌罕突然病逝，忽必烈臨陣易帥，由左丞相阿塔海代總指揮，想不到他遲遲未上任，南軍大將范文虎、李庭等卻已擅自行動，部隊統一控制不力，怎會有獲勝的把握呢？

其二，將領不合，軍心難聚。這次的征日大軍，由三個山頭組成，其中兩個山頭（高麗與南宋）都是亡國之兵，將領同床異夢，兵士南北不同，怎會彼此一心？大軍出發之前，忽必烈就看出了這個要害，他曾憂慮地說過：「又有一事，朕實憂之：恐卿等不合爾。」事實證明元世祖的擔心並非多餘，按照戰前部署，兩路大軍應在壹岐島按時會師，但南路軍失約，引起高麗軍大將金方慶的不滿。東路軍首領忻都和洪茶丘不得不率所部與南軍會合，「舳艫相銜而進，屢為日本人所卻」，導致連連失利，大將忽都等也因此喪命。後來，征日元軍損失慘重，范文虎想要掉轉船頭退卻，平章政事張禧反對，范文虎竟拍著胸脯說：「朝廷問罪我來承擔，與你們毫無關係！」強行帶兵撤退。如此各行其是，導致力量分散，結果不戰自敗。

其三，貽誤戰機，當斷不斷。《元史》和黃遵憲的《日本國志》都說，元軍二次征日，抱定戰無不勝的決心，船上帶了農具，打算長期占領。兩軍會合之後，將戰船聯為圓營，外面圍有大船，設有石弩硬弓。日本人的船小，前後來攻均被打退。當時日本國內人心不穩，市場竟然沒有米糧，日本天皇跑到八幡祠祈禱，形勢十分危機，可謂一觸即潰。然而元軍「全將多苦航海，議政議守，遲疑不決」，當斷不斷，自尋其亂，結果喪失良機，舟師遭遇大風，由勝轉為慘敗。

其四，戰術錯誤，處置不當。在征日大軍之中，不乏精明有識之士，如平章政事張禧就是一位善治水軍、智勇雙全的大將。他率軍到日本肥前之後，不再單靠戰船，而是捨舟上岸、築起堡壘，同時他又嚴格

約束戰艦，「相去各五十步，以避風濤撞擊」。結果颱風來襲，「故禧所部獨完」。如果征日將領都像張禧這樣，及時捨舟築壘，又注意保護戰艦，何懼什麼颱風？可惜他的這種正確戰術，不被其他將領採納，他們捨不得離開戰艦，又未拉開適當距離；颱風一來，自我撞擊，戰艦豈有不壞之理？還有，范文虎強行撤退，張禧又分了許多好船給他，嚴重削弱元軍的實力。這種錯誤的戰術、錯誤的舉動，必然導致慘敗的結局。

其五，貪生怕死，軍無鬥志。這次征日所需的水手、海船幾乎全部來自江南，而當時的江南被元廷征服不久，人心沒有完全歸服，自然不肯冒死作戰。如范文虎等都是降元高階將領，很會為自己打算，所以八月一日那天颱風一來，「諸將各擇堅好船乘之，棄軍士十餘萬人於山下」，龐大的部隊失去首領，如同一盤散沙，遇到日本人來戰，只顧各自逃命，無法形成抵抗力量，當然是「盡敗沒」了。

由此看來，元軍第二次征日失敗，遭遇颱風、暴雨壞舟，只是外因，而真正致敗的癥結是以上五點。如果能夠克服這些內症，即使有大自然的干擾，元軍也不會如此慘敗。令人遺憾的是，長期以來有人不願意承認這種失敗，總認為天意如此，沒有看到人為如此。還有人說日人詐降，設宴犒勞元軍，席間把大將軍等灌醉殺死，然後焚燒元軍船隻，以致元軍全軍覆沒。這種說法好似神話，不知所據何來？

元軍兩次征日慘敗，據說元世祖發了脾氣，他曾折箭為誓，要報此仇。可是沒有聽說他有好好總結經驗教訓，依然重用貪生怕死、欺上瞞下的范文虎等人。後來，元世祖又在至元二十年（西元一二八三年）、二十二年三次備征日本，皆因內外條件所限，大臣們又屢屢諫止，晚年的忽必烈只好放棄攻日打算。至元三十一年（西元一二九四年），忽必烈在大都紫檀殿去世，享年八十歲。後來，忽必烈的後代也曾嘗試攻日，皆以失敗告終，沒有達到預定目標。元世祖征日失敗，再次說明一個道

理：想打贏任何一場戰爭，都要考量天時、地利、人和等諸多因素；如果僅憑個人意志，不顧主客觀條件，即使占有很大優勢，也難逃失敗的命運。

朱元璋陵墓疑點多

在明朝的十六位皇帝中，除了建文帝和明代宗無陵墓外（代宗原本的建壽陵被毀），共有十三座陵墓建在北京昌平燕山腳下，即為著名的十三陵。唯獨開國皇帝朱元璋的陵墓建在金陵（今南京），這就是眾所周知的明孝陵。

明孝陵位於南京市東郊鍾山南麓的獨龍阜。它以鍾山為屏障，鍾山又有東、中、西三峰（中峰為主峰），合於「華蓋三臺，尊極帝位」的傳統說法。獨龍阜的東西分別是龍山和虎山，向南偏西為前湖，北部有位於鍾山主峰之下的玩珠峰，這種並不多見的自然地形，分別象徵著古老的青龍、白虎、朱雀、玄武四象，真可謂巧奪天工。在孝陵的正前方，有梅花山作為「前案」，再遠處有天印山，似呈俯伏朝拜之狀，象徵著「遠朝」而來的「貢臣」。在陵宮東、南兩面，有由東北向西南源源流淌的「冠帶水」，以保王氣聚而不散。審氣脈，別生氣，分陰陽，明孝陵可謂是一塊絕佳的風水寶地。

更讓人稱奇的是，明孝陵與其他皇陵一樣，陵宮平面十分有序、中軸對稱、氣勢恢弘，然而它的神道蜿蜒曲折，與歷代帝王陵墓平鋪直敘的常規不同，顯示出不受拘束的特色，依山傍水，順應自然的理念。陵寢位於京城城牆和外廓之間，成為大明都城的重要組成部分。它在設計上大膽突破了唐宋帝陵為上下宮的傳統模式，實行了「前朝後寢」和三進院落制度，既凸顯皇權觀念，又符合儒家的禮制秩序，同時也賦予這些

地理、地形特徵深厚的傳統文化內涵。明孝陵在中國封建社會後期帝陵制度上具有開創性的意義，是中國帝陵發展史上的一個重要里程碑。

　　據史料記載，明孝陵自洪武九年（西元一三七六年）開始籌建，十三年正式選定陵址，十四年開始動工修建，動員了十萬名民夫和數不清的技工巧匠。工程進行不到一年，也就是洪武十五年（西元一三八二年）八月，馬皇后病逝，即葬於此。由於其諡號為孝慈，九月，朱元璋便「命所葬山陵為孝陵」。也有人認為，朱元璋將其陰宅定名為「孝陵」，主要是出於「以孝治天下」之意。洪武三十一年（西元一三九八年）閏五月，朱元璋駕崩，與馬皇后合葬於此。永樂三年（西元一四〇五年），明成祖朱棣為他父親在此建立了「大明孝陵神功聖德碑」，至此，明孝陵的所有工程才算告竣，歷時長達二十五年之久。

　　一代英主朱元璋和他的大腳馬皇后，還有那些殉葬的嬪妃宮女，已在這座皇陵內靜靜地躺了六百多年，外面的世界發生多少滄桑變故，他們永遠都不知道了。同時，朱元璋還不知道的是，他所長眠的這座陵墓，仍留下了幾個大謎團，後人為此各抒己見，有些至今仍然爭論不休。

▋ 明孝陵疑塚

　　孝陵無論在規模、氣勢，還是在布局設計等方面，在明代諸陵中皆居首位。朱元璋死後落葬何處，照理說這不應成為問題。然而在南京一帶，流傳著幾種說法：一說朱元璋認為自己一生殺人過多，死後擔心遭到仇家侮辱，也害怕有人盜墓，於是在南京十三個城門同時出殯，至今也不知他究竟葬在哪裡。二說朱元璋臨終時祕密囑咐，要把自己葬在朝天宮的三清殿下，而埋葬在明孝陵中的只是一口空棺材。三說明成祖遷都北京的第二年，也把父親的靈柩移至北京，葬在萬壽山下。這些傳說

雖然未見於史書，但在民間頗受歡迎，而且還有相關故事，說得頭頭是道。由於孝陵在文獻中沒有更詳細的記載，也沒有留下相關的工程檔案數據，對於這些歷時已久的傳說，必須持謹慎的態度，並對此進行全面分析。

第一，朱元璋不可能放棄孝陵這塊風水寶地。

明代盛行風水術，朱元璋對此非常迷信。據說他的祖父葬在泗州（在今江蘇盱眙縣西北淮水西岸）楊家墩。當初朱元璋的祖父為自己選墓地時，一位老道士說：「若葬此，出天子。」於是在墩上插了一根枯柳枝。想不到朱元璋的祖父隨手將其拔掉，老道士說這下洩了氣，只能是他的孫子曾成為天子了。後來朱元璋的確登上寶座，從而對風水深信不疑。他之所以選擇南京作為都城，就是被龍蟠虎踞的王氣風水所吸引。在選擇陵址時，他命劉基、徐達、湯和各自尋找吉地，再把他們召集起來祕密展示，朱元璋一看，三人所選都是鍾山獨龍阜。

這可能只是傳說。然而可以肯定的是，為了選擇陵址，朱元璋的確費了很大氣力。北宋王洙等人所撰寫的《地理新術》，專門論述風水術，對陰宅的選擇如此寫道：「白虎緣山，青龍入泉，朱雀鼓翼，玄武登天，大吉。」朱元璋及其謀士們看中的獨龍阜，恰好符合「玄武登天」的所有條件。然而，這裡原本有一座建於南朝時期的蔣山寺和寶塔，是梁武帝和永定公主為了紀念神僧寶誌而建。朱元璋為了占據這塊寶地，不惜動用五萬名禁軍，並施捨建太廟的材料，將蔣山寺和寶塔搬遷至紫霞洞南面。就在新寺快要完工時，一位有名的風水先生又說寺址對皇陵不利，朱元璋只好再次忍氣吞聲，將寺、塔遷至今中山陵以東，並將其改名為「靈谷寺」。

僅僅遷移蔣山寺和寶塔還不夠，在梅花山還有六朝陵墓群。根據文獻記載，三國時的吳大帝孫權和夫人步氏就葬於此地，宣明太子孫登的

墓也在附近。不將他們的墳墓遷走，顯然不符禮制，主持工程的中軍都督府僉事，奉命遷移了幾處墳墓。朱元璋特意保留孫權之墓，他說：「孫權也是一條好漢，留他為我守門吧！」

顯然，朱元璋的這些做法都是為了爭奪這塊風水寶地，絕不是為了只設置一處疑塚。明成祖在「神功聖德碑」中說得很清楚：「天作鍾山，永奠玄宮。世萬世億，福祿攸同。」選擇這樣的風水佳地，就是為了「保我子孫，為王為君」，朱元璋能輕易地葬在其他地方嗎？明崇禎朝的禮部侍郎蔣德璟在〈察堪皇陵記〉中也說：「中國有三大龍，中龍旺氣在中都，結為鳳（陽）、泗（州）祖陵；南龍旺氣在南京，結為中山孝陵；北龍旺氣在北京，結為天壽山諸陵。這三大龍本朝獨會其全，真是帝王萬世靈長之福。」

朱元璋及其謀士們看中這塊地方，不惜任何代價一定要據為己有，就是為了保佑他的子孫萬代永為帝王。朱元璋難道不明白其中的利害關係，會悄悄地埋葬在其他地方嗎？再說，受其福澤的眾多子孫，還有那些主政大臣，會看著朱元璋做這種蠢事嗎？當然，風水之事，今日看來只是笑談，但在封建社會卻被視為關係到自身禍福和子孫命運的大事，只要選定吉地佳壤，一般是不會輕易變更的。

第二，朱元璋沒有必要再「疑塚」。

可想而知，身為明代開國皇帝，朱元璋去世後的治喪是隆重的。雖然史料中並無記載十三個城門同時出殯的情況，但《明史·禮志》的「山陵」條下有朱元璋駕崩後的相關記載：「（洪武）三十一年，太祖崩。禮部定議，京官聞喪次日，素服、烏紗帽、黑角帶，赴內府聽遺詔。於本署齋宿，朝晡詣几筵哭，越三日成衣，朝晡哭臨，至葬乃止。自成衣日始，二十七日除……孝陵設神宮監並孝陵衛及祠祭署。」從這段記載來看，朱元璋治喪的規格完全符合帝王駕崩後的禮儀，沒有什麼特別之

處。如果真的有十三個城門同時出殯的情況，史書應該會有相關記載。史書沒有記載，當時的官方文獻或筆記，甚至是口耳相傳的故事，也應該會有所記述，但至今卻難以尋得相關資料，因此這個說法只能被視為傳說。

朱元璋一生南征北戰，直接或間接造成許多人的死亡，尤其是晚年，他製造了一系列血腥事件，大量屠殺平民，這些錯誤的行為惹來無數的怨恨。然而即使有這麼多人與其結怨，朱元璋也沒有必要再弄個「疑塚」（假墳）。首先，孝陵的建造非常複雜，結構堅固，棺槨深藏地下，要盜掘孝陵可不是一件容易的事情。即使盜墓人有能力打開朱元璋的地宮，也不可能輕易得逞。

當時守衛孝陵的軍士超過五十人，日夜巡邏，負責保護孝陵的一草一木。陵園東部的「孝陵衛」是守衛陵墓的軍事基地，與陵園共同形成一個特殊的禁區，普通人不得進入。陵園內種植了十萬株青松，還有一千多頭掛著銀牌的長生鹿，牠們警覺性很高，一有異動就會引起陣陣旋風，附近的氛圍也會受到影響。別說盜墓，想靠近陵園都很困難。再者，真有十三個城門出殯，理應有十三處陵墓；除了孝陵之外，朱元璋的「疑塚」在什麼地方，誰又能說得清楚呢？如果真要設立那麼多個疑塚，需要大量的人力、物力和錢財，這與朱元璋節儉的性格相悖，也不允許做此無益之舉。更重要的是，朱元璋立國之業是光明正大的，他終生居於皇宮，死後被葬於孝陵，根本沒有必要，也不可能設立什麼疑塚。如果真的設立疑塚，朱元璋可能會孤獨地長眠在一個墳墓裡，甚至連他的後代也不知道他被埋葬在哪裡，形同無主野墳，這樣的結果對他來說毫無意義。

第三，朱元璋不會遺棄孝陵而棲身朝天宮。

傳說這位開國皇帝自知江山得來不易，生前眷戀皇位，死後也不願

離開皇城，選擇朝天宮作為永久棲身之地。朝天宮為南京市著名的道觀，由五代時吳國國君楊溥建造，原名「紫極宮」，後來更名為「祥符宮」、「天慶觀」、「玄妙觀」、「永壽宮」等。由於位置得天獨厚，朱元璋於洪武十七年（西元一三八四年）命人重建此宮，並將其更名為「朝天宮」，成為舉行朝賀演習禮儀的場所。朱元璋尤其喜愛朝天宮內的三清殿，並囑託人們要將他葬在殿下。

然而，這樣的傳說顯然只是無稽之談。僅需一看明孝陵的規模和布局，就很難相信這種說法。明孝陵的紅牆長達四十五里，縱深五里，內部建築宏偉，樓閣壯麗。入口在衛崗東坡的「下馬坊」，向西行一里半即是孝陵的大門「大金門」。穿過此門進入四方城，這裡原為一座碑亭，上立有明成祖為其父所立的「聖德碑」。穿過碑亭、通過石橋，進入平坦開闊的孝陵「神道」（墓道），兩側排列著石像十二對，由南至北依次是石獅、石駱駝、石麒麟、石象、石馬等，巨大且雕工精細。神道盡頭是櫺星門，也有大型的石雕。再過櫺星門，經過梅花山北麓，再過御河橋，即進入孝陵的主體建築。陵寢建築包括文武方門、中門、孝陵殿、方城、明樓、寶頂等。方城是孝陵中最大的建築，東西長二十三丈，南北寬九丈餘，高約五丈，高大雄偉、堅固無比。方城正中有圓拱形的南北向斜坡隧道，有五十四級臺階，通往寶頂南牆。寶頂後方即是有名的獨龍阜，是孝陵地宮所在，也是整個陵園的「心臟」。

登明樓、放眼南望，方山形如一珠，東西各有一山，活似兩條巨龍，形成「二龍戲珠」的奇景。朱元璋獨霸鍾山之陽，而在山之陰，則有許多功臣墓葬，環繞著這位開國皇帝。由此可見，朱元璋精心選擇這塊風水寶地，為此遷寺、移塔、掘墳，前後費了二十多年時間，並投入大量人力、物力、財富，他怎可能輕易放棄這座氣派的皇陵，而屈就於朝天宮的三清殿下呢？眾所周知，明太祖年少時曾入佛門，且朝天宮是著

名的道觀，他登基後也積極推崇佛教，怎麼可能捨棄佛教而長眠在三清殿呢？再者，朱元璋與馬氏夫婦情深意重、終生相伴相愛，即使身居富貴，仍與皇后相敬如賓，朱元璋怎麼可能輕易離開親愛的皇后，而選擇在別處長眠呢？清代學者甘熙在《白下瑣言》中反駁了朱元璋葬於朝天宮、孝陵只有馬皇后的說法，他指出：「相度地勢，起造山陵，動帑數百萬，經畫十數年，豈第（只）為馬后而計？」這樣的觀點非常有說服力。

此外，關於永樂帝朱棣遷都北京時，將朱元璋靈柩移至北京萬壽山的傳說，也屬無稽之談。第一，南京乃龍興之地，孝陵是朱元璋親自選定，且耗費巨大代價才建成，他和馬皇后已經安息於此，朱棣沒有必要再次擾動長眠中的父母。第二，若要將朱元璋的靈柩遷至北京，必須重新建造新的皇陵，且規模壯麗超越朱棣的長陵，但事實上，萬壽山並無朱元璋的陵墓。第三，永樂三年明成祖立有「大明孝陵神功聖德碑」，此碑通高八點七八公尺，碑額碑身高六點七公尺，龜趺二點零八公尺，碑文長達兩千七百多字，是南京地區最大的古碑，立碑或移靈均非臨時之舉。若朱棣打算將父親的靈柩遷至北京，他不會再度豎立此碑而費心費力。

至於朱元璋究竟葬在何處？看來非明孝陵莫屬。換句話說，這位不朽的開國之君，既不會葬於疑塚，也不會棲身於朝天宮的三清殿下，更不會被移靈至北京的萬壽山。傳說終究只是傳說，缺乏實質根據。

▌朱元璋陵寢位置之謎

釐清了朱元璋落葬在孝陵後，他的陵寢在陵園中的哪個位置，又引發了人們的討論。因為專家研究發現，明孝陵設計時講究「天人合一」的傳統哲學思想，布局與天象相關，呈北斗七星形狀。最明顯的是，明孝陵的神道不像其他帝王陵那樣筆直，它彎曲繞過梅花山，實際上暗合北

斗形象，「取象於天」，是明孝陵設計中的特殊之處。有人認為，這只是人們仰觀天象所看到的北斗七星形狀，實際上明孝陵的布局應是北斗七星投影到地上的圖形，即陵園中的下馬坊、大金門、碑亭、外御河橋、望柱、欞星門、金水橋這七處突出的建築物。而在金水橋以北的全部建築，如寢宮、享殿、寶頂等，均不在「北斗」之列。

這樣一來，問題就變得複雜了，既然朱元璋的寢宮、享殿、寶頂等不在「北斗」之列，那麼這位開國皇帝的真正陵寢應該在何處呢？是不是孝陵內還有一處寢宮和寶頂？有專家學者認為，朱元璋稱雄一世、氣魄非凡，絕不願意被葬在次要位置的「第七星」寶頂下，而是應位於北極星的位置，才能顯示其至高無上的帝王地位。因此，這顆「北極星」相應的地下投影在哪裡呢？他的真正陵寢應該位於欞星門向金水橋連線延長五倍處，才是朱元璋的真正陵寢所在地。

也有人認為，朱元璋的陵寢就在寶頂下，屬於北斗七星範圍內，這符合他生前的願望。他尚未飛黃騰達時，曾寫過一首很有氣魄的詩：「天為帳幕地為毯，日月星辰伴我眠。夜間不敢伸長腿，恐把山河一腳穿。」表達對天象的崇敬；因此在其身後事上，也會追求一種「魂歸北斗」的超凡境界。朱元璋的真正陵寢處，絕不會在孝陵內「北斗七星」之外的範圍。

這兩種說法都僅是推測，難以得到令人信服的答案。查明朱元璋陵寢的準確位置，並非僅僅解開這個謎團，在史學、建築和文化等方面，都有重要意義。相關專家認為，利用現代探查技術，完全有可能解決這個歷來有爭論的問題。南京的考古人員利用磁測技術，在經過選擇的核心區方圓兩萬多平方公尺的區域內，再細分上萬個一公尺見方的方格點，透過磁測儀獲得地下一萬多個回饋數據，再經過精密的技術處理，終於有了科學的結論：朱元璋真正的陵寢處，就在玩珠峰地下數十公尺

處，也就是寶頂下面。其地宮規模宏大，建構複雜，僅甬道部分就超過一百二十多公尺。至此可以肯定地說，朱元璋的真正落葬處已真相大白，從前的種種傳說不辯自明，相關的爭論也可到此了結。磁測的結論準不準呢？有人信、有人疑，只有等將來發掘的結果來證實。

▌寶頂南牆的「明」字之謎

孝陵的寶頂南牆看起來並無特別之處，牆用大條石疊築而成，共十三層，正中橫刻「此山明太祖之墓」七個楷書大字。但如果仔細一看就會發現，此處的「明」字並非由「日」「月」兩字組成，而是寫成「眀」。在這種地方寫字，容不得半點差錯，為何把「明」字寫錯了？顯然這个是「差錯」、「疏忽」之類的原因。那麼，這個「眀」字是不是古體字呢？查「明」之古體字也不是這樣寫。這就有必要追本溯源細說了。

明，《易·繫辭下》解釋為：「日往則月來，月往則日來，日月相推而明生焉。」由此來看，「明」字應由「日」「月」組成。朱元璋的國號為什麼相中「明」字？一般認為元末農民組織起義時，曾宣稱「明王出世」，即「彌勒佛下生」（彌勒佛即未來佛）。朱元璋曾建黃旗「山河奄有中華地，日月重開大宋天」。日月即「明」。《明史·太祖二》載：「洪武元年春正月乙亥，祀天地於南郊，即皇帝位，定有天下之號曰明。」查遍明代官府文書、碑刻題字、書籍文簿、信函手札等，凡涉及明朝的「明」字，均不作「眀」。

那麼，「眀」字用在明朝國號上，始於何時呢？至少在《康熙字典》頒行之前沒有使用過這個字。例如，康熙四十七年（西元一七〇八年）七月十五日，時任通政使的曹寅在給康熙皇帝的〈再奏洪武陵塚塌陷摺〉中說：「洪武塚陷下深廣十餘丈，揚州、鎮江各處傳聞略同。有疑看守不謹，盜發歲久致陷者，有說明朝氣數已盡天陷者，有疑前明初起工

程不堅者。小人之談，紛紛不一……」這個奏摺提到孝陵塌陷的嚴重情況，其中提到「明朝」、「前明」時，都是正常寫法，並沒有把「明」寫成「眀」。

可是到了康熙五十五年（西元一七一六年），《康熙字典》成書，首次出現了這個「眀」字。凡提到明朝國號，按照避諱，「明」字作添筆處理。這年閏三月十九日，在翰林院學士陳邦彥奉敕寫的〈御製康熙字典序〉裡，有「明則洪武正韻」、「漢晉唐宋元明以來」等句，其中只要提到明朝，「明」字皆以「眀」字來寫。

值得一提的是，康熙皇帝本人對明孝陵倒沒有什麼避諱，他六次南巡，五次親謁孝陵。他沒有按照清代祭陵禮儀，行二跪八拜之禮，而是與祭禹陵一樣，「行三跪九拜禮」。康熙三十八年（西元一六九九年），他第三次拜謁明孝陵時，還題寫了「治隆唐宋」御碑，讚揚朱元璋的政績超過唐太宗李世民和宋太祖趙匡胤。當時的「江寧織造內務府三品郎中加五級曹寅」監刻了御碑，其後又加立兩塊臥碑，記載康熙皇帝兩次謁陵的盛況。在「治隆唐宋」碑的兩側，還有乾隆皇帝題寫的詩碑，可是在寫到「明太祖」的「明」字時，仍照習慣寫法，沒有寫成「眀」，可見他也沒有避諱。

以上情況，看出「眀」字改寫的大致時間。可以推知，改寫「眀」字，是在整修孝陵時才有的。明孝陵在清初時期已受到嚴重毀壞，這不僅在曹寅的奏摺中寫得很清楚，戲曲作家孔尚任的筆下也描繪得很明白。就在康熙第三次拜謁明孝陵的那一年，孔尚任寫成了名作《桃花扇》，在〈駐馬聽〉中他這樣寫孝陵：「野火頻燒，護墓長楸多半焦。山羊群跑，守陵阿監幾時逃？鴟翎蝠糞滿堂拋，枯枝敗葉當階罩，誰祭掃？牧兒打碎龍碑帽！」江山易代後的明孝陵，已經荒蕪破敗到了讓人哀痛的地步。面對舊江山「宮牆斷缺迷青瑣」既成事實，清廷採取「斜陽衰草

繫情多」的明智態度，對遭到嚴重損壞的明孝陵進行修繕，其時間當在《康熙字典》頒行之後，填補了下陷之處，整修了部分建築，「此山明太祖之墓」七個楷體大字，就是在修理寶城南牆後增刻的。康熙皇帝承認朱元璋治國超過唐宗宋祖，但他和他的屬下不承認已滅亡的明朝「日往則月來，月往則日來」這樣循環往復，所以把「明」字中的「日、月」，改為「目、月」。明王朝並沒有周而復始，但清王朝照樣垮臺了。

歷經滄桑的明孝陵，是一份厚重而寶貴的歷史遺產，需要仔細考證與研究。在其身上仍然存在一些未解之謎，例如：明孝陵地面上的主要建築物（如配殿、明樓等）是何時、何人破壞的？陵寢處下陷的真正原因是什麼？明孝陵是否曾遭遇盜墓者光顧等。人們期待這些謎團能一一解開，以更全面、準確、透澈地了解和認識這座古陵墓。

二、千古冤案

屈原之冤

提起屈原，可謂家喻戶曉。他的名字和民間節日端午節連結在一起，正是由於屈原是農曆五月初五投汨羅江自盡，於是這一天便成了人們紀念這位偉人的日子。這一天，滔滔湘江、浩浩洞庭、千帆競渡、百舸爭流、萬眾呼喚：

「魂兮，歸來，三閭大夫 ——」

「魂兮，歸來，三閭大夫 ——」

▌生不逢時

屈原，湖北省秭歸縣人，楚威王元年（西元前三三九年），出生在楚國一個破落的舊貴族家庭。他的家族曾是楚國的貴族，其祖先與楚王同姓，因此他與楚王是同一始祖的子孫，這個始祖就是古代傳說中的高陽顓頊氏。相傳，顓頊興起於高陽地方，他有一支叫季連的六代孫開始姓羋，楚國就是他的後代。周文王時，季連的後裔、鬻熊的曾孫熊繹因祖上有功，被封在楚，住丹陽（今湖北省秭歸縣）。這就是楚國建國的開始，而熊繹便是楚國的第一代國君。可見，楚國本應該姓羋，到鬻熊以後姓熊。屈原與楚王同姓，則也應姓羋或熊，到春秋初年，屈原的祖先、楚武王熊通的兒子瑕受封於屈地為卿，才把「屈」作為氏的稱號，後來，隨著社會的發展，姓氏逐漸不分，屈原祖先的氏號「屈」，便被作為他家的本姓而流傳下來。

　　因為屈原家族是楚國的王族，所以他的許多先人都曾擔任過楚國的重要官職，發揮過重要的作用，如：屈重、屈完、屈建等。據史書記載，他們或是善於辭令的外交家，或是統領千軍萬馬的將軍，曾為屈氏家族帶來極大的榮譽；但到了戰國時期，屈氏家族開始衰落，在政治上雖仍能維持貴族身分，但經濟上已經十分貧寒了。

　　屈原誕生的年代，正值中國歷史上的戰國社會末期。伴隨著屈原童年、少年、青年時期的，是席捲整個中國的一次前所未有的大戰亂。當時，由於農業、手工業、商業的發展，社會生產力大大提升，從而推動和促進了生產關係的變革，新興的地主階級開始登上政治舞臺，日益要求參與變革和掌握國家政權。而陳舊的奴隸主貴族勢力，仍然固守著過時的政治統治。這種實質性的鬥爭，具體表現在七個強大的諸侯國家——齊、楚、燕、趙、韓、魏、秦，都積極任用革新派人物，在本國實行變法，富國強兵，同時互相進行激烈的拚殺征戰，企圖以自己為主，統一中國。

　　七國之中，位於西方的秦國，原本的經濟、文化都很落後，但由於在秦孝公時重用了衛國人公孫鞅（因仕秦有功，封於商地，號商鞅）實行變法，獲得了更為完全的勝利，所以到戰國中期後來居上，一躍而成為七國中最強大的國家。秦強大之後，立即對其他六國展開強力攻伐，對山東六國（因六國均位於秦以東的崤山之東）造成極大的威脅。

　　當時的山東六國中，最有可能與秦抗衡的便是楚國。楚國是戰國七雄中疆域最大的國家。它的國界，北至中原，與韓、魏、齊等國為鄰，西至黔中（湖南沅陵）、坐郡（四川巫山），與巴蜀和秦為鄰，南到蒼梧（湖南九嶷山），東達海濱。楚國的建國和開發，雖不及北方黃河流域歷史久遠，但由於南方江漢流域富庶的自然條件和廣大人民的辛勤勞動，經濟、文化發展很快，到春秋中期，楚國政治、軍事都已達鼎盛時期，

當時的國君楚莊王，繼齊桓公、晉文公之後，成為中原又一霸主，即史稱的「春秋五霸」之一。戰國時期，楚國國力更加強大，生產力已經發展到相當高的水準。

　　但到戰國中後期，楚國的政治、軍事狀況和實力，日益腐敗和衰弱。這是由於楚國的奴隸主貴族腐朽勢力十分頑固和強大，他們在楚王周圍形成一個盤根錯節的集團，千方百計阻止和破壞一切具有積極、進步意義的改革措施。戰國初期，楚悼王曾任用衛國人吳起為丞相，制定一整套抑制奴隸主貴族勢力、富國強兵的變法措施。一度讓楚「南平百越，北並陳蔡，卻三晉，西伐秦，諸侯患楚之強。」但是，由於楚國舊貴族勢力的處處對抗，使吳起的政治主張難以徹底貫徹實行。支持變法的楚悼王在世時，楚的貴族舊勢力就企圖殺害吳起，等楚悼王一死，甚至屍骨未寒，吳起便立即被殺，他制定的新法也隨之廢除，這種倒行逆施的結果，讓楚國實力逐漸衰落。楚懷王即位時，楚國表面上雖然還很強大，但實際上，軍事實力和政治聲望都已遠遠落後秦國。楚懷王也清楚地看到這種局勢，曾哀嘆道：「寡人自料以楚當秦，不見勝也；內與群臣謀，不足恃也。寡人臥不安席，食不甘味，心搖搖然如懸旌而無所終薄。」

　　面對當時這種力量對比十分懸殊的局勢，楚國和山東六國中的其他五國，都十分明顯感受到秦國的威脅，也同時產生聯合抗秦的需求。從西元前三三四年開始，山東六國相繼接受洛陽策士蘇秦關於聯合抗秦的主張，委他掛六國相印，由南到北組成一條縱線抗擊秦國，這就是歷史上的「合縱」政策。在「合縱」過程中，楚國曾發揮重要作用，一度居「長」的地位。與此同時，秦國也在西元前三二八年，用魏國人張儀為丞相，採取分化瓦解、遠交近攻的策略，對六國進行各個擊破，史稱「連橫」。「合縱」和「連橫」兩種勢力鬥爭的結果，也就決定秦國和山東六國

生死存亡的命運。

　　屈原就是在這種戰亂而複雜的年代中成長的。高貴的家族出身，讓他從小具有良好的文化素養、超群的才華和非凡的抱負。他比一般楚國人更關心楚國的命運和前途。

▌第一次被放逐

　　西元前三二九年，楚威王去世，次年由其子熊槐即位，是為楚懷王。楚懷王統治時期，很有一番作為，對內釋出限制舊貴族的法令，對外出兵打敗魏國。年輕的屈原看到楚懷王有變法圖強的態勢，便於懷王十年（西元前二　九年），懷著崇高的理想和滿腔愛國熱忱，從家鄉秭歸來到楚都郢（今湖北江陵西北）。開始時，屈原擔任文學侍臣。他利用工作之便，以自己淵博的知識、了解治亂的本領和善於辭令的特長，和楚懷王高談闊論。從遠古怎麼開頭，到天地怎麼形成；從吳起變法的失敗，到商鞅變法的成功；從秦楚兩國的對比，說到變法的必要……終於贏得楚懷王的信任。懷王十一年，屈原由文學侍臣被擢升為左徒。左徒在當時的楚國是一個很重要的官職，地位僅次於令尹（宰相），能參與商討國家大事，負責釋出命令，接待各國使節，處理外交事務。這一年，屈原才二十二歲，他躊躇滿志，決心像伊尹、呂望那樣去輔佐懷王，解決當時楚國在內政、外交上面臨的問題。

　　楚國當時在外交上沒有明確的策略。楚懷王缺乏政治遠見，自恃武力強大，不時攻打周圍鄰國，結果讓自己陷於孤立。屈原明白楚國的有利條件，但他也正視秦強於楚的客觀事實。他向懷王分析局勢後，提出楚國在外交上必須採取合縱政策，最重要的是聯齊抗秦。楚懷王聽了屈原對各國形勢的分析，覺得很有道理，決定在外交上實行聯齊抗秦的政策，即派屈原出使齊國，談判兩國聯盟的事宜。當時齊國的國君是齊宣

王，由於齊國以前不斷受到楚國的進攻，他一開始對楚懷王要求與齊聯盟，表示懷疑。但在屈原的說服下，終於同意簽訂盟約。之後，楚齊等山東六國在楚都郢商議，結成合縱聯盟，並推舉楚懷王為「縱約長」，聯合攻秦。聯軍雖在軍事上沒有什麼結果，但也給秦國很大的威脅，使其不敢再輕視楚國。

隨著楚國地位的提高，楚懷王感受到屈原主張的外交政策的成功，因此對他更加信任和器重。於是決定採納屈原的建議，修明法度，在內政方面實行改革，並任命屈原祕密著手起草一部《憲令》，待將來公布實行。

正如之前任何革新和進步，都無一例外地會遭到保守勢力的阻撓和反對，屈原的政治措施，也很快成為楚王周圍盤根錯節的奴隸主貴族勢力詆毀和攻擊的目標。

首先向屈原發難的，是上官大夫靳尚。他和懷王少子子蘭都是楚懷王的親信近臣，他們互相勾結利用，形成懷王身邊一個腐朽的反動集團。看到懷王重用屈原，他們心中當然不滿。一次，屈原接受懷王的命令，草擬一份新的政策法令，稿子還沒有寫定，心懷叵測的靳尚就強行搶來，照自己的意思更改。屈原為保守國家機密，堅持自己的正確主張，堅決不把草稿交出去，於是惹怒了靳尚，他便到懷王面前去告屈原的狀，並煞有介事地說：「現在外面的人都在私下議論大王要屈原起草《憲令》的事！這件事除了屈原以外，還有誰會洩露出去呢？他還對別人說，在楚國除了他，別人是寫不出來的。連大王您也做不了……」一向妄自尊大、自以為是的楚懷王聽了靳尚的讒言，不僅認為屈原洩露國家機密，更讓他生氣的是，屈原連他這個大王也沒有放在眼裡；回宮後，楚王又聽寵姬鄭袖加油添醋地說了一些屈原的壞話，不禁對屈原厭惡起來。正當屈原廢寢忘食地伏案起草《憲令》，立志報效國家時，突然傳來

楚懷王的命令，免除他的左徒官職，降為三閭大夫。

三閭大夫是楚國特設的一種官職，主要掌管屈、昭、景三姓的宗族事務，主持教化，沒有什麼實權。楚懷王把屈原降為三閭大夫，實際上是把他從高階領導集團中趕了出來。事後，屈原一次次向楚懷王表示自己的忠貞，但奏章根本到不了懷王手裡。

當時的七國形勢，秦雖然已十分強大，但也一直害怕山東六國的聯合抗擊，特別擔心地域最大的楚國和財力最雄厚的齊國聯合起來。為了破壞這種聯合，楚懷王十六年，秦派「連橫」的代表人物張儀到楚國遊說。張儀用重金買通靳尚等人，並誘騙楚懷王說：「秦國最憎恨的是齊國。楚國如果能斷絕與齊國的聯合，秦國願把地方的六百里土地當禮物，送給楚國。你們若同意這樣做，則既削弱了齊國，又能與秦國和好，同時還讓自己增加土地，這樣一舉三得的好事，大王何樂而不為呢？」貪圖小利的懷王果然聽信張儀的話，答應斷絕與齊國聯合的要求，還馬上拜張儀為相國，連續幾天擺起慶賀的酒宴。

屈原此時正出使齊國，得知消息後，趕回楚國，極力阻止，但為時已晚。屈原埋怨頭腦簡單的楚懷王、痛恨裡通外國的靳尚之流，更擔心楚國的前途。看到自己的理想無法實現，留在郢都已無益，屈原便回到秭歸，處理王族中的事務，並密切關注楚國事態的發展。

楚懷王斷絕了與齊國的結好聯盟後，派人到秦國去接受六百里封地。當楚國的受地使者來到秦國時，張儀卻謊稱酒後摔傷，無法見客，閉門三個月不露面。楚使沒有辦法，只好回去報告懷王。懷王不但不醒悟，反而猜想秦國認為他和齊國的關係，斷絕得不堅決。於是又派人到齊國，當著齊王的面，將齊辱罵了一番；齊王又氣又惱，竟轉而與秦國結好。如此一來，張儀破壞楚齊聯盟的目的已達成，便將六百里的許諾變為六里。楚懷王這才發現自己上了秦國的當，一怒之下，發兵討伐秦

國。西元前三一二年春，楚與秦在丹陽交戰，結果楚軍大敗，將士死傷八萬人，許多將領被俘，還損失了漢中一帶六百里的土地。懷王損兵折將，更加惱羞成怒，傾全國兵力第二次伐秦，兩軍在藍田大戰，楚又遭到慘重的失敗。這時，韓、魏也乘機出兵襲擊楚的後方，在腹背受敵的情況下，懷王只得忍氣退兵。

　　受了秦的愚弄欺騙，又接連吃了兩次敗仗，楚懷王稍微清醒了一點，他後悔不該對齊那樣背信棄義，孤立了自己。於是便把一直主張聯齊的屈原召回，派他前往齊國去尋求諒解，以圖再度聯合。屈原毫不計較個人恩怨，於懷王十八年，受命第三次出使齊國。

　　正當屈原前往齊國，準備再度去說服聯齊時，秦國又在窺測時機，玩弄新的權術了。他們派人到楚國求和，還發誓願將剛奪到手的原楚漢中一帶六百里土地，分一半給楚。懷王懷恨未消，說：「我只要張儀的腦袋，不要什麼土地。」張儀胸有成竹，對楚內部情況瞭如指掌，也果真自願赴楚。靠著用重金買通的上官大夫靳尚和楚王寵姬鄭袖的幫助，他不但毫毛未損，反而與楚達成「叛縱約而與秦合親、約婚姻」的協定，然後凱旋而歸。

　　張儀剛走，屈原風塵僕僕地從齊國回來了，他聽到張儀來楚的經過，又氣又急，力勸懷王說：「為什麼不殺掉他呢？」但是當懷王再次後悔，派人去追趕時，張儀早已跑掉了。就這樣，楚國再次失信於齊國，而投入秦國的懷抱，屈原聯齊的成果輕易被葬送了。不久，重用張儀的秦惠王駕崩，張儀逃到魏國，很快在那裡去世。這之後，齊又曾寫信給楚國，爭取懷王聯合抗秦，而楚也一度與齊、韓聯合。但是，當秦昭王即位後，又開始拉攏楚國。剛愎自用、反覆無常的楚懷王，再度聽從秦的擺布，於西元前三〇四年與秦正式聯盟，並當了秦國的女婿。

　　屈原竭力反對懷王親秦背齊，一再苦諫；靳尚、子蘭擔心屈原破壞

他們背齊親秦的政策，不斷在懷王面前詆毀屈原，並威脅懷王說：「秦最恨親齊的屈原，現在秦楚已結盟，但屈原還在攻擊秦國，萬一秦國怪罪下來，那楚國不就會大禍臨頭了嗎？以臣等之見，應該將屈原論罪，以示守信於秦。」

昏庸的懷王聽信了靳尚、子蘭的讒言，便於懷王二十五年，將屈原治罪，定為流刑、驅出郢都、放逐到漢北（漢水上游，今湖北鄖、襄一帶）。漢北是楚國的邊陲，緊靠已被秦奪去的土地。來到這裡，屈原觸景生情，感慨萬千，寫下了他的不朽的詩篇——〈離騷〉，表達他憂國憂民、為理想而英勇獻身的精神。

▌第二次被放逐

在屈原第一次被放逐期間，秦曾經有幾次發兵伐楚，讓楚遭到很大的損失。懷王又感受到秦的凶狠，有心與齊重修舊好。於是，他派太子熊橫當人質，住在齊國，又下令召回被放逐漢北的屈原，準備透過屈原的遊說，調解、恢復楚齊聯盟。這樣，懷王三十年，放逐了五年之久的屈原，重回郢都。

就在這一年，秦軍在攻陷了楚的八座城池，軍事上占了對楚的絕對優勢後，派人送書信給懷王，要求與懷王在武關（今陝西商縣東）會面結盟。面對這封吉凶莫測的來信，懷王感到左右為難，前往武關，又怕再次上當；但若不去，又擔心惹惱秦國。這時，屈原極力勸阻懷王不要前往，他說：「秦乃虎狼之國，毫無信義，楚國已多次被秦所騙，大王千萬不可自投羅網！」靳尚則說：「不然，楚不能敵秦，因而屢次兵敗將死，國土日削。現在秦欲與楚復好，如果拒絕了他，秦王必震怒，定會增兵伐楚。以臣之見，大王切不可得罪於秦。」懷王猶豫不決，就問少子子蘭。子蘭娶秦女為妻，以為婚姻可恃，力勸赴會，他說：「秦楚之女，互

相嫁娶，親莫於此。秦以兵相加，還要求和，今歡然相會，怎可不去？上官大夫所言極是，大王不可不聽。」

懷王胡思亂想，一心怕惹惱秦國，再加上子蘭、靳尚兩人一直唆使，最後就答應去見秦王，在一幫親秦派官員的簇擁下，去了武關。果然不出屈原所料，懷王剛入關，就被秦軟禁。秦以割取楚巫、黔等郡的條件相要挾，懷王不肯。懷王悲憤交加，哀嘆道：「悔不聽屈原之言，至有今日。靳尚、子蘭誤我！」懷王被秦長期扣留，最後客死秦邦，成為天下的笑柄。

楚懷王的死，是屈原政治生命的一個重要轉捩點。懷王在世時，屈原就與舊貴族集團進行長期的鬥爭，在這個鬥爭中，雙方都是以爭取懷王的支持為主要目的，而懷王在早年，的確還有一點改革楚國政治、富國強兵的念頭，屈原雖屢次被疏遠，但他在內政、外交方面的一些主張，還能夠被懷王接受，他本人還常受到重用。

西元前二九八年，楚懷王的兒子熊橫即位，是為頃襄王。他即位之初，就徹底跪在秦的腳下，忍辱投降，對內更是荒淫腐敗。人民對屈原的敬仰，引起他的嫉恨，就在他即位的第三年，即西元前二九六年，再次將屈原逐出郢都，流放江南。

▌抱恨歸汨羅

屈原從郢都出發，沿長江北岸東行，在起初的三年中，他還抱有朝廷將他召回的幻想。後見無望，才向南渡過大江和洞庭湖，輾轉進入湘西地區。這裡是荒僻之地，到處是深山野谷。林中陰深昏暗，不見天日；四處猿猴嘶叫、令人毛骨悚然。在這極其惡劣的環境裡，屈原與世隔絕、跋山涉水，遍嘗漂泊困頓的苦楚，產生過各式各樣複雜的想法。但不管環境多麼險惡，十幾年的漫長歲月過去了，他對祖國復興的信念

一直沒有泯滅。西元前二七八年，秦將白起攻下郢都，楚王東遷陳城（今河南淮陽）的消息傳來，處於孤寂悽苦境地中的屈原，受到致命的一擊。國都是國家的象徵，國都淪陷，意味著亡國在即。屈原為復興楚國奮鬥了一生，至此，他的追求和希望完全破滅了。

長年的放逐生活和希望理想的破滅，屈原已被折磨得面色憔悴，形容枯槁。他經常在湘水旁徘徊獨吟，以發洩心中的憂怨。一次，有位漁翁在江邊遇到他，驚奇地問道：「你不是三閭大夫嗎？怎麼會落到這個地步？」屈原憤然地說：「世人皆濁我獨清，世人皆醉我獨醒，所以我被放逐了。」漁翁又問道：「世人皆濁，何不攪亂其爛泥湯揚其汙水？世人皆醉，何不食其酒糟而啜其餘湯？為什麼要表現得那樣清高，而讓自己招致放逐呢？」屈原卻搖頭說：「我聽說，新沐者必彈冠，新浴者必振衣，那正是為了不讓乾淨的身體遭受髒物的玷汙，我寧可跳進江流，葬於江魚之腹中，又怎能讓自身的皓皓之白，蒙上世俗的塵埃呢？」

頃襄王二十一年（西元前二七八年），農曆三、四月間，屈原來到長沙附近，他再也不想流浪下去了，決定以身殉國。五月初五，六十二歲的屈原自沉於汨羅江。在這裡，他內心雖然悲愴和痛苦，但為堅持崇高的理想而死，他的胸懷是坦蕩的。所以在這位偉大的愛國詩人留給世人的最後詩篇〈懷沙〉中，就不再過多地流露出憂思愁苦、悲愴悽切的感情，而是分析黑暗的社會現實，清醒地總結自己坎坷的一生。

伍子胥之冤

伍子胥是春秋時期楚國人，原名伍員，子胥是他的字。他幫助吳國強大起來，整軍經武，不久就攻破楚國，使吳國成為霸主。後來，吳王夫差在如何對待越國等問題上受到欺矇，伍子胥屢諫不聽。最後，伍子

胥竟被賜劍自盡,被稱為千古奇冤。

▊ 伍子胥奔吳

伍子胥的生年不詳。因為他曾受封於申(今河南南陽市北),所以歷史上又稱他為申胥。

伍子胥的父親名叫伍奢,哥哥名叫伍尚。伍奢很受楚平王的信任,當楚平王太子的太傅。當時楚平王有個手下,名叫費無忌,被任命當太子建的少傅。費無忌很妒忌伍奢備受平王和太子的寵信,便想討好平王,並千方百計離間平王和伍奢的關係。

有一天,費無忌對平王說:「太子年紀已經不小了,該給他娶妻了。」平王聽了他的話,便為太子從秦國娶妻,並派費無忌前往迎親。可是費無忌迎親回來後,卻對平王說:「秦女是個絕色女子,王不如自娶之,再另為太子聘娶個女子就是了。」平王被他說動,便自己娶了秦女。費無忌因此討得平王的歡心。

過了不久,費無忌又對平王說:「城父(楚邑,在今河南寶豐縣東)是中國的北方重鎮,對城父的城牆應該大加修固,並派太子親自去鎮守,這樣既可以和北方交通,又可以收南方之利,這就得到天下了。」平王聽信他的話,便把太子建派到城父去了。

過了一年,即到了周景王二十三年(西元前五二二年),費無忌向平王誣陷太子和伍奢,說:「太子因為君王娶了他的妻,對王很不滿。現在他和伍奢打算帶領方城(楚國在北方所修的長城)外的人背叛。他們自以為占據方城,就如同一個諸侯國一樣,又有齊、晉兩國輔助他們,他們必將危害楚國,應及早著手解決。」平王聽信費無忌的話,便把伍奢召來質問。伍奢回答說:「君王有了一次過錯(指娶太子的妻)就已經夠嚴重了,為什麼還要聽信誣陷之辭!」平王聽了大怒,便把伍奢囚禁起來,

並派方城司馬奮揚前去殺太子建。奮揚知道太子是被誣陷的，便暗中把太子放走，太子建逃奔到宋國。

費無忌又對平王說：「伍奢有兩個兒子，都很有才能，如果不除掉，恐怕將會成為楚國的後患。可以叫伍奢以父命召他的兩個兒子，他的兒子一定會來。」於是平王派人對伍奢說：「你能把你的兩個兒子召來，就饒你活命，否則就將處死！」伍奢說：「老大伍尚心地仁慈，聽到我的召喚，將會到來。老二伍員性情剛毅，能成大事，他知道來了不會有好結果，是一定不會來的。」楚王不信他的話，便派人以伍奢的名義去召他的兩個兒子。

平王派出的使者找到伍尚和伍員後，便對他們說：「你們跟我回去，便可以放了你們的父親。否則，你們的父親就難以活命了。」聽了使者的話，伍尚打算跟使者回去。伍員說：「楚王召我兄弟，並不是真想給父親生路，而是怕不能斬草除根，留下後患，因此以父命詐召我二人。我二人一回去，必定與父俱死無疑，對挽救父親的生命產生不了任何作用。所以如果我們回去，就正中他們的圈套，以後就沒有人能為父親報仇了。現在我們不如逃奔到別國去，將來好借別國的力量報仇，切不可走共同滅亡之路！」伍尚說：「我知道就算回去也無法保全父命，但只恨他們以保全父命的名義召我，我不聽召，就是不孝。將來一旦父親被害，仇也不可不報。所以我決定回去與父同死，你可以留下來，將來好為父報仇。現在你趕快逃走吧！讓我們用不同的方式盡孝道。」於是伍尚跟使者回去了。伍奢見伍員沒有來，感嘆道：「楚國的君臣恐怕將會吃不了安穩飯了！」楚王果然把伍奢和伍尚一起殺害了。

因為太子建逃奔到宋國，所以伍員也逃到宋國。但因宋國正在內亂，伍員和太子建又從宋國逃到鄭國。鄭國本來待他們兩人很好，可是由於太子建受到晉國的唆使利誘，答應幫晉國做內應，幫助晉國奪取鄭

國。鄭國惱火，一怒之下，便把太子建抓起來殺了。伍員恐慌，便帶著太子建的兒子勝，連夜逃出鄭國。

　　伍子胥決定逃往吳國。當他到達吳、楚交界的昭關（在今安徽含山縣北）時，看到楚國的士兵盤查甚嚴，關門口還掛著伍子胥的畫像，過往行人都要與畫像對照一番，確認不是伍子胥以後才放行。伍子胥報仇心切，當時又沒有其他退路，所以陷入極度的憂憤之中。他在旅舍一夜無法入睡，一頭黑髮居然在一夜之間全變白。於是，後人便流傳著一句俗語：「伍子胥過昭關，鬚髮皆白。」這樣一來，伍子胥就成了一個白髮老翁，守關士兵都辨認不出他了。於是順利過了昭關，進入吳國。

▌擁立闔閭

　　伍子胥來到吳國，為了不被人認出，以躲避楚國的追殺，便披髮裝瘋、塗面赤腳、沿街乞討。街市上的人見了，沒有人能認出他是誰。只有一個善於相面的人，見到他以後，驚訝道：「經我相面的人多了，還不曾見過像這個人的相貌！這大概是個外國的士臣吧！」於是相者便把這個情況報告給吳王僚。吳王僚便命相者帶此人來見。吳王僚的庶兄公子光聽說這個消息，暗自高興，心想：「我聽說楚王殺了忠臣伍奢，他的兒子伍子胥既有勇，又有智，一定是他想報父仇而來到吳國。」因此便想暗中與他結交。

　　相者到街上找到伍子胥，便帶他去見吳王僚。吳王僚見伍子胥體形偉壯、身高一丈、腰粗十圍，氣度的確不凡。與伍子胥一連談了三天，滔滔不絕，而且語無重複。吳王僚不禁讚嘆道：「真是一位賢人啊！」從此便讓他參與謀劃軍國大事。伍子胥見過吳王僚之後，公子光便把他接回府中，與他促膝長談，向他傾吐肺腑，兩人便結成知心朋友。

　　周敬王二年（西元前五一八年），吳楚兩國邊境上的兩家女子因採

桑葉發生爭執，繼而兩家互相攻殺，接著邊境上的兩縣又互相攻殺。吳王聽到消息大怒，便派公子光率兵伐楚，攻取楚國的居巢（今安徽六安縣東北）、鍾離（今安徽鳳陽縣東）兩邑。於是伍子胥乘機向吳王僚建議說：「楚國完全可以攻破，希望大王再遣公子光伐楚。」公子光卻對吳王說：「伍子胥因為父兄被楚王殺害，想報私仇，才勸王伐楚。其實現在楚國還不可能攻破呢！」公子光這一說，伍子胥立即領悟到，公子光並非真的認為現在楚不可伐，而是想先集中精力奪取王位，而後向外建立功業。

原來公子光認為，吳國的王位本應由他繼承，而不應當由僚繼承，理由要上溯到吳王壽夢的時候。吳王壽夢有四個兒子，老大叫諸樊，老二叫餘祭，老三叫餘昧，老四就是歷史上博學多才的大賢者季札。因為季札賢能，所以壽夢決定把王位傳給他。壽夢死後，季札卻讓出王位不接受，於是就暫由老大諸樊當國君。諸樊死後，又把君位傳給老二餘祭，想透過兄弟依次相傳，最後還是傳給季札，以實現先君的遺願，所以餘祭死後，又傳位給老三餘昧。可是老三死後，季札還是不肯即君位，但國又不可一日無君，於是大臣們便商量，決定由餘昧的兒子僚繼承君位，這就是吳王僚。但公子光對這種安排憤憤不平。因為他的父親是老大諸樊，既然叔父季札不願繼位，那就應該由壽夢的嫡長孫、也就是由他來即位，輪不到僚。為把君位從僚的手中奪過來，他已暗中做了多年的準備。伍子胥很清楚公子光的心思，又看到公子光的才能遠在僚之上，一旦奪得君位，將會成為一代有為的君主。依靠他，自己為父兄報仇的希望也就可能實現了，所以他決定幫助公子光實現其願望。

吳王僚是個很勇武的人，而且平時戒備森嚴，想對他下手，並不容易。這時伍子胥想起他曾結交過一位叫專諸的勇士，此人不僅有萬人莫敵之勇，還有一副俠肝義膽，正是幫助公子光實現目標的理想人選。於

是，伍子胥便把專諸推薦給公子光。伍子胥自己卻暫時隱居起來，帶著太子建的兒子勝到郊外過起農耕生活，以靜觀事態的變化。

公子光多年的經營終究沒有白費。周敬王五年，他瞅準了一個機會，利用專諸，成功地刺殺了吳王僚，奪得王位。公子光多年的願望終於實現，但專諸卻因刺殺僚而當場喪命。公子光為了報答他，讓他的兒子當吳國的卿。伍子胥得知這個消息後，覺得實現自己宿願的時機就要到來了。

公子光即位當吳王，他就是吳王闔閭。

吳王闔閭一登基，立即召來伍子胥，請他輔佐自己，參與軍國大計。伍子胥從此獲得大展才能的機會，同時也為他實現了替父兄報仇的可能性。

吳王闔閭是個雄心勃勃的君主，他夢想著能西破強楚、南滅越國、北威齊晉、稱霸中原。為此，他使賢任能、勵精圖治、施恩行惠，以爭取民心。

某天，闔閭問伍子胥：「我想讓國家富強，並成就霸王之業，怎麼做才行呢？」伍子胥回答說：「凡是想鞏固君位、治理好人民、建立霸王之業的人，都必先修築好城廓、完善守備、充實倉廩、加強軍力。」闔閭很贊同他的意見，便把修繕城廓、完善守備的任務交給伍子胥。伍子胥接受任務，積極行動起來。他檢視山川河流、認真審視地形、規劃建造堅固的城廓，並修建倉庫、打造兵器，讓吳國的武備大大增強。闔閭對此十分滿意。

周敬王六年（即吳王闔閭元年）六月，楚國的伯嚭也逃奔到吳國來了。伍子胥對伯嚭的到來感到非常高興。有人問他為什麼高興，他回答說：「我的仇怨和伯嚭相同，這就叫同病相憐、同憂相救。」闔閭對伯嚭不了解，不敢加以任用，便問伍子胥：「伯嚭是個什麼樣的人？」伍子胥

回答說：「伯嚭是楚國左尹（相當於副丞相）伯州犁的孫子。楚平王聽信讒言，殺害了伯州犁，因此伯嚭就逃了出來。他聽說我在吳國，所以就到吳國來了，請您接見他吧！」於是闔閭便讓伯嚭當吳國的大夫，讓他與伍子胥一起參與國事。

在伍子胥的幫助下，闔閭終於穩定了在吳國的統治地位，並加強了吳國的實力。從此以後，他就開始積極向外發展了。

▋ 鞭楚王屍

楚國是吳國的近鄰。吳國想向外發展，楚國是最大的障礙。闔閭想，只要先攻破強楚，越國自然就不成問題了。這樣就可以先稱霸東南，進而再北上爭霸中原。

周敬王八年十二月的一天，吳王闔閭對伍子胥說：「當初您勸僚伐楚的時候，我知道事情是能夠成功的，但因為我怕他叫我去伐楚，誤了我的大事，又不願意別人奪取伐楚之功，所以才竭力阻撓您的伐楚計畫。現在我將親自完成伐楚的功業，您看該實行什麼樣的策略呢？」於是伍子胥獻計說：「楚國的政治混亂，執政的人大多互相不和，有事互相推諉，沒有人願意承擔責任。我們正可利用這一點，既加劇其執政者相互間的矛盾，又可以打擊和削弱楚國的實力。」闔閭問：「那該怎麼做呢？」伍子胥說：「我們可以組織三支軍隊，輪番對楚國進行襲擊。第一支軍隊去攻楚國，楚國必然出動大軍迎戰；楚軍一來，我們就迅速撤退。等楚軍回去了，我們再出動第二支軍隊襲擊他們；等他們來迎戰，我們又迅速撤退。這樣不停地輪番襲擊，必然使楚國疲於奔命。同時，每一次襲擊對楚國所造成的破壞，以及因反擊無功而造成的楚國執政者之間的相互指責，都必然加劇楚國政治的混亂。這樣等楚軍疲憊已極、政治上也更加混亂時，我再派三軍一齊出動，必然大獲全勝。」闔閭聽了伍子胥的

建議，連聲叫好，便依計而行。

　　經過一番準備之後，從第二年開始，吳國便對楚國實行輪番襲擊的策略。吳國先出動軍隊攻打楚國的夷邑（在今安徽亳縣東南），又侵襲潛邑（今安徽霍山縣南）和六邑（今安徽六安市東北）。楚國匆忙率軍前往救援，吳軍便迅速撤走了。接著吳軍再次攻楚，包圍了楚國的弦邑（今河南息縣南），一直抵達豫章。當楚國派大軍抵禦時，吳軍又迅速撤走了，這樣輪番不間斷地對楚發動襲擊，楚軍從此開始疲於奔命。

　　為了保證對楚作戰的勝利，周敬王九年（西元前五一一年），伍子胥又向闔閭推薦孫武。孫武是著名的軍事家，他所著《孫子兵法》十三篇流傳至今，並為世界上許多國家所重視。但當時孫武還隱居在吳國，很少為人所知，是伍子胥發現了這個人才，並及時把他推薦給吳王。有這樣一位傑出的軍事家當將領，吳國對楚作戰就更有勝利的把握了。

　　不久，闔閭得知吳國遺失多年的一把名叫湛盧的寶劍，被楚昭王得到了，於是大怒，當即決定由伍子胥、孫武和伯嚭率軍伐楚，一定要奪回湛盧劍。當時論各方面的準備情況，吳國還不宜對楚發動大規模的軍事行動。不過在闔閭的盛怒之下，伍子胥等也只好聽從。當時楚國有一位賢臣，名叫子期，頗得人心又善於用兵。伍子胥想，如果楚國用子期為將，想打贏這一仗，就很難有把握了。於是他心生一計，派人放出消息說：「吳國最怕與楚國的子常打仗，如果楚國讓子常為將，吳兵就會避免和他交鋒，而將軍隊迅速撤回。吳國最希望楚國能用子期為將，如果用子期為將，吳軍就一定能打敗楚軍，並殺死子期。」昏庸的楚昭王本來已經任命子期為將了，聽了吳國放出的消息，不加思索，便信以為真，於是又把子期撤下來，重新任命子常為將。結果這次打了敗仗，丟失了兩個城邑。吳國在獲得奪取兩邑的戰果之後，也就迅速撤回了。因為伍子胥、孫武和伯嚭心裡都清楚，現在對楚發動全面進攻的時機還不成

熟，打一仗，幫闔閭出出氣就好了。

周敬王十四年，即吳王闔閭即位的第九年，闔閭要破楚入郢（今湖北江陵）之心已經急不可待了。一天，他對伍子胥和孫武兩人說：「你們一直說時機不成熟，楚國的郢都還不可攻破，現在你們看怎麼樣了？」伍、孫兩人見吳王的決心已定，很難再說服他等待，便向闔閭獻計，應利用蔡、唐二國與楚國的矛盾，聯合蔡、唐以伐楚。吳王闔閭採納了他們的意見，於是吳國聯合蔡、唐，向楚發起大規模進攻。

吳軍與楚軍夾漢水而布陣。吳王的弟弟夫概，看準一個機會，率領他的部下五千人，對楚發起攻擊，緊接著大軍掩殺過去，把楚軍打得大敗。楚軍統帥子常因戰敗而逃奔到鄭國，楚軍群龍無首，潰散逃竄。

吳軍乘勝追擊、五戰五勝，一直攻入楚國的郢都。楚昭王逃奔到隨國去了。

吳王闔閭破楚入郢的心願終於實現了！其首功，應歸之於伍子胥多年來的精心謀劃。

伍子胥的家仇也終於得報，但讓他遺憾的是楚平王已死，昭王又已外逃，無法對活人下手。為了解恨，他掘開楚平王的墳墓，搬出平王的屍體，對屍體抽打了三百鞭，又用左腳踩著屍體的腹部，右手摳出屍體的雙眼，輕蔑地說：「誰叫你聽信讒言，殺害我的父兄呢？你今天落得這個下場，不冤枉吧！」隨後將平王焚骨揚灰。

這時，楚臣申包胥逃往山中，他與伍子胥本是好友。他聽說伍子胥在郢都掘墓鞭屍，便派人前去責備伍子胥，說：「您報仇也太過分了吧！您本是平王的臣子，現在居然對平王掘墓鞭屍，這樣報仇，您的做法也太不顧及天道了吧！」伍子胥對來人說：「請為我回覆申包胥，就說我日暮而路遠，不得不倒行而逆施。」

吳軍對郢都的占領並沒有持續多久，申包胥很快從秦國搬來救兵，

楚軍也重整旗鼓與秦軍聯合，而吳王闔閭的弟弟夫概又趁闔閭在楚、國內空虛之機，跑回國去自己稱王。與此同時，越王允常也興兵攻吳。形勢驟然變得對吳國十分不利，吳國不得不從郢都撤兵了。

　　但吳國並沒有就此放棄攻打楚國。過了兩年，闔閭又派其子夫差率兵伐楚，並奪取了番地（大約在今江西鄱陽湖附近）。楚國因懼怕吳國再來侵犯郢都，便把國都遷到鄀（今湖北宜城）。

▋攻破越國

　　周敬王二十六年，闔閭以越不出兵跟從他伐楚為罪名，興兵伐越。越王勾踐領兵迎擊。兩軍在今浙江嘉興市西南交戰，結果吳軍被打得大敗，闔閭一隻腳的大拇指也被越人擊傷，吳國只好收兵而回。

　　闔閭受傷後一病不起，但這時吳王還沒立太子，他感到自己快要不行了，便開始思考立太子的事。伍子胥為這事很苦惱，他希望闔閭能有一位好的繼承人，讓他千辛萬苦輔佐闔閭創立的功業能得以保持。正在這時，夫差來求助伍子胥，說：「父王想立太子，除了我，還有誰更合適呢？父王十分信任您，這事就全聽您一句話了。」伍子胥從平日對夫差的了解，認為他在諸公子中，的確是立太子的理想人選，就決定幫助他，於是他對夫差說：「大王還未拿定主意，我這次進去一說，就將決定了。您就放心吧！」恰巧在這時，闔閭召伍子胥進去商量立太子的事，伍子胥便乘機對吳王說：「我聽說，王業的廢壞，往往是由於後繼無人；王業的興盛，則在於能夠選立賢嗣。依我看，要立太子，諸子中沒有比夫差更合適的了。」闔閭卻說：「我看夫差愚蠢而又缺乏仁慈之心，恐怕不能繼承吳國的大業。」伍子胥說：「夫差待人誠信而又友愛，恭行正道而又敦守禮義。父死子代，經書上早有明文。請立夫差為太子，不要再猶豫了。」闔閭對夫差這個人選雖不太滿意，但經不住伍子胥的反覆勸說，又

基於對伍子胥的信任，心想也許自己對夫差的看法不正確，而伍子胥的看法才是對的，於是就同意了伍子胥的意見。他對伍子胥說：「立太子的事，我就聽從您的意見了。」夫差就這樣被立為太子。闔閭立太子後不久就駕崩了。臨死前，他把太子召來問道：「夫差，你會忘了越王殺父之仇嗎？」夫差立即肅然正容回答說：「不敢忘！」這實際上就是要夫差為自己報仇。

闔閭死後，夫差即位，在伍子胥等人的輔佐下，積極準備伐越報仇。經過三年的準備，到了周敬王二十六年春，夫差親率大軍，舉行大規模的伐越戰爭。吳軍在夫椒（今浙江紹興）把越軍打得大敗，越王勾踐只帶五千人逃奔到會稽山（今浙江紹興市東南）上。吳軍把會稽山團團圍住。越國滅亡的命運似乎已經注定了。

處於生死存亡關頭的越國君臣，經過緊張的謀劃，決定卑躬屈膝，向吳國請和投降，只要能求得生存，就不惜一切代價，然後再作將來的打算。他們還透過賄賂，買通了太宰伯嚭，伯嚭答應幫助吳國說服夫差同意媾和。這樣，在越國極其謙卑的言詞懇求下，加上伯嚭的竭力慫恿，還有個重要的原因，就是夫差急於北上伐齊進而爭霸中原，也想盡快了結越國的事，因此夫差決定接受越國的求和。

這時，只有伍子胥看到了與越國媾和的巨大危險，因此竭力反對，而主張乘勝前進，將越國徹底消滅、免遺後患。他勸夫差說：「千萬不可接受越國的求和！越國和吳國是仇敵之國。吳越兩國周圍有三江（指吳江、錢塘江、浦陽江）環繞，兩國的人民沒有別的地方可遷徙，有吳就沒有越，有越就沒有吳，這種勢不兩立的局勢，是任何時候也不會改變的。我聽說，陸生者居陸、水生者居水。北方中原地區的國家，我們攻打他們獲得勝利，我們卻不能居住他們的土地，不會乘坐他們的車輛；對於越國，我們戰勝了他們，卻能夠居住他們的土地，能夠乘坐他們的

舟船，這也正是我們攻打越國的利益所在。機不可失，時不再來。大王一定要把越國滅掉！否則將來後悔也來不及了。」伍子胥還舉出歷史上的經驗教訓，說：「夏朝時候太康失國，被有窮氏的后羿奪取了政權。后羿又被他的部下寒浞所殺，帝位又被寒浞所篡奪。太康和他弟弟中康在外逃後不久都死了。中康的兒子名叫相，便去投靠斟灌（今山東壽光縣東北）、斟鄩（今山東濰坊市附近）兩個夏的同姓部落。寒浞奪得帝位之後，便大力消滅夏的殘餘勢力。他出兵滅掉斟灌和斟鄩，並殺死了相。當時相的妻子正懷著兒子少康，她從一個牆洞裡鑽出去逃跑了。她跑回自己的娘家有仍氏（今山東金鄉縣境），生下了少康。少康在有仍氏長大成人後，便積蓄力量，努力要恢復夏王朝。後來終於滅掉寒浞，重新恢復夏的統治。現在我們吳國遠不如過去的寒浞強大，而現在的越國卻比過去的少康要強大的多。說不定上天還會讓越國重新振興起來，到那時再想制服它，就很難了。我們介於蠻夷之間，卻要留存敵人，以使其強大，用這樣的方法來求取霸業，必然是行不通的。」

但無論怎麼說，被勝利沖昏頭的夫差就是聽不進去，還是答應了越國的求和。伍子胥見過夫差出來後，對人說：「越國用十年的時間繁衍積聚，用十年的時間對人民進行教育訓練。二十年以後，吳國的宮殿恐怕就要變成沼澤了！」

根據吳越兩國的媾和條件，勾踐應和他的大臣隨夫差去吳國，為夫差當奴僕。周敬王二十六年五月，勾踐留文種守國，自己帶著范蠡等大臣來到吳國。夫差把他們君臣密閉在宮中，讓他們做苦役。勾踐君臣知道，在目前這種情況下，只有一切隱忍，逆來順受，才有可能求得吳王夫差的寬宥和赦免，從而獲得一條生路。因此他們表現出毫無怨言，一切恭敬從命的樣子。夫差見此情景，果然很高興。

只有伍子胥時刻為此憂慮，認為勾踐君臣一天不除，隱患就存在一

天，而且總有一天會釀成大禍。因此，他總想找機會勸說夫差殺了他們，以斬除禍根。這一天，他終於找到一個機會，勸諫夫差說：「從前夏桀囚禁了企圖反叛他的商湯而不誅，商紂王囚禁了企圖反叛他的周文王而不殺，結果時機一過，天道反覆，轉福成禍，商湯反而殺了夏桀，周武王反而滅了商紂。今天大王您既然囚禁了越君而又不誅，我認為大王是受他們君臣假象的迷惑太深了，這就很難保將來不遭受夏、商那樣的禍患。」這一說，夫差貌似有點醒悟了，便下令把越王召來，他要親自盤問盤問。

勾踐見了夫差，表現得極為謙卑恭順。經不住勾踐幾句好話一說，夫差的心又動搖了，便決定把他關押進石室，先不殺。於是伍子胥又勸諫夫差說：「我聽說想成就工業的人攻打敵國，戰勝了，就要把敵國的國君殺掉，因此沒有怕遭報復的憂慮，從而也就為自己的子孫、後代免除了禍患。現在越王既已被關進石室，應該早下決心除掉他。否則，以後必將成為吳國的大禍患。」但這時伯嚭卻在一旁說：「從前齊桓公北伐山戎以救燕，回來後燕君送他，不覺送入了齊國境內，齊桓公便將燕君所到之地都割給燕國，齊桓公因此而被世人所稱頌。當年宋襄公與楚國作戰，一定要等楚軍渡過了泓水，擺好了陣勢，才下令開戰，因此人們稱讚他講道義。獲得成功的，能夠留下美名；遭受失敗的，也有德義可稱頌。現在大王能赦免越王，功名就超越前代的聖王了。」夫差聽了他們兩人的話，一時猶豫不決。當時他身體不好，正在生病，便說：「這事先緩一緩吧！等我病好了再說。」

勾踐這時感到情勢對他很不利，是否能免除一死，並進而逃脫虎口，還命運難卜，因此他內心非常不安。他的謀臣范蠡卻安慰他沉住氣，並向他獻計，要他趁夫差生病之機，進一步向夫差表現自己的忠順和赤誠之心，以感動夫差，這樣可以求得夫差的信任和赦免。於是勾踐依計而行，透過伯嚭，以求探視夫差的病，並親嘗夫差的糞便。這一

下，的確讓夫差感動了，以為勾踐真的是赤心待己，所以當他病好之後，便決定赦免勾踐。

夫差為慶賀自己身體康復，舉行了一次盛大的酒宴，特請勾踐參加，讓他面朝北與己對面而坐，並要求群臣對勾踐以客禮相待。勾踐在酒宴上為夫差舉酒祝壽，稱頌夫差的功德，極盡諛美之詞。夫差聽了非常高興，只有伍子胥更加憂慮。因為他見夫差正在興頭上，不便掃他的興，所以等到第二天，他才對夫差說：「在昨天的酒宴上，大王已經看到了吧！我聽說，內懷虎狼之心的人，口稱諛美之詞。現在大王好聽一時間的動聽言詞，而不考量萬世之憂患；不聽忠直之言，而好聽讒夫之語。不誅生死仇敵，不滅刻毒之仇怨，這就好像加羽毛於炭火之上，投禽卵於千鈞之下，而想求得保全，有可能嗎？臣聽說，夏桀曾登高而知危，卻不知怎樣才能求得自安。前當白刃的人自知必死，卻不知怎樣才能生存。受迷惑的人知道反悔，迷路的人知道回頭，為時還不晚，請大王認真考慮考慮吧！」

夫差聽了伍員的話，很不高興地說：「我病臥在床三個月之久，竟然沒有聽到相國您說過一句安慰的話，這說明是相國您心地不慈；又沒有見您進獻過一次我想吃的東西，心裡就沒有想起過我，這說明相國您心地不仁。身為人臣，不慈、不仁，還哪裡談得上忠信呢？越王原來被人迷惑，放棄邊防守備，導致國家破亡，現在他能親率其臣民，來歸附於我，這說明了他的義。他親自當奴僕，妻子作妾，而對我毫無怨言，我生病期間，他來探視我，親嘗我的糞便，這些都說明了他的心慈。他拿出越國府庫的所有珍寶錢幣，奉獻給吳國，且對自己的親朋故舊一切都不顧，來追隨我，這說明了他的忠信。他用這三項品德來侍奉我，如果我還聽相國的話殺了他，那就是我的不明智，而只求快意於相國之心了。這樣做，不辜負上天嗎？」

伍子胥說：「大王的話正好把理說反了。老虎伏下身子的時候，是為了有所捕獲；狐狸伏下身子的時候，是為了有所獵取。雉（野雞）的眼睛被綵綢所迷惑因而被拘獲；魚因貪求誘餌以至被捕而死。大王您以為越王歸附吳為義，以能嘗糞便為慈，以盡獻其府庫為仁，這實際上不過是越王故意做出的姿態，目的是為了求得生存，大王絕不可只憑聽言觀貌就信以為真。現在越王稱臣於吳，恰恰說明了他的深謀；盡獻其庫府，不表現出一點怨恨之色，這正是為了欺騙大王；親嘗大王的糞便，正是為了上食大王之心。吳國在越王的言詞中，真是被頌美得夠偉大了，而最終吳必將被越所擒！希望大土能認真思索這個問題。我絕不敢為逃避死亡而辜負前王所託，一旦到了社稷變成廢墟，宗廟叢生荊棘的時候，難道還可以再追悔嗎？」夫差說：「相國算了吧！不要再說了。我不願再聽到這樣的話！」夫差終於把越王勾踐和他的隨臣都赦免回國了。與此同時，他開始討厭並疏遠伍子胥。越王勾踐回去後積極經營，準備攻吳復仇，而吳王夫差卻積極謀劃爭霸中原。

▌伍子胥之死

吳上夫差要北上爭霸中原，首要的打擊目標便是齊國。為此吳國已經做了多年的準備，為了解決交通和糧草運輸的困難，吳國還特意開了一條人工大運河 —— 邗溝，把江、淮兩大幹流相通起來。但伍子胥的想法卻與夫差不一樣，因為越國未滅，他始終憂心忡忡。他竭力勸說夫差，應把策略重點放在防越上，而不應致力於北上伐齊，但急於爭霸中原的夫差根本聽不進去。

周敬王三十一年，齊景公死，新君晏孺子即位。晏孺子幼弱，貴族爭權，政局混亂。夫差探知齊國的這種情況，非常高興，認為這正是伐齊的大好時機，便決定興師北上。伍子胥勸諫說：「前此上天把越賜給

吳，而吳不接受，使越國得以繼續留存下來。天命是會有反覆的！現在越王改弦更張、勵精圖治、革除弊政、減輕賦稅、施民所善、去民所惡、躬行節儉，而務富其民，因此人口繁衍，兵甲漸盛。對吳國來說，越國的存在就像人的心腹之患。越王一天也沒有忘記要打敗吳國以復仇。現在大王不注意對付越國，卻把矛頭指向北方的齊國！那齊國對吳國來說，就好像人的皮膚上所生的疥瘡，並非心腹之患。齊難道能越過江淮而來爭我吳國之地嗎？只有越國才一心想占有吳國的土地。近來大王又很不注意以德撫民，為自己尋歡作樂而大興土木，修築姑蘇臺，勞民傷財。今年上天又奪我民食、災荒不斷、百姓飢困。在這種情況下，大王還要遠道伐齊，民眾一定會背離您了！譬如野獸群處，其中一獸中箭，那就會引起百獸驚恐逃竄。到時民眾一潰散，大王就將無法收聚他們了。到那時候，越人一定會來襲擊他們，大王就將悔之莫及了！」然而夫差不但不聽信伍子胥的意見，反而更加疏遠他了。

夫差這次伐齊似乎很順利，不僅沒有出現伍子胥所預言的危機，還在艾陵（齊地，今山東萊蕪縣東）大敗齊軍。夫差勝利而歸，更加趾高氣揚。他把伍子胥召來說：「從前我先王在世的時候，大夫您輔佐他開闢基業、西破強楚，是有功勞的。但是現在大夫已經老了，而又不能安分享樂、頤養天年，卻成天在那裡想著怎麼找吳國麻煩。我要興師出兵，大夫卻誣我民眾要背離、擾亂國家的法度，又故意危言聳聽，蠱惑民眾，說什麼伐齊就會導致亡國之禍。現在天降福善於吳，齊軍被我降服了，我不敢自己誇功，這都是託福於先王的神靈。現在我冒昧地把戰況傳達給大夫。」這實際上是在責備伍子胥，夫差顯得很得意。

伍子胥聽了夫差這番志得意滿和責備自己的話，心裡想，這樣下去，吳國的大業就一定會葬送在他手中，因此還要盡自己的努力，來勸說吳王，試圖使其醒悟。伍子胥說：「從前吳國的先王世世都有輔弼之

臣，因此善於決疑防患，而使國家不致陷於大難。現在大王竟想拋棄老臣，而與那些不經事的、頭腦發熱的年輕人合謀，說什麼『我的命令他們不會違背』。不違背您的命令，實際卻是違背治國之道了。只知一味順從而不違背您的意志，這正是亡國的階梯啊！天想拋棄誰，一定先會滿足他的一些小欲望，讓他得意忘形，而大的災禍卻緊跟在後頭。大王這次如果伐齊而未能獲勝，恐怕還會覺悟，而吳國的大統還能繼續。這次打了勝仗，就更加迷惑了。我們的先王想獲得的，就一定有正道可以得到；想要拋棄的，也一定有正道可以把它拋棄掉。因此一直到他們去世時，都能保持國家的強盛。縱然偶有危機出現，也能及時消除。大王現在卻不能以正道去獲取，必將導致吳國的短命，大王不可不深思啊！」但這些話絲毫無法打動夫差。

然而越國的日益強大，畢竟是有目共睹的事實，夫差也不得不有所憂慮了。所以到周敬王二十六年，當他再次北上伐齊之前，為了消除可能發生的後顧之憂，同時也為了試探一下越國的實力和態度，他決定先伐越。越王勾踐採用文種的計謀，仍然卑躬屈膝地向吳國求和，做出一副對吳國永遠忠誠、毫無二心的姿態，同時又拿出許多珍寶財物來賄賂夫差周圍的人，使這些人也都一致幫越國求情。於是，夫差又動心了，便決定接受越國的求和。伍子胥看到夫差將再一次錯過滅越的機會，便勸諫道：「越國是心腹大患。我們兩國同處在一塊土地上，他們是有欲望的。他們的馴服，不過是為了達到他們的欲望，並非出於真心。不如趁此時滅了他們。我們攻打齊國，所獲得的土地，對我們來說就好像滿是石塊的田，毫無用處。越國要是不成沼澤，吳國就將被滅掉。請醫生看病，卻說『一定要留下病根』，是從來沒有的。盤庚之誥說：『如果有猖狂搗亂而不聽話的，就通通誅滅而不留後代，切不可讓他們留下逆種！』這就是商朝所以興起的原因。現在您卻反其道而行之，這樣還想使吳國

強大，怎麼可能呢！」伍子胥的話是如此激切，但夫差不僅聽不進去，還頗為反感。

夫差為了不再聽伍子胥說東道西，便派他出使齊國。臨行前，伍子胥對自己的兒子說：「我多次勸諫王，而王不聽。我現在就已經看到吳國的滅亡了。即使你們一起跟著滅亡，也沒有用處，不如到齊國去避禍吧！」於是他趁出使齊國的機會，把兒子暗中託付給齊國的貴族鮑氏，這就是後來齊國的王孫氏。

伯嚭因與伍子胥的政見不一，兩人的矛盾已經越來越深。當他得知伍員把兒子託付給齊國鮑氏，便乘機在夫差面前攻擊伍子胥說：「子胥為人剛暴，待人少恩而又猜忌。他對大王您充滿怨恨，恐怕將會釀成不測之禍患。前次大王伐齊，子胥認為不可，大王終於獲得大功而回。子胥恥於他的計策不被採用，反而怨恨大王。現在大王又要伐齊，子胥剛愎自用、一味強諫、動援軍心，只希望吳軍戰敗，以證明他的謀略正確。現在大王親率大軍伐齊，國內空虛，子胥出使齊國回來，卻裝病不起，不隨大王出征，大王不可不備。他要乘大王出征之機，在國內興起禍亂，是不難的。況且我已經派人暗中探知，他前次出使齊國時，已將自己的兒子託付給齊國的鮑氏。身為人臣，在國內不得意，竟向外求助於諸侯！他自以為是先王的謀臣，而現在不被信用，因此常心中怨憤。希望大王早作打算。」

聽了伯嚭這番話，夫差說：「不光是您這樣說，我也很懷疑他呢！」於是夫差便決定，北伐之前先除掉伍子胥。他派人去賜給伍子胥一把劍，對伍子胥說：「請您用這把劍自我了結吧！」伍子胥仰天長嘆說：「啊！讒臣伯嚭作亂，大王反而殺我，是我讓你的父親成就了霸業。你未立為太子時，諸公子爭位，是我不顧殺身之禍，在你的父王面前為你爭得太子的地位。你立為太子之後，為感激我，想要分吳國給我，我不敢

期望，堅辭不受。然而今天你卻聽信諛臣的讒言，竟然要殺死長者！」於是他吩咐自己的門人說：「我死後，請你們一定要在我墳上種上梓樹，使它長大後可以做棺材，把我的眼珠摳出來，懸在吳國的東城門上，我要親眼看著越軍怎樣進城消滅吳國。」說罷，便用劍自刎而死。伍子胥這裡所說的棺材，是在暗示吳國必亡，這棺材給夫差使用。

夫差聽人報告了伍子胥臨終前說的話，大怒說：「你想看見的事，我絕不會讓你見到！」於是命人用一只皮革做的袋子，把伍子胥的屍體裝起來拋入江中。

夫差殺伍子胥之後，便揮師北伐，打敗了齊國。一時間，吳兵氣勢囂張，橫行於江淮間。周敬王三十八年，夫差在兩次大敗齊國之後，自以為已經是天下無敵了，便大會諸侯於黃池（今河南封丘），並與晉國爭做盟主。然而正當盟主地位似乎唾手可得的時候，越國乘吳國國內空虛，發兵襲破了吳都姑蘇（今江蘇蘇州市），並殺死了吳太子。大差不得不將與晉爭霸的事草草收場，倉皇回師，但已來不及了。

後來越又多次伐吳。周元王三年（西元前四十三年），越國終於把吳國消滅了，夫差也自殺而死。臨死前，他終於醒悟過來，痛斥伯嚭說：「是你為臣不忠不信，亡國滅君！」隨即殺了伯嚭。接著他愧恨萬分地說：「我悔不用子胥之言，而落得今天這個下場。我有何面目見子胥於地下！」遂自殺而死。吳國的種種結局，被伍子胥一一言中。

桑弘羊之冤

桑弘羊是西漢時期傑出的理財家，曾協助漢武帝實行一系列富國安民的政策，促進了封建經濟的發展。不料，在年逾古稀之時，桑弘羊卻被殺了頭，滅了族，成為統治階級內部爭權奪利的犧牲品。

▋ 精於理財功勞高

漢景帝四年（西元前一五三年），桑弘羊出生在洛陽的一個商人家庭裡。戰國時期，洛陽已發展成為一個著名的工商業城市，東到齊魯，南到梁楚（今河南、湖北），都有洛陽商人的足跡。西漢時，洛陽更發展成為一個擁有五萬多戶，約三十萬人口，與河北的邯鄲、山東的臨淄、四川的成都、河南的宛（今南陽）齊名的「富冠海內」的名城。童年時代的家庭教養和社會環境的薰陶，對他的成長產生了很大的影響。十三歲時，他在計算方面已達到了相當熟練的程度，那時候一般的商人計算數字時都要用籌碼，而桑弘羊可以不用籌碼，只要心算就可以。

根據西漢的官制，家產在五百萬錢以上者，自備車馬衣服，便可以到京師為郎，稱為「貲選」。郎的職務是負責守衛宮廷門戶，皇帝出行時擔任儀仗扈從。郎有議郎、中郎、侍郎、郎中等。景帝後元三年（西元前一四一年），漢武帝剛剛即位，桑弘羊便被召進宮廷，當武帝的侍中，這一年他十三歲。侍中為加官，從列侯、將軍、卿、大夫、將、都尉、尚書、太醫、太官令（主皇帝膳食）直到郎中，都可以加官為侍中。侍中原為皇帝的侍從，漢武帝時為強化皇帝個人的權力，以限制丞相的權力，選拔了很多有才能的人到他身邊當侍中。這些人可以出入宮廷，和皇帝關係很密切。其中有的人可以參與議論國家的政策，遇有重要政事，皇帝還常常讓他們和朝廷上的大臣進行辯論。這樣，在武帝時，逐漸形成了中朝與外朝並列的局面。由皇帝及其親近侍從組成的中朝，事實上成了決策機關；以丞相為首的外朝，只不過是執行的機關。侍中名義上是皇帝的侍從，但在政治上卻是實權派。儘管當時武帝即位不久，還沒有把政權完全掌握在自己手中，這時候的桑弘羊只能充任一個普通侍從的角色，但由於他久任此職，長期生活和工作在武帝身邊，深受武

帝思想的影響，使他逐漸成為武帝的得力助手。

　　桑弘羊任侍中長達二十六年之久（從景帝後元三年初武帝即位至元鼎二年，即西元前一四一年至前一一五年）。這二十六年的歷史中，發生了許多重大的變化，這對桑弘羊一生的事業都有直接或間接的影響。桑弘羊初為漢武帝侍中時，距漢朝建立已有六十多年，地主階級政權逐漸鞏固，國內基本上統一，社會經濟有很大的好轉。但是與此同時，社會上還存在著許多矛盾，尤其是漢與匈奴的矛盾，漢武帝即位不久，便利用漢初七十年間勞動人民所創造的大量物質財富，針對上述矛盾，在政治、經濟、思想、軍事以及民族關係等方面，採取了許多措施。這些措施有些是適應社會需求和歷史發展的趨勢，但同時也為人民帶來許多痛苦和災難。其中耗費民力最大、影響最深的，就是他對邊境少數民族的用兵，特別是連年對匈奴的戰爭。

　　元光二年（西元前一三三年），武帝曾向大臣徵求派兵攻打匈奴的意見，但是當時西漢政府中，多數人都對匈奴懷有畏懼心理，堅持和親政策，反對和匈奴作戰。以大行令王恢為代表的主戰派，和以御史大夫韓安國為代表的主和派，展開激烈的爭論。漢武帝毅然採納了王恢的建議，派遣馬邑人聶翁壹引誘匈奴單于，漢朝以三十萬大軍埋伏在馬邑（今山西朔縣）附近的山谷中，準備一舉殲滅匈奴的主力。不料匈奴單于在中途發覺到這個誘兵之計，迅速撤兵，逃回邊境。從此以後，漢與匈奴徹底決裂，開始了長期而頻繁的戰爭。

　　二十多年連續的對外戰爭，從其積極意義上來看，它制止了匈奴奴隸主貴族對漢族和其他少數民族的野蠻掠奪，保衛了漢朝邊境地區人民生命、財產的安全和先進的農業生產，加強了漢朝和西域的經濟文化，開闢了西域的交通，使中國統一的多民族國家得到進一步的發展。但是漢初七十多年的積蓄，也由於戰爭而出現了「縣官（即天子或官府）大

空」的局面，財政出現崩潰的危機。同時漢武帝為了彌補大量的軍費開支，對農民進行「民賦數百」的殘酷剝削。農民貧困破產，而富人卻乘機大肆掠奪。尤其是一些商人地主，他們用賤買貴賣的方法掠奪農民。另外一些壟斷鹽鐵生產的手工業者兼商人，利用控制這種營業變成豪富。

為了解決財政危機，鞏固封建地主階級的中央集權，加強對匈奴的防禦和反攻力量，漢武帝開始重用「興利之臣」。其中一個重要人物，就是桑弘羊。元帝元狩三年（西元前一二〇年），桑弘羊被任命為「以計算用事侍中」。武帝元鼎二年（西元前一一五年），桑弘羊以侍中出任大農丞，這是桑弘羊正式從事財政工作的開始，這一年他三十九歲。

桑弘羊任大農丞，前後不過五年，在這短短的五年中，他做了三件大事，開始表現他在理財方面的才能和魄力。

一是算緡告緡令。「算緡」是國家向商人徵收的一種財產稅，「告緡」是反商人瞞產漏稅的一種強制辦法。根據《史記‧平準書》記載，算緡告緡令包括四方面的內容：

凡屬工商業主、高利貸者、囤積商等，不論有無市籍，都要據實向政府呈報自己的財產數字。政府規定：凡值二緡（一緡為一千錢）抽取一算，一算為一百二十文；一般小手工業者，每四緡抽取一算，這叫「算緡」。

除官吏、三老（鄉官、掌教化）和北邊騎士外，凡有軺車（即小馬車）的，一乘抽取一算；販運商的軺車，一乘抽取二算；船五丈以上的抽取一算。

隱瞞不報、或呈報不實的人，罰戍邊一年，並沒收他們的財產。有勇於告發的人，政府賞給他沒收財產的一半，這叫「告緡」。

禁止有市籍的商人及其家屬占有田地和奴婢；膽敢違抗法令的，即沒收其全部財產。

這些法令對那些擁有巨資的大工商業者，是很不利的，因此他們激烈反對，但在桑弘羊的堅持下，終於推行下去了。尤其是告緡令的推行，中等以上的商賈之家，大都被告發了，沒收了上億的財產和成千上萬的奴婢。沒收的田地更多，大縣有幾百頃，小縣百餘頃，不少中等以上的商賈因此傾家蕩產。而政府的收入卻大大增加了，國庫也充實起來。

二是統一鑄錢。漢初，政府對鑄錢採取放任政策。當時政府鑄造的錢幣與實行重量懸殊很大，如劉邦時的莢錢（即五分錢），呂后的八銖錢，文帝、景帝時的四銖錢，幣面都是半兩（二十四銖為一兩），實際重量卻往往不足。錢幣鑄造不統一，銅錢大小、輕重又不一致，所以幣制非常混亂，這讓私人鑄造劣錢造成可乘之機。幣制不統一，劣錢大量出現，勢必會造成市場混亂、社會不安，特別是鑄幣權掌握在貴族富豪手裡，他們可以依仗經濟勢力與中央對抗。元鼎四年（西元前一一三年），桑弘羊提出整頓幣制的措施。一方面把鑄幣權收歸中央，禁止各郡國私自鑄錢；另一方面又統一貨幣，下令郡國銷毀舊錢，把銅輸送中央，另造新的五銖錢，由掌管上林苑的水衡都尉所屬鍾官、均輸、辨銅三官分別負責鼓鑄、刻範和原料供應，新幣是由上林三官管理鑄造的，所以又稱「上林錢」或「三官錢」。當時三官錢通行全國，是唯一合法的錢幣。

三是假民公田和移民屯墾。這是桑弘羊為解決對匈奴連年用兵、糧食不足的困難，以及安置流民，鞏固漢朝邊防所採取的一項措施。「假民公田」即政府將內地官田租給農民耕種，向農民徵收假稅（即田租）。「移民屯墾」即徵發戍田兵士，進行軍事屯田。這個措施使一部分失去土地的農民重新回到土地上，從事農業生產。一方面大批流民得到安置，緩和了因土地兼併引起的階級矛盾，另一方面使許多土地得到墾殖，西北邊郡也得到初步開發。

　　桑弘羊在理財方面表現的出色才能，使漢武帝極為欣賞。元封元年（西元前一一〇年），桑弘羊被晉升為治粟都尉，並代理大農令，挑起了總管國家財政經濟的重擔。這一年，桑弘羊四十四歲。天漢元年（西元前一〇〇年），桑弘羊被正式任命為大司農。他從代理大農令到大司農，共十三年的時間，這個時期是西漢王朝的鼎盛時期，也是桑弘羊在財政工作中最有成效的時期。這個時期，他參與制定和推行了一系列重要的財政政策。

　　一是鹽鐵官營。關於鹽的官營，實際上採用的是「民煮歸官」的辦法。鹽戶由政府招募，煮鹽的費用由鹽戶自己承擔，政府只供給他們生活費用和煮鹽的鐵鍋，煮成的鹽由鹽官負責收購。關於鐵的官營，是在產鐵的郡設定鐵官進行生產，不產鐵的郡設定小鐵官負責銷售。鹽鐵官營以後，生產規模擴大了，也大大增加政府的財政收入。而桑弘羊自己更認為官營鹽鐵不僅有利於國計民生，還有杜絕豪強兼併、消除地方割據勢力、鞏固國家統一的作用。後來他之所以遭到大工商業主和貴族官僚地主的激烈反對，其原因即在於此。

　　二是均輸平準。「均輸」是西漢政府透過賦稅的方式，對於從民間徵用的各類物資實行調劑的一種手法，即各郡國應上交中央的貢物，一律按當地市價，折合成當地出產的、價格低廉的土產，交予均輸官，再由均輸官運往缺乏這些產品的地區，高價出售。這樣既可免除各郡國輸送貢物入京師的困難，又能隨時調度中央需要的物資。同時封建官府不費一文即可得到土產，在輾轉貿易中獲得巨大利潤。「平準」是為了控制商品的交換和買賣，平衡商品價格，在京師長安設立的一個機構，即大農諸官以各地輸進的物資和工官所製造的各種產品為資本，當京師某種商品漲價時，即賤價拋售；相反的，如果某種商品跌價時，即大量收買。它的任務是穩定京師市場物價，打擊工商業者囤積居奇的活動。桑弘羊

創立的均輸平準，對增加封建國家的收入、緩解財政困難，成效是很顯著的。因此，武帝賜桑弘羊爵為左庶長、黃金兩百斤，以示鼓勵。

三是酒類專賣。天漢三年（西元前九十八年），實行酒榷法。即由官府供給私營釀酒作坊穀物，酒麴等原料，規定釀造的格式，具體生產由私營作坊分散獨立經營，釀成的酒歸官府所有，私人不得出售。如此一來，官府雖不壟斷生產，但卻控制全部產品，實行專賣。酒類專賣後的營利是相當可觀的，它與當時的鹽鐵、均輸並稱為國家主要財政來源的「三業」。這三業的實行，為扭轉武帝時的財政危機，產生決定性的作用。

▌輪臺詔令露禍端

天漢四年（西元前九十七年），桑弘羊被貶為搜粟都尉。在這之前，桑弘羊有一個子弟犯法，被執金吾（負責京師治安）杜周逮捕。按照法律，子弟犯法，父兄要連坐。所以桑弘羊被貶官可能與此相關。但是桑弘羊被貶職後，直到昭帝始元六年（西元前八十一年）楊敞被任命為大司農止，中間有十六年，大司農的職務一直空缺著。這可能是由於桑弘羊子弟犯法，照法律他必須連坐受處分，所以降職為搜粟都尉，但是桑弘羊在理財上深受漢武帝的信任，而大司農一職當時又找不到合適的人選，所以漢武帝就採取了一個折衷的作法，一方面罷了桑弘羊大司農的職位，另一方面又讓他代理大司農的職務。

從元鼎二年（西元前一一五年）桑弘羊負責財政以來，所實行的各種經濟政策，一方面打擊了大工商業者和地主豪強的勢力，鞏固地主階級中央集權的經濟基礎；另一方面使西漢政府在工商業方面的收入，有了大幅度的增加。那時候，戰爭的巨大費用，以及漢武帝個人窮奢極欲的揮霍賞賜，大都是從這些收入中開支的。但桑弘羊的經濟政策僅僅暫時

緩和封建國家的財政危機，無法解決社會的根本問題。農民的負擔仍然很重，階級矛盾依然不斷加深，農民起義在各地爆發。漢武帝意識到這種局勢，因而決定改變自己的內外政策，實行對外暫時變攻為守，對內恢復休養生息的辦法，以緩和激化的矛盾。

徵和四年（西元前八十九年），桑弘羊上疏，建議屯田輪臺（今新疆輪臺縣）。輪臺地處塔里木盆地的中心，是漢朝到西方去的使節和商隊來往的必經之地。輪臺以東，焉耆、危須、尉犁（均在今新疆境內）一帶，則是匈奴僮僕都尉經常駐紮的地區。桑弘羊認為如果在此處屯田，不僅可以開墾良田五千餘頃，發展農業生產，增加國庫收入，而且對進一步排擠匈奴在西域的勢力、保衛中西交通及漢朝西北邊郡的安全，也有重大意義。

桑弘羊的這個建議，從長遠來看，的確是征服匈奴的有效方法。後來昭帝時，霍光就曾採用這個方法在輪臺屯田，到宣帝、元帝時，都獲得很好的效果。但它卻不適合漢武帝當時的情勢，所以漢武帝抓住這個問題，下了有名的輪臺詔令。在詔書中批評桑弘羊的建議是「擾亂且讓百姓增加負擔，對百姓毫無好處。」為了表示今後不再擾民，讓老百姓休養生息，特封丞相田千秋為富民侯。從屯田輪臺這件事可看出，在漢武帝晚年，桑弘羊與漢武帝在思想上已有差距。漢武帝看到局勢發生變化，馬上由攻轉為守；桑弘羊卻沒有意識到這些變化，仍然堅持繼續進取的方針。所以他的一些主張不再像以前那樣，事事被漢武帝採納，也就是理所當然的了。

▌顧命大臣分歧深

漢武帝在輪臺詔中，對過去自己的好大喜功自我檢討，並改變了對內、對外政策後，過了三年，在後元二年（西元前八十七年）病死在遊幸

途中。漢武帝死後，立少子弗陵為昭帝，由於他只有八歲，所以漢武帝以遺詔命霍光、桑弘羊、金日磾、上官桀、田千秋為輔佐昭帝的顧命大臣，共同掌管朝政。桑弘羊在受遺詔為輔政大臣的同時，被提升為御史大夫。

霍光是已故的驃騎將軍霍去病的異母弟，由於霍去病的關係，霍光十幾歲即入宮為郎，歷任諸曹、侍中、奉車都尉、光祿大夫。據說他平時出入殿門，舉止進退，都有一定的地方，諸郎官曾暗地做標記來觀察他，竟然不失分寸，其謹慎穩重由此可見。漢武帝在釋出輪臺詔之後，覺得自己年事已高，要物色一個能執行自己政策的大臣，他覺得霍光適合，就要黃門畫者畫一幅「周公負成王朝諸侯」圖，賜給霍光，以此表示對霍光輔政的信賴和希望。

武帝病重時，要霍光行周公之事來輔佐昭帝，霍光推薦金日磾。金日磾是匈奴休屠王的太子，霍去病與匈奴作戰時，休屠王被殺，金日磾和他的母親及弟弟被俘，送到首都為皇帝養馬，得到漢武帝的賞識，被提升為駙馬都尉。當霍光推薦他當行周公之事時，就以自己是匈奴人為辭，表示願作霍光的助手，所以霍光成為顧命大臣中主要決策者。田千秋雖為丞相，但年紀大，並無多大能力，只因一封上書受到漢武帝的讚許，很快就由一個供奉漢高祖寢廟的高寢郎晉升為丞相，他當丞相為人處事都很謹慎，對霍光處處迎合奉承。上官桀本來是一個為皇家養馬的未央廄令，有一次漢武帝生病後去看馬，見馬都瘦了，很生氣。他卻以聽說皇帝病了、無心養馬為由，表達對皇帝的忠心。漢武帝不但沒有加罪他，反而提升為侍中、太僕，武帝死時升為左將軍。

武帝留給昭帝的這五位顧命大臣中，田千秋年老不多管事，金日磾第二年就去世了，實際上只有霍光、桑弘羊、上官桀三個人。霍光是以大司馬、大將軍領尚書事而為顧命大臣，漢武帝病危時又明確地要他行

周公輔成王的事，所以昭帝即位之後，一切大權都掌握在霍光手中。

上官桀的兒子上官安，娶霍光的女兒為妻，生有一女，在她六歲時，其父想讓她入宮，希望為帝后。為這件事，上官安曾與霍光商量，霍光認為年紀太小，沒有同意。上官安則認為霍光心懷妒忌，有意阻撓。為了達到自己的目的，他向鄂邑公主求援。鄂邑公主有一個情夫叫丁外人，上官安素與丁外人要好，想透過丁外人的關係，向鄂邑公主說合，並許事成之後，幫助丁外人求一侯爵。由於公主的支持，安女果然被選入宮，不久便立為皇后。上官安為了實踐自己的諾言，曾多次要求霍光按列侯尚公主的成例，封丁外人為列侯。但霍光認為丁外人不是公主的真正丈夫，始終沒有答應。上官桀本來在武帝時已官至太僕，地位比霍光高，這時又因孫女入宮為皇后，父子並列為將軍，對霍光的掌權看不順眼，霍光又不買他們的面子，不答應他們封丁外人為列侯的要求，所以上官桀對霍光不滿，他們之間開始發生矛盾。

桑弘羊也因為自己論資格和功勞都在霍光之上，對霍光的掌握大權不服氣，他又想替自己的子弟謀官，也遭到霍光的拒絕，所以也越來越敵視霍光。這樣，在三個有實力而又雄心勃勃的顧命大臣之間，就形成了對立的兩派：桑弘羊與上官桀聯合起來，反對霍光的獨攬大權。

▋鹽鐵會議惹矛盾

昭帝始元六年（西元前八十一年），在諫大夫杜延年的建議下，召開了鹽鐵會議。杜延年是杜周的兒子，是霍光的親信。他曾向霍光建議，現在的年景不好，一些農民還流落在外鄉，應該恢復孝文帝時的政策，提倡節儉、對下寬和，爭取百姓的支持。霍光同意他的建議，就讓各郡國推舉賢良文學之士六十多人，集中到首都開會，討論民間有什麼疾苦，國家應該採取什麼措施的問題。

　　賢良是已經有了功名的儒生，文學只是地方上有點名氣的儒生，他們都不是國家的官吏。參加這次會議的六十多名賢良文學中，留下姓名的有茂陵唐生、魯國萬生、汝南朱子伯、中山劉子雍、九江祝生等。

　　丞相田千秋是這次會議的主持人，但他發言不多，只是在雙方辯論激烈時講一些折中調解的話。政府方面的主要發言人是御史大夫桑弘羊，他共發言一百一十四次。這次會議是分兩個階段進行的，前一個階段是正式討論會，後一個階段是在正式會議結束後，賢良、文學向丞相、御史大夫辭行之際進行的另一場辯論，也可以說是非正式會議。

　　這次會議討論的問題涉及面很廣，有政治問題，如應重刑罰還是重德教；有軍事問題，如抗擊匈奴好還是與之和親好；但更多的是漢武帝所施行的鹽鐵、均輸、酒榷、幣制、算緡告緡等一系列財政經濟政策。漢宣帝時汝南人桓寬，根據當時的會議紀錄，整理成《鹽鐵論》一書，所以一般都把這次會議叫做「鹽鐵會議」。

　　這次會議以桑弘羊為代表的政府一方，與以賢良文學為代表的民間一方，互相辯論得非常激烈，實際上是對漢武帝時期推行的各項政策進行總體評價和猜想。桑弘羊代表了全面肯定漢武帝輪臺詔以前各項政策，並希望繼續推行這個政策的一方意見；而賢良文學則代表否定漢武帝輪臺詔以前的各項政策，要求加以全面地估價和修改的一方意見。

　　霍光沒有出席這次會議，但他對這次會議是重視的。他顯然不同意桑弘羊的意見，這從他當政之後所實行的政策來看，他是照漢武帝輪臺詔的精神而進行，這就是他和桑弘羊在政見上的分歧所在。但是霍光也不完全贊同賢良文學全面否定漢武帝政策的看法，他沒有接受賢良文學要求全部罷除鹽鐵、均輸等官營事業的建議，而只是罷去郡國酒榷和關內鐵官；他也沒有採納賢良文學主張對匈奴實行感化政策，放棄防禦和抵抗，而仍然加強了邊防建設。但是，霍光透過這次會議，利用賢良文

學的激進情緒，批評和打擊了自己的政治對手。因此這次會議從政治上來說，是有利於霍光而不利於桑弘羊的。會議結束之後，參加會議的賢良文學都被封了一個列大夫的官爵。

▌悲劇「燕王之變」

鹽鐵會議的第二年，即昭帝元鳳元年（西元前八〇年）九月，在漢朝皇族內部發生了一次爭奪帝位的鬥爭，史稱「燕王之變」。這次事變後，桑弘羊及其家人全被霍光處死。

原來漢武帝有六個兒子，其中太子劉據因「巫蠱事件」受到誣陷而造反，失敗自殺，齊王劉閎則早死，剩下的武帝諸子中，以燕王劉旦為最長。按照封建宗法制度，皇帝的繼承人應是嫡妻（皇后）的長子，即嫡長子；如無嫡長子，可以由其他嫡子繼承；如無嫡子，也可以由嬪妃所生諸子中年長者來繼承。燕王最長，當立為太子。然而，武帝並不喜歡他。一次，燕王曾上書請求入宮宿衛，意思是想爭奪太子位，武帝不僅不許，反而把燕王派來的使者殺掉了；還有一次，燕王犯了藏匿逃犯的罪，被削去三縣。這兩件事讓武帝極為反感，結果，少子弗陵被立為太子。武帝死後，霍光受遺詔擁立弗陵即位，是為昭帝。燕王身為長子，未能繼承皇位，因此對霍光懷恨在心。同時，由於上官桀父子、鄂邑公主在與霍光爭權過程中，沒有達到自己的目的，也對霍光有所忌恨。於是，他們便和燕王相勾結，打算除掉霍光，廢掉漢昭帝，擁立燕王旦。

為達廢霍光之目的，他們想盡了一切辦法。上官桀先是上書，告發霍光擅自用天子禮儀，結黨營私，擴充軍事力量，圖謀不軌。說霍光外出檢閱羽林兵時，用天子禮儀，有謀反的野心；大將軍長史楊敞無功勞，拜為搜粟都尉；還私自增加幕府校尉……等等。然而這一招並未奏效，昭帝發覺其中有詐，沒有聽信，而且，每逢上官桀的黨羽說霍光的壞話

就會大怒。上官桀等一看此計不成，又生一計，由昭帝長姐鄂邑公主出面，置酒宴請霍光，想乘機將霍光殺死。不料此事走露了風聲，被公主手下的一個農官發覺，告知了楊敞，楊敞又轉告諫大夫杜延年，杜立即告訴霍光。這樣，這個計畫完全敗露。此後，燕王、鄂邑公主先後自殺，上官桀父子以謀反被誅。

　　據史書記載，由於桑弘羊和霍光有深刻的政策分歧，政見不合，而且欲為子弟求官不成，所以，在「燕王之變」中也參與了反對霍光的活動，曾與燕王通謀。因此，他也沒能逃脫被誅的厄運。霍光對此事處理非常嚴厲，將當時已經七十四歲的桑弘羊押赴刑場，且連他全家和宗族也不放過，甚至與其多少有點瓜葛的人，都未能倖免。當桑弘羊被殺時，他的兒子桑遷畏罪逃亡，逃亡途中，曾經藏匿在侯史吳家，後來桑遷被捕，判處死刑。不久，朝廷頒布赦令，赦令中規定：與此案有牽連的官吏，過去沒有發現的，一律不予追究。於是侯史吳便自動投案自首。廷尉王平和少府徐仁共管此事，他們認為桑遷是坐父謀反，而侯史吳藏之，不是反逆者，應依赦令免吳罪。但是霍光不同意，又令侍御史覆核，認為桑遷通經術，知父謀反，而不諫止，與反者無異。侯史吳三白石吏，而藏匿反者，不得赦。並彈劾廷尉、少府縱反者。少府徐仁是丞相田千秋的女婿，田千秋為了替徐仁開脫，召中二千石重議侯史吳一案，當時朝中公卿都知道是霍光的旨意，誰也不敢出來幫他說話。結果廷尉王平、少府徐仁棄市，連田千秋這個老好人也幾乎被牽連在內。

　　身為兩派鬥爭的犧牲品，漢武帝時代在治理國家的財政上做出了很大貢獻的桑弘羊，在年逾古稀之年，被霍光殺了頭、滅了族，對他來說，的確是個悲劇。

長孫無忌之冤

長孫無忌在唐朝擔任三十餘年的宰相，同時還是當朝顯赫的外戚，曾為唐王朝的建立、鞏固和發展，立下了汗馬功勞。但他無論如何都沒有想到，自己的生命竟以一個「莫須有」的謀反罪名而結束。

▍盡心輔佐功蓋世

長孫無忌，字輔機，洛陽人。他的祖先是北魏王朝的宗室，因其家族人「功最居多」，又為宗室之長，改姓為長孫。長孫無忌的祖父是北周的高官，父親是隋朝的將軍。出生於這樣一個貴族家庭，長孫無忌自幼受過良好的教育，加上他聰明過人，所以學識非常淵博。

長孫無忌是唐太宗李世民少年時期的好朋友。太原起兵不久，長孫無忌就參加了李淵父子的軍隊，以其傑出的政治才幹，漸任重要職務。高祖武德年間（西元六一八至六二九年），他是李世民秦王府的重要謀士。當李氏兄弟爭奪皇位的鬥爭進入白熱化階段，太子李建成和齊王李元吉要害死秦王李世民的緊要關頭，是長孫無忌建議李世民先發制人，發動了「玄武門之變」，一舉滅掉建成和元吉兩股勢力，使李世民當上太子並「監國」。兩個多月後，即西元六二九年八月，高祖李淵退位，世民登上皇位，他就是歷史上著名的唐太宗。

李世民當上皇帝後，封長孫無忌為左武侯大將軍，吏部尚書、齊國公。不久，又晉升他為宰相。太宗因長孫無忌為「佐命元勛」，又是至親（長孫無忌的胞妹是太宗的長孫皇后），所以對他特別信任和器重，可以隨時出入太宗的寢宮議事。享此殊榮者，大臣中只有長孫無忌一人。一次長孫無忌偶爾疏忽，身帶佩劍進入太宗寢宮，如果是別人，論罪當斬，可太宗對他也不加罪，只是輕罰了一些金銀了事。

太宗在位共二十三年，長孫無忌始終是太宗依靠的重臣。長孫無忌輔佐太宗，也始終盡心竭力。太宗命他參考隋《開皇律》和唐初的《武德律》，編成《唐律疏議》，成為中國封建社會第一部對後世有重大影響的完整法典。他的一系列重大建樹，深受太宗讚譽，稱之為「無忌盡忠於我，我有天下，多是此人力」。他對「貞觀之治」的形成，發揮了與房玄齡、杜如晦、魏徵不相上下的作用。

有的官僚見長孫無忌權勢過大，就祕密上奏章給唐太宗，請皇帝對之嚴加防範。唐太宗接到這份祕本後，立即交給長孫無忌，並說：「我們君臣之間應無話不談，不能互相猜疑，否則就會產生隔閡。」之後，把眾臣召集前來，當著長孫無忌的面，對眾臣說：「我的兒子們年紀都還小，無忌幫我立過大功。從現在起，你們不能再做那些混淆新舊、疏離親近關係的事情。」儘管唐太宗一再表示與長孫無忌親密無間，但長孫無忌總覺得自己權力過大，擔心難免招致怨尤，於是三番兩次要辭去宰相一職。他的妹妹文德皇后也極力表示支持，不止一次地請求唐太宗不要再讓其兄參與機密大事。唐太宗無奈，只好答應長孫無忌不當宰相。可是過了不久，唐太宗又任命長孫無忌為宰相，並對大臣們說：「我封官是依照才能。如果沒有才能，就算是我叔叔也不能封他官；如果有才能，就算是我的仇人，也要封他官。長孫無忌才能出眾，所以我讓他當宰相，幫助我治理國家。」同時，還親自為長孫無忌作了一篇〈威風賦〉賜給他，在賦中把無忌比喻為「殄亂世而降」，「訓群鳥」的「垂鵬」，因「垂鵬」騰飛而「日月騰光」。並勉勵他像鳳凰一樣為百鳥造福，不為自身謀利。對其信任、器重可謂無以復加，也是寄厚望於無忌。貞觀十七年（西元六四三年），太宗為長孫無忌等二十四開國功臣畫像，懸掛在凌煙閣，藉以表彰他們的豐功偉業。

長孫無忌沒有辜負唐太宗的厚望，凡是朝廷遇有疑難之事，他無不

直言，全力支持唐太宗推行種種政策。太子承乾擔心自己被廢，於貞觀十七年，暗中聯繫一批大臣，要推翻唐太宗，事情洩露，承乾被囚禁。唐太宗決心廢黜承乾，另立九兒子李治為太子。唐太宗擔心大臣們反對，事先找長孫無忌、司空房玄齡、兵部尚書李劼三個人商量。長孫無忌首先表態：「我完全擁護，如果有人反對，我就把他殺了。」這樣，李治才得以被立為太子。

長孫無忌對唐太宗的某些不當措施，並不盲從，而是大力諫諍，直到唐太宗改弦更張才罷手。唐太宗將九兒子李治立為太子不久，又想立三兒子李恪為太子。長孫無忌認為太子無過錯，不能輕易變動。唐太宗這才打消了再廢太子的想法。

貞觀二十三年，唐太宗病危之時，把太子託付給長孫無忌和中書令褚遂良，命他二人輔佐太子治理天下，並把他們比作霍光和諸葛亮。這樣，長孫無忌成為太宗託付輔佐太子新君李治的第一顧命大臣。

唐高宗李治繼位後，改元永徽。長孫無忌和褚遂良盡心輔佐，治國之策主要出自長孫無忌，李治「無不優納之」。史家譽為「永徽之治」，仍有貞觀之遺風。君臣間和諧無隙，長孫無忌的地位和所得殊榮與貞觀年間相比，更是有過之而無不及。高宗曾多次「親幸」長孫無忌家中，封其愛妾所生三個幼子為朝散大夫，命人獨畫長孫無忌之像並加讚語……，這些都是永徽五年（西元六五四年）以前的事。長孫無忌一生的仕途在此時達到頂峰，地位顯赫。此後，因高宗立武則天為皇后一事，讓長孫無忌開始有了惡運。

交惡招禍端

武則天，因頗有姿色，十四歲入宮為才人，後為昭儀，很得太宗喜歡。太宗死後，武則天入感業寺為尼。李治即位後，又把她接回宮中。

　　永徽六年，高宗要廢掉王皇后，冊立武則天為皇后。長孫無忌認為不可，堅決反對，其他大臣也持同樣態度。理由是武則天曾服侍過先帝太宗，如立為新帝皇后，不合封建人倫道德標準，再者，高宗的王皇后是先帝太宗為他所娶，又是名門望族，且無過錯，不可廢掉。然而，頗富權術的武則天，竟將親生女兒掐死，誣為王皇后所為。從此，高宗對王皇后更為不滿。

　　高宗為達廢王皇后的目的，祕密派人送長孫無忌金銀寶器各一車，綾錦十車，希望以此讓長孫無忌改變態度。與此同時，武則天的母親還親自到長孫無忌家中，請求無忌答應，並分析利害關係，但長孫無忌始終不答應。

　　一天，高宗為廢立皇后之事召集褚遂良、于志寧和李勣等文武大臣計議，李勣託病沒有出席。高宗說：「王皇后沒有生過一男半女，身為皇后，其罪大，難道不該廢掉嗎？」褚遂良第一個挺身而出，明確表示反對。高宗很不高興。第二天，覆議此事，褚遂良又說：「陛下如果一定要改立皇后，請選擇其他世家女子，武昭儀侍候過先帝，並受恩寵，現在如果立她為皇后，怎掩天下人的耳目啊！」褚遂良說完，就把大臣上朝奏事時用的笏板放在殿階上，叩頭流血，以示抗爭，並說：「將此笏板還給陛下，我請求回老家去了。」高宗惱羞成怒，令人將褚遂良趕走。武則天聽後恨得咬牙切齒，從幄帳後大喊：「為何不殺此老賊！」這時，長孫無忌抗議道：「褚遂良為顧命大臣，即使有罪，按規定也不能加刑，何況無罪！」于志寧也反對立武則天為皇后，但他為人謹慎，始終不敢講一句真話。高宗感到很為難，就祕密私訪當時手握兵權的李勣，試探性地問他：「我想立武昭儀為皇后，長孫無忌、褚遂良這兩個顧命大臣都說不可，你認為如何？」李勣當即答道：「廢立皇后，這本是陛下家裡的事，沒必要問外人！」表示支持立武則天為皇后。另外，支持高宗立武則天

為皇后的，還有兩個人。一個是禮部尚書許敬宗，一個是中書舍人李義府。

永徽六年，經過一番激烈的鬥爭，武則天終於當上皇后，王皇后被廢，其母家官爵被奪，原來的太子也被廢。武則天當上皇后，漸漸參政攬權。高宗本來就庸儒，加上患了中風，漸漸放權怠政，時人都知朝中有皇帝皇后「二聖」。當武則天和支持她的許敬宗、李義府等人羽毛豐滿，權勢已成時，被武后恨之入骨的長孫無忌等元老重臣，便必然要受害了。

▌主暗臣奸遭死罪

顯慶四年（西元六五九年），禮部尚書許敬宗按武則天的旨意，向唐高宗遞上一份密封奏摺，誣告監察御史李巢與長孫無忌相互勾結「謀反」，高宗下令要許敬宗和侍中辛茂將拘捕李巢，昏庸的高宗不加認真分辨，對長孫無忌也懷疑起來，他感慨地說：「我家真是不幸，親戚中屢有壞人壞事發生。高陽公主與朕關係很好，前些年卻與其夫房遺愛（房玄齡之子）謀反，現在我舅父又起二心，近親竟都是這樣，真使我慚見天下百姓。」許敬宗乘機煞有介事地說：「房遺愛是個乳臭未乾的小兒，與妻謀反，怎能成氣候？可長孫無忌就不同，他與太宗皇帝一道打天下，人們都佩服他有智謀；他當了三十年的宰相，百姓都怕他。長孫無忌有智謀又有威信，他的一舉一動可關乎大局。臣怕長孫無忌知其事暴露就會跳出來，他抖動袍袖一呼，很多人就會跟著他一起做，必定會成為宗廟社稷的深憂大患，願陛下明斷。我看近日將他收捕起來，繩之以法，破除其家，方能免除後患。」聽到這裡，高宗竟然邊哭邊說：「我不忍心處分長孫無忌，加罪於他，後代史官會說我無法和親戚好。」言語之間，主要是為自己開脫。許敬宗這時卻緊迫不放，他引證歷史故事，說：「漢文帝是西漢的明君，薄昭也是他的舅舅，跟隨文帝從代郡（今山西雁門）

來到長安，也有大功，與長孫無忌比，毫不遜色。只因薄昭殺人，文帝以國法重於甥舅私情，下令讓朝中大臣們穿著孝服到薄昭的院子裡哭，隨後讓他自殺。史官不僅不認為文帝做得不對，反而還加以讚揚。現在是長孫無忌忘記先帝和陛下對他的大恩大德，背叛了陛下，他意在推翻社稷，比起薄昭的罪要大得多，按其罪惡，應該誅滅五族。臣聽古人說，當斷不斷，反受其亂。謀反大案，處理要刻不容緩，如果稍有延遲，即生變故，請陛下趕快決斷。」

被許敬宗的謊言騙得團團轉的高宗，越聽越覺得問題嚴重，竟然不親自問一問長孫無忌是否真有此事，也不與李巢對證，就完全聽信許敬宗的誣陷之辭。既無人證，也無物證，就定長孫無忌為「謀反」大罪，下令罷除長孫無忌的一切官爵，把他流放到黔州（今四川彭水縣）。

這位擔任了三十多年，年已花甲的宰相，一路上過秦嶺、走巴蜀，受盡千辛萬苦，足足走了兩個多月，總算到了荒僻的黔州。但他還未來得及洗淨身上的塵土，更未能恢復一下極其疲倦的身體，袁公瑜、宋之順就已經在許敬宗、李義府的指使下，趕到了黔州，他們對長孫無忌進行嚴刑逼供，重治長孫無忌的「謀反」罪。最後，長孫無忌被迫自縊而死。

長孫無忌被害後，其家產被抄，家人親屬也受到株連。其子長孫沖等人被撤職查辦，發配嶺南安置。時任刑部尚書的堂弟長孫祥，不但未能救其兄，相反的，自己也因「坐與無忌通書」而被害。那些參與陷害長孫無忌的許敬宗、李義府、辛茂將、崔義玄和袁公瑜等人，則加官晉爵。

三朝元老長孫無忌，以忠直、功高而有名於唐初，在晚年竟然以「謀反」的罪名被殺，實在是一樁很大的政治冤案。造成這個冤案的原因雖然很多，但「主暗臣奸，死非其罪」，似乎更能說明其中真諦。

岳飛之冤

一提到岳飛，人們都會肅然起敬，既為他「精忠報國」的精神所感動，也為他被以「莫須有」的罪名害死而扼腕。凡是去過杭州的人，幾乎都會到西湖邊上的岳飛墓前瞻仰一番，而對跪在那裡的秦檜鐵人唾棄。這顯示，凡是對國家和人民有傑出貢獻的人，人民將永遠懷念他；而那些危害國家和民族利益的人，將永遠遭到人民的唾棄。

練文習武圖報國

岳飛（西元一一〇三至一一四二年）生於宋徽宗崇寧二年（西元一一〇三年）二月十五日。據傳說，岳飛呱呱墜地的那天傍晚，恰巧有一隻大鳥從岳家的屋頂上飛鳴而過，父親岳和就為他取名叫飛，後來又起了個字，叫鵬舉。

岳飛家境清貧，童年時就參加勞動，去野地打柴割草；稍大之後，幫助父母下地耕作。貧困的生活並沒有泯滅岳飛強烈的求知慾。缺錢買燈油，他就白天拾取枯柴，晚上點燃照明，由父親教他識字。以後自己稍能讀書，更加勤苦，往往讀到半夜，甚至通宵不寐。他特別愛讀《左氏春秋傳》和《孫子兵法》。這為他日後的軍事生涯打下了基礎。

長期的勞動使他受到很好的鍛鍊。他身強體壯，在未成年時就已能拉開三百斤的硬弓。永和鄉有個老人叫周同（周侗），擅長弓箭，岳飛便拜他為師，很快學會一手好箭法，並能左右開弓。岳飛的外祖父也特別喜歡岳飛的為人，請本地槍手陳廣傳授岳飛「技擊」，讓岳飛槍法高超，成為「一縣無敵」的人。

年輕的岳飛平日少言寡語、深沉寬厚，但生性剛直，心裡想說什麼，絕不會有所顧忌。他對師長非常尊敬。師父周同去世後，他每逢初

一、十五，必定準備酒肉到周同墳上祭拜。

政和八年（西元一一一八年），岳飛十六歲，由父母作主，娶妻劉氏。第二年生下長子岳雲。為了養家活口，他不得不到鄰近的安陽縣韓姓大地主家當佃客，後來又在安陽的商市做過「游徼」（巡查員）。工作之暇繼續練習武藝。

▍秦檜遺臭萬年

這時，正是宋徽宗趙佶統治的年代。宋徽宗是一個腐朽荒淫的皇帝。正當宋朝統治者縱情享樂的時候，長期生息在東北的女真族興起，政和五年，在松花江邊建立起女真奴隸主的金政權。以後，金國勢力大張，宣和七年（西元一一二五年），金兵滅遼。幾個月後，金兵繼續南侵，逼近宋的都城汴京（河南開封）。宋徽宗聞訊，驚恐萬分，急忙宣布退位，將皇位傳給皇太子趙桓，是為宋欽宗。

宋欽宗也是一個十分昏庸的皇帝，既貪生怕死，又妒賢忌才。靖康元年（西元一一二六年）正月，金軍兵臨城下。閏十一月，金軍攻人汴京，把城裡的財物搶劫一空，又驅趕徽宗、欽宗和后妃、宮女等幾千人撤出汴京，北宋王朝就這樣滅亡了。

岳飛飽讀兵書、嫻熟武藝，早就盼望有一天能夠投身疆場，殺敵報國。當初真定府路安撫使招募「敢戰士」時，他即前去應募。安撫使慧眼識真金，非常器重這個年輕人，派他當一名「十隊長」。不久，岳和在湯陰病故，岳飛便離開軍隊，回去料理喪事。

宣和六年，岳飛去河東路平定軍（山西平定）再次投軍，當「效用士」，不久升為偏校，即下級軍官。靖康元年六月，岳飛帶一百多名騎兵作「硬探」，到慶陽、榆次一帶偵察金軍動靜。突然，遇到大隊金軍，戰士們毫無準備，驚慌失措，只有岳飛鎮靜自若，揚鞭策馬衝入敵陣，殺

死幾名金騎兵將領。敵人畏怯，不敢逼近。後因隊伍被金軍打散，岳飛隻身回到相州。

靖康元年十二月初，康王趙構在河北相州建立大元帥府，自己擔任「天下兵馬大元帥」，下令招募義勇民兵。相州許多窮苦百姓為了保衛鄉土，紛紛從軍。岳飛也經人介紹，參加趙構統率的軍隊。從此，他一直堅持在抗金戰爭的最前線，為挽救民族危亡而英勇戰鬥。

某次，岳飛帶領一百名騎兵在滑州練習冰上騎射。那時，天氣極其寒冷，連黃河都結起很厚一層冰。忽然發現金軍大隊人馬從冰上飛馳而來，岳飛見敵我懸殊，沉著地對部下說：「敵人雖然人數很多，但是一點也不知道我軍的虛實。乘他們喘息未定的時候，我們給予迎頭痛擊，一定能夠打敗他們！」話剛說完，他就騎著戰馬，衝向敵群。金軍中有一名軍官揮舞大刀迎上前來，岳飛揮刀砍去，刀鋒砍進對方大刀一寸多。岳飛奮力拔出，手起刀落，殺死敵軍官。騎兵們乘機猛衝掩殺，把金軍打得大敗而逃。岳飛因軍功升為秉義郎（從八品的武官）。

▌南北轉戰立奇功

靖康二年初，岳飛在宗澤領導下曾兩次小勝金軍。一次在開德府（即澶州）與金軍接戰，岳飛兩箭射死兩名扛旗的金兵，然後策馬突擊，打敗敵人。另一次在曹州（山東曹縣西北），岳飛披散頭髮，揮舞四刃鐵簡，率先攻打敵陣。宋軍緊跟其後，無不以一當百，終於大敗敵軍。

趙構在河北、京東一帶徘徊了幾個月，眼睜睜看著汴京淪陷，徽宗、欽宗被俘北去，然後在五月初一於南京（河南商丘南）登基，重建趙宋王朝，將靖康二年改為建炎元年。為了標榜「中興」，趙構起用在軍民中威望很高的李綱為右相，副元帥宗澤知開封府兼東京留守；同時，任命寵臣黃潛善為中書侍郎，汪伯彥為同知樞密院事。在朝廷上，李綱盡

心竭力為抗金鬥爭進行部署，然而獨木難支，終究阻擋不了趙構等人一心想避地東南的逃跑企圖。

岳飛不顧自己位卑言輕，決定上書給皇帝趙構。他在幾千字的奏書中，堅決反對向南逃跑，力請趙構返回汴京，撤銷巡幸三州的詔令，親率六軍北渡黃河，這樣將帥一心，士兵作氣，一定可以恢復中原。這道奏書進呈後，觸怒了趙構和投降派，便加以「小臣越職，非所宜言」的罪名，把岳飛的官職剝奪了。這對岳飛是個不小的打擊，不得已，他一人寄居旅邸，鬱鬱寡歡。

閒居二個月後，岳飛難以壓抑心中報效國家的強烈意願，決定投奔河北路招撫使張所。張所是一位愛國將領，這時他正置北京（大名府），招募義勇民兵、蓄積力量，準備反攻。張所素知岳飛有勇有謀，見到岳飛就問道：「聽說你作戰勇冠三軍，你自己衡量能對付多少敵人？」岳飛回答說：「光憑勇敢是靠不住的。用兵首先要有謀略，謀略是決定戰爭勝敗的關鍵。」張所感到岳飛的話很有道理，不覺肅然起敬。請岳飛坐下暢談。談到當前局勢，岳飛慷慨陳詞、淚流滿面，矢志以身許國。張所很賞識岳飛的膽略，任命他當中軍統領，不久升為統制，編置在都統制王彥的統轄之下。

這一年秋天，張所被投降派捏造罪名罷官，朝廷改派王彥接替張所任河北招撫使。王彥集合了岳飛等十一名將官，率領部眾七千人，渡過黃河，攻擊金軍。到衛州新鄉縣（河南新鄉），岳飛帶領所部戰士與金守軍鏖戰。岳飛親自奪取金軍的大旗，不斷揮舞，將士們呼聲震天，個個奮勇爭先，終於收復新鄉縣城，活捉金軍。接著，又打敗金軍萬戶王崇。

岳飛接著又帶著戰士與金軍大戰於侯兆川（今河南輝縣）。在大戰前，岳飛鼓勵部下說：「我軍兩次打敗敵人，敵人一定會竭盡全力來反

擊。我們人數少，為了爭取勝利，凡不服從命令、不奮勇殺敵者，一律斬首。」兵士們同仇敵愾，個個奮勇爭先，作殊死戰。在激烈的戰鬥中，兵士傷亡很多，岳飛自己也受傷十多處，終於大敗金軍，俘獲大批金軍和戰馬。

經過幾次攻守，金朝以為宋朝派來了大批人馬，於是就派出了好幾萬人，把王彥、岳飛的營寨團團圍住。王彥、岳飛合計自己的人馬很少，武器也較簡陋，連戰必敗，為了儲存戰鬥力量，就決定突圍。

突圍後，由於孤軍作戰，兵員損失嚴重，補給供應不上，部隊陷入困境。王彥率主力退入太行山中。岳飛所率之軍多次擊敗金軍追擊，他曾手拿丈八鐵槍，單騎刺殺金軍將領黑風大王，使大隊金軍聞風逃竄。儘管獲得一些勝利，岳飛這支隊伍畢竟人數太少，自從跟王彥的主力分開後，越來越感到勢孤力單，難以長期堅持下去，於是決定一邊抗戰，一邊向南撤退。這年冬天，岳飛轉戰到汴京，再次投奔汴京、留守宗澤，宗澤委任他當留守司的統制。

宗澤在汴京加強治安、整頓社會秩序、團結各地流民首領、招募新兵、規劃戰具，使汴京重新成為抗戰中樞。宗澤還把全面反攻的計畫奏報朝廷。建炎二年春，岳飛在宗澤指揮下，在黃河以南連續跟金軍進行抗戰，獲得勝利。七月，宗澤不幸病逝。臨終前，宗澤勸勉部將們說：「你們能替我殲滅強敵，完成恢復之志，我雖死無恨！」他連呼三聲「過河」後死去。

宗澤過世後，朝廷派遣杜充接替宗澤在汴京的官職。他一抵達汴京，立即全面否定宗澤的政策。宗澤辛苦集結的武裝力量，見到杜充無意抗金，便紛紛離散，很快就損失了大半。岳飛原本不願受到杜充的限制，但他意識到汴京在抗金鬥爭中的重要性，因此下定決心堅守汴京。

這時，不斷傳來金軍大舉南侵、趙構已逃到江南的消息，杜充如坐

針氈，再也沒有膽量留在汴京，決定棄城逃跑。岳飛聞訊，立刻向杜充進諫。杜充主意已定，拒絕岳飛的忠告，逕自帶領部下退到建康（江蘇南京），岳飛也只好隨軍南下。趙構聽說杜充已經放棄汴京，到達建康，就命令他駐守建康，把防守兩淮和長江的責任交給了他。

這年冬天，金軍在阿骨打第四子兀朮率領下，再次大舉南侵，建康終於失守，杜充叛變降敵。岳飛率所部轉移至廣德軍（安徽廣德）。金軍也取道廣德向浙東出發。廣德軍經過金軍的蹂躪，百姓的糧食、財物早被洗劫一空。岳飛設法奪取敵人的給養來供給軍食，他自己跟普通士兵一樣過著艱苦的生活。當時，全軍將士經常挨餓，但岳飛約束部下，不准騷擾民戶，因此這裡的商市還照常營業。

建炎四年正月，岳飛率軍向北直到常州宜興（江蘇宜興）駐守，歸張俊統轄。這時的岳飛經過四年多的戰鬥，已更加成熟、老練，成為一個能征慣戰、智勇雙全的將領，他的部屬也鍛鍊成為一支鬥志旺盛的堅強隊伍。

金軍追趕趙構到海上，被宋舟師擊敗。兀朮這時擔心孤軍深入，被宋軍切斷後路，決定放棄南進計畫，由杭州班師北撤，一路大肆擄掠。金軍撤退到常州宜興。岳飛以逸待勞，給予金軍迎頭痛擊，連續四次打敗敵人。接著，岳飛率部緊跟金軍，一直追擊到鎮江。金軍撤退到鎮江，被浙西制置使韓世忠部隊打敗，後僥倖逃到建康。

宋廷命令岳飛收復建康城。岳飛立刻率領部下，趕到建康城南的牛頭山上埋伏。半夜，他派一百名戰士混到敵營中，擾亂敵軍。金軍在睡夢中驚醒，以為宋軍前來偷襲，營中一片混亂，以至自相殘殺。岳飛得知金軍正從建康城撤退，由靜安鎮（江蘇南京西北）渡江北去，立即帶領部下飛速趕到靜安鎮附近。這時建康城已經變成一片火海。原來兀朮在臨走時，下令殺光城內的居民，搶光所有財物，然後放火把所

有房子點著。岳飛和他的戰士們，遙遙望見建康城內火光沖天，聽到城內傳來的陣陣哭喊聲，個個怒不可遏。一聲令下，戰士們以翻江倒海之勢，衝向還沒有來得及撤走的敵人。岳飛持槍躍馬，在敵人隊伍中縱橫馳騁，如入無人之境；金軍急於北撤，毫無準備，被宋軍打得大敗。來不及渡江的金軍餘部，全被宋軍消滅。戰爭結束，統計戰果，擊斃敵軍不計其數，十多里內，金軍橫屍遍野；斬獲耳帶金環和銀環的金軍將領首級一百七十多個；活捉敵兵三百多名，其中女真人八名；繳獲馬甲一百九十多副，弓箭刀旗金鼓三千五百多件，岳飛成功收復了建康。

　　經過金軍洗劫後的建康城，幾乎成了一片廢墟。岳飛在建康駐紮不久，由於補給困難，便領兵回到宜興休整。

█ 孤軍挺進志復國

　　當岳飛在建康前線連傳捷報時，趙構小朝廷正在越州（浙江紹興）。岳飛派人將戰俘和戰利品押送到那裡，順便遞上自己的奏章。在奏章中，他極力陳述建康在軍事上的重要性，主張應派出重兵防守。他還報告最近張俊要派他駐守鄱陽（江西波陽），但江東、江西並不是敵人渡江南侵的必經之路，因此他自告奮勇，表示願意過江去淮南防守。

　　淮南主要包括今天的江蘇北部和安徽北部等地，牢牢控制這個地區是保障江南安全的必要條件。但趙構沒有理會岳飛的這個要求，只是虛與委蛇地表示嘉獎。

　　建炎四年七月，有一個官員上書朝廷，盛讚岳飛驍勇、沉著、剛毅，而謙虛、謹慎又像一名書生。他歷舉岳飛從河北投軍後到收復建康止，在各次戰役中所建立的功績，指出岳飛的威名已經傳遍了四方，但他仍然和普通士兵一起進食，保持嚴明的軍紀，絕不姑息民間的任何小過失。大將張俊從浙西入朝，也在宰相范宗尹面前保舉岳飛，范宗尹

一一轉達給趙構。趙構決定委派岳飛為鎮撫使，兼知泰州，負責防守揚州以東的地區，直接受浙西安撫使劉光世的統轄。

岳飛在得到朝廷委派後，不願上任。他希望到淮東、更接近金軍的前線地帶，負擔最艱難的任務。於是他上書趙構，陳述自己的心願。為了獲得朝廷的信任，他還在奏章裡提出，願把老母、妻子和兩個兒子留在後方當人質。趙構不理會岳飛的要求，堅持任命他去通、泰任職。岳飛只好服從，九月初進入泰州城。

當時，金兵已攻下承州，正在圍攻楚州（江蘇淮安）。楚州位於淮河、運河的交會口，是由淮北到淮南的交通要道，也是宋朝在淮南的一個軍事重鎮。趙構小朝廷得到楚州被圍的消息，先後派神武右軍都統制張俊和浙西安撫大使劉光世去楚州援救。他們都不敢親自過江。

在這種情況下，朝廷只得命令岳飛領兵救援楚州。岳飛接到命令後，便差統制官張憲守泰州，自己率主力到三墩安營紮寨，聲援楚州。隨後就進軍承州。在承州境內近一個月的時間裡，岳軍與金軍重兵大戰三次，每次都獲得勝利。

岳飛這次挺進淮南，實際上處於孤軍作戰的局面，他曾幾次請求劉光世增派一、兩千名士兵，調撥十幾天的軍糧，以便激勵士卒，解楚州之圍。但劉光世始終未允，這樣，岳飛也難以把軍隊直接開到楚州去跟敵人作戰。

在糧盡援絕的情況下，九月底，楚州城被金兵攻破。知州趙立英勇犧牲。楚州淪陷後，岳飛只得退回泰州，加緊布置防禦工作。浙西安撫大使劉光世為了推卸不救楚州的罪責，竟然向朝廷一再聲稱，承、楚兩州的失陷，完全是因為岳飛拖延時間，否則一定能打敗承州的敵軍和解救楚州之圍；但朝廷並未加罪岳飛。

金撻懶攻下楚州城後不久，帶領二十萬人沿著大運河轉向泰州，他

首先進攻泰州的水寨。張榮一直堅持到十一月，後來只好放棄水寨，率領水軍向南轉移。泰州地勢平坦，沒有山嶺可以依靠，唯一的優勢是湖泊和河流。水寨失守後，泰州城完全暴露在金軍的攻擊之下，岳飛的軍隊已經失去任何可以依賴的地形優勢。這時，往湖州催督軍糧的使臣空著手回來報告說，湖州知州藉口尚未接到朝廷命令，拒絕調撥。在這種困難情況下，岳飛猜想敵我力量過於懸殊，決定放棄泰州城，向南撤退。岳飛軍由柴墟渡過長江，移屯江陰，隨即把失守的消息報告朝廷，聽候治罪。朝廷下令答應他率軍在江陰採集糧食，全力防守金軍過江。

▌艱苦轉戰收失地

後來，金軍改變策略，集中東、西兩路兵力征服陝西和四川地區。兀朮引主力進入川、陝作戰。在中原，則扶植漢奸劉豫建立齊國，作為金、宋中間的緩衝，讓宋不能直接威脅金朝，而金朝可以隨時透過齊國攻打宋朝。

金朝統治者還施展了一條更為毒辣的詭計，把已經投降的秦檜放回宋朝去當奸細。

秦檜年輕時在太學讀過書，考上進士後，擔任州學教授。北宋滅亡前夕，秦檜任御史中丞。金軍攻占汴京，準備立張邦昌為帝，秦檜獨自向金帥上書表示反對，要求由皇儲繼承宋朝的皇位，因此頗得聲名。金帥指名索要秦檜，成為俘虜。到北方後，秦檜見宋朝大勢已去，屈膝投降敵人，很快就成為撻懶的親信，隨軍為撻懶出謀劃策。秦檜曾替被金朝羈留的宋徽宗起草文稿，呈送金帥完顏宗翰，文稿的主要內容是為金朝獻計：與其出兵遠征，勞師動眾，不如派回一名宋廷舊臣，讓他勸諭南宋皇帝自動歸順、世代臣屬、年年納貢，這樣就可以「不煩汗馬之勞，而坐享厚利」。這個計策雖然沒有立即被完顏宗翰採納，秦檜由此卻

更受金朝統治者的賞識。金兵圍攻楚州時，秦檜及其妻子王氏都在撻懶軍中，任隨軍轉運使。金軍攻下楚州後，秦檜帶著王氏以及四、五名隨從坐船從海上到達浙東。

秦檜突然歸來，引起許多官員的懷疑。只有宰相范宗尹跟秦檜是老相識，在趙構面前極力推薦秦檜「忠心」，因而得以見到趙構。秦檜一見趙構，就兜售「議和」妙策。他說：「如果要讓天下平安無事，必須是南自南，北自北。」建議與金議和，還請求趙構寫信給撻懶「求好」。第二天，范宗尹進呈由秦檜代趙構草擬的一份透過撻懶向金朝求和的國書，趙構看後說：「秦檜樸忠過人，朕得到了他，高興得一夜都睡不著覺。」任命秦檜為禮部尚書。三個月後，即紹興元年（西元一一三一年）二月，升為參知政事。七月，范宗尹罷宰相職。秦檜看到朝廷缺相，圖謀奪取宰相高位。他聲稱：「我有兩個計策，可以聳動天下。」有人問他為什麼不說，秦檜回答：「如今沒有人當宰相，不好實行啊！」這話傳到趙構耳中，加上正好有一些大臣暗中推薦秦檜，就在八月提拔他當右相兼知樞密院事，秦檜便在朝中網羅官員為自己的黨羽。

次年七月，左相呂頤浩出師回到朝中，與秦檜意見不和。八月，殿中侍御史黃龜年彈劾秦檜「專門主張和議，阻礙國家恢復中原故土的長遠計畫」、「培植黨羽，獨專大權」等罪。呂頤浩也向趙構極力揭露秦檜。趙構向兵部侍郎說：「秦檜說『南人歸南，北人歸北』，朕是北人，該歸哪裡？」又說：「秦檜做宰相已經幾個月了，說要聳動天下，可是到現在還沒有聽說什麼。」於是將秦檜罷免相位，並且在朝堂出榜宣告，朝廷「永不復用」。秦檜的黨羽也被驅逐一空。

從紹興元年到紹興三年，岳飛前後三年馳騁在江西、湖南等地，既平定了叛亂武裝，也鎮壓了農民起義。他從這些武裝力量中收編一部分精明強幹的士兵，用來補充隊伍，繩以紀律，使自己的部隊逐漸發展成

一支擁有近三萬人的勁旅。岳飛逐漸成為與劉光世、韓世忠、張俊相提
並論的大將。紹興三年九月，岳飛帶著長子岳雲，到臨安府（浙江杭州）
朝見趙構。趙構賞給岳飛父子衣甲、馬鎧、弓箭、戰袍、戰馬等物，又
賜給軍旗一面，上面繡著趙構親寫的「精忠岳飛」四個大字。岳飛被提
升為鎮南軍承宣使、神武後軍都統制、江南西路舒蘄州制置使，在江州
（江西九江）、興國軍（湖北陽新）、南康軍（江西星子）一帶駐軍防守。

　　同年十月，劉豫軍隊切斷了朝廷通向川、陝的交通，也直接威脅湖
南、湖北的安全。岳飛接連不斷地向朝廷寫奏章，建議及早進兵中原，
收復襄陽等六州。在奏章中，岳飛指出襄陽等六州地形險要，是恢復中
原的基本。他已經厲兵秣馬，只等朝廷批准，立即北向。宰相朱勝非和
參知政事趙鼎都是主戰的人物。朱勝非完全支持岳飛的建議。趙鼎也指
出：「熟悉上流利害，沒有人比得上岳飛。」在朱勝非和趙鼎的勸說和
鼓勵下，趙構勉強同意岳飛的計畫，任命岳飛為制置使，把收復襄、鄧
等州的重任完全託付給他，並把熟悉襄漢一帶地利的勇將牛皋調到他
軍中。

　　五月初一，朝廷命岳飛領兵出征。岳飛大軍出發的那天，以繡著
「精忠岳飛」四字的大旗在前引導，士兵們浩浩蕩蕩地離開江州（江西九
江），沿江西上，經過鄂州，在初五到達郢州（湖北鍾祥）城外。

　　郢州城的偽齊守將荊超驍勇強悍，有「萬人敵」之稱，擁兵一萬多
人。岳飛派張憲去勸說荊超歸降。荊超恃勇拒絕，還在城頭上肆無忌憚
地辱罵。岳飛怒不可遏，命令全軍一旦攻下郢州城，一定要活捉這個無
恥之徒，重重治罪。

　　第二天拂曉，岳飛在郢州城外擺開陣勢，播起戰鼓，命令全軍發起
攻擊。戰士們齊聲吶喊、冒著箭雨、奮勇登城！守城的金、齊軍早已聽
說「岳爺爺」和岳家軍的厲害，現在親眼看到岳飛的軍隊無比勇猛，早已

嚇得六神無主，勉強抵擋一陣後，邊戰邊退。沒過多久，岳家軍占領了城頭，開啟城門，放下吊橋，大軍乘勢衝進城內，殺死敵軍七千人。荊超走投無路，跳崖自殺。

岳飛旗開得勝，一舉攻下郢州。稍事休整後，即派張憲、徐慶分兵攻取隨州（湖北隨縣），岳飛親自領兵直趨襄陽府。

襄陽府守將李成原是岳飛的手下敗將，探知郢州已經失守和岳飛提兵壓境，急忙引兵出城四十里，準備迎戰。雙方交戰，李成軍前排的戰馬都被岳家軍的長槍刺中，後排無路可退，連人帶馬被擠進江中。李成的步兵被岳家軍的騎兵來回衝殺，死傷無數。李成軍大敗，連夜狼狽逃跑。岳飛順利地收復了襄陽府。

張憲、徐慶帶兵往東攻打隨州，連攻一個多月，還是沒有得手。岳飛得報，派牛皋前去支援。牛皋臨走，請求帶三天的糧草，不等糧草用盡，便攻下了州城，俘獲知州王嵩以下五千人。此後，岳飛按照預定的計畫，在不到二個月的時間內，迅速收復襄、鄧等六州，有力地保衛了長江中游，開啟川陝通向朝廷的道路。與此同時，擊潰了偽齊的主力李成大軍，偽齊從此一蹶不振。

岳家軍本來可以乘勝長驅直入，收復中原更多失土。但是，趙構並非真想收復中原，他只是迫於情勢，不得不派岳飛出兵。他害怕過度刺激金朝統治者，會招惹對方更大的報復。所以在岳飛領兵出發之前，就用「三省、樞密院同奉聖旨」的名義告誡岳飛：這次出兵，只准收復襄陽等六個州軍的土地，不得越出這個界限；敵軍逃遁出境，不需遠追；不得提出「提兵北伐」、「收復汴京」之類的口號；此仗打完，大軍回江上屯駐。遵照這些規定，岳飛在收復六州後，很快就任命新的地方官，分撥人馬鎮守，安頓流亡百姓，然後下令班師，帶領大軍回到鄂州。

岳飛的這次勝利，是南宋抗金戰爭中一次重大的勝利，增強宋朝軍

民抗敵的勇氣和信心。

襄、鄧前線捷報傳到臨安，朝野一片歡騰。岳飛被提升為清遠軍節度使、湖北路荊襄潭州制置使，兼管新成立的襄陽府路（包括襄、鄧六州）。不久，進封武昌郡開國侯。宋朝建國以來，節度使成為貴族和官員的最高榮譽職位，從來不輕易授人。這時，宋朝帶節度使銜的，只有劉光世、韓世忠、張俊三名大將。岳飛以三十二歲的年齡而持節封侯，這在當時是史無前例的。

挺進河南反議和

紹興六年二月，堅決主張抗金的張浚以宰相兼都督諸路軍馬事的身分，召集各路將領商議北伐，岳飛進駐襄陽府，準備收復中原。臨行，張浚勉勵岳飛說道：「這件事是你的宿願，希望你好自為之。」

七月，岳飛派牛皋、王貴、董先率領偏師攻打偽齊的鎮汝軍。牛皋、王貴等率領的岳家軍到達唐州後，得悉薛亨再次來犯，立即出城迎戰，經過一番激戰，薛軍大敗，薛亨和偽齊河南府中軍統制郭德等七人被活捉。八月下旬，岳飛派王貴等攻取盧氏縣，全殲偽齊守軍，繳獲糧食十五萬石，進而攻下虢略（河南靈寶）、朱陽（河南靈寶西南）、欒川（河南欒川）等虢州其他三縣。九月初，岳飛命王貴派偏將向西收復商州（陝西商縣），向東經欒川攻克順州（今河南嵩縣西南）。

岳家軍這次主動出師進攻，收復了伊（水）、洛（水）的險要之地，聲震河、洛，在軍事上給敵人沉重打擊。同時，奪取和燒毀了大批糧食和物資，使敵人在經濟上受到很大損失。

十月底，金與偽齊軍抽成數路向岳飛防區反撲，企圖奪取淮河上游地區。岳飛指揮統制官王貴、寇成、崔邦弼等，逐路粉碎敵人的進攻。十一月初，岳飛親率大軍深入蔡州城下。他看到蔡州的城壕又深又闊，

城頭上敵人防守嚴密，自己的軍隊只帶了十天口糧，難以進行曠日持久的攻堅戰，因此決定撤兵。

狡黠的劉豫得知岳飛從蔡州撤兵的消息，派李成、孔彥舟等尾隨在後，打算在岳家軍的歸途中伺機狙擊，然後直搗鄂州。岳飛撤兵時，命董先、王貴等帶領部分人馬在後掩護。董先、王貴等撤到唐州境內名叫牛蹄的地方，李成等帶兵追到。金與偽齊幾千名騎兵正在渡河，董先領兵衝殺過去，敵騎擁入河中，死傷極多，董先所部活捉敵騎三千多名，繳獲戰馬兩千多匹及衣甲、器仗等物。不久，岳飛統率大軍回來救援。李成等人遙遙望見岳家軍，嚇得六神無主，急忙奪路逃走，岳飛領兵渡過泌河（河南境唐河），追趕三十多里，生俘偽齊將領幾十人、兵士幾千人。回到鄂州，岳飛因為這次戰功，官階由少保提升為太尉。

劉豫連續派兵南侵，屢屢失敗。紹興七年（西元一一三七年）十一月，金下令廢黜劉豫為蜀王，取消齊國政權。撻懶等人主張將河南、陝西地區歸還給宋朝，要求趙構向金稱臣，貢納歲幣。金熙宗與群臣議定後，就將宋朝在金的使臣王倫放回，讓他回去報告金朝准許和議的消息。

十二月，王倫向趙構轉達了撻懶的口信，還把金朝允許歸還「梓宮」（徽宗的靈柩）和皇太后，以及退還河南各州等事告訴趙構。趙構得報大喜，立即厚賞王倫，決意加緊與金議和。為了準備和議，趙構重新想起秦檜，認為秦檜是求和的最佳人選，於是不顧幾年前釋出的「永不復用」秦檜的命令，第二次任命他為右相兼樞密使。

秦檜再次任相，完全摸透趙構急於求和的心理，便盡力迎合；同時，打擊和排擠所有反對和議的官員，扶植黨羽。許多大臣都因反對和議而相繼被罷官。

秦檜與趙構沆瀣一氣，十分露骨地向金朝統治者求降，引起宋朝文

武官員和廣大人民的激烈反對。福建安撫大使張浚連續五次上書，駁斥秦檜等人的謬論。韓世忠連上十多道奏章，要求拒絕議和，發兵決戰。吏部尚書張燾等聯名上書反對。臨安城內外連續喧騰了好幾天，街頭巷尾出現了「秦相公是細作」的匿名張貼，甚至有些人準備要刺殺秦檜。

在全國上下反對與金議和的熱潮中，岳飛一直在準備對金用兵，策劃如何北伐。他要求朝廷乘金人廢劉豫之機，發兵出征，以雪積年的恥辱。他寫信告訴樞密副使王庶說：「今年如果再不舉兵北上，我當納節請求退閒。」隨後，又上奏書說：「我們對金國的深仇大恨，每一天都不應該忘記。臣願意帶領戰士收復三京（汴京、西京、南京）陵墓，然後設法攻取河北，恢復舊疆。」岳飛到臨安朝見趙構，趙構把金朝派遣使者議和的情況告訴岳飛，岳飛回答說：「敵人難以相信，和好難以依靠，宰相（秦檜）不好好地替國家著想，恐怕要叫後代人譏議。」這一席話說得趙構沉默不語。趙構當然最清楚，與金議和是他的既定國策，秦檜不過是積極推行者；岳飛說後代人將譏議秦檜，實際上更主要的是譏諷他這個皇帝。

紹興八年十二月，秦檜以宰相的身分，到臨安金朝使臣的賓館，跪拜在金使的腳下，誠惶誠恐地接受了金朝的詔書。金朝答應把陝西、河南「賜還」給宋朝，並歸還徽宗及其皇后的靈柩；宋朝向金稱臣，每年進貢銀二十五萬兩、絹二十五萬匹。趙構、秦檜就這樣使宋朝變成了金的屬國。紹興九年正月，趙構以和議達成，布告全國、大赦天下，以示慶祝，滿朝文武百官也因之加官晉爵。

岳飛在接到朝廷頒發的議和赦令後，必須上表致謝。在謝表中，岳飛再次申述他一貫反對「和議」，堅持抗敵的主張。他列舉一些歷史事實來證明「夷虜」背信棄義，往往盟約的墨跡未乾，他們便又興師侵犯中原。為了暫時解除國家的危難而議和，絕不是長遠之計。為了國家的

前途，他堅決表示願意制定方略，收復河東、河北，直搗燕雲，為國復仇。岳飛這篇充滿愛國心的謝表，道出了廣大愛國人士的心聲，士大夫們爭相傳誦，以至於很快就家喻戶曉。這篇謝表實際上變成一道討伐投降派的檄文，因此，秦檜對岳飛恨得咬牙切齒。

為了粉飾太平，獲得武臣對「和議」的支持，趙構授予劉光世、張俊、韓世忠三大將新的封號和官爵，也晉升岳飛為開府儀同三司。岳飛連上四奏，提出了辭退新頭銜的要求。在奏章中，他指出「虜情奸詐」：「現今的情勢是只能引以為危而不能引以為安，只足以使人憂慮而不足以使人祝賀；應該加緊訓練士兵以備不測，而不應該論功行賞被敵人恥笑。」要求朝廷追回成命，以便「保全臣節」。

岳飛堅決反對議和，引起趙構的不滿，更引起秦檜的仇視；但他們自己心虛，對岳飛一時也無可奈何。

▌傳捷報頻傳反班師

紹興九年秋，金熙宗以謀反的罪名處死了撻懶等大臣，提升兀朮為都元帥。兀朮認為，把陝西、河南疆土歸還給宋朝是最大的失策，決意發兵奪回，並進一步滅掉南宋。紹興十年五月，金熙宗採納兀朮等人的建議，撕毀和約，下令元帥府伐宋。金兀朮決定一改秋季出戰的常規，在盛夏用兵。金軍抽成四路，向宋發動大規模的進攻。在短短一個多月的時間裡，金朝歸還的土地重新全部陷落。

趙構和秦檜慌了手腳，急令各軍分頭進行抵抗。

岳飛接到趙構命令他「乘機戰勝」金軍的親筆詔書，立刻調兵遣將，準備出擊。這時，順昌被圍，情勢危急，岳飛派遣張憲、姚政帶領一支兵馬，日夜兼程趕去支援。岳飛自己則統率大軍，從駐地鄂州出發，大舉北伐。

　　六月十三日，岳飛部將牛皋深入京西境。牛皋旗開得勝，大敗李成的金軍。二十二日，岳飛大軍到達德安府（湖北安陸）。這時，趙構和秦檜派出「計議軍事」的特使，司農少卿李若虛也來到這裡。李若虛向岳飛傳達趙構「兵不可輕動，宜且班師」的旨意。原來趙構在發出「乘機戰勝」金軍的命令後，很快就感到後悔。他和秦檜合計，覺得金軍兵強馬壯，本朝軍隊能否招架得住，實在難說。所以又派出李若虛等三名文臣，分別到岳飛、韓世忠、張俊三大將的軍營中，以「計議」軍事為名，實際上是命令他們對敵人不得主動進攻，只能採取守勢。岳飛聽完李若虛的傳達，立即表示拒絕。李若虛看到岳飛的態度如此堅決，不禁受到感動。他對岳飛說：「皇上的旨意只是說不宜輕動，現在大軍既然已經出發，勢必不能再退回去。朝廷如果追究不肯奉命停師之罪，由我一人承擔。」岳飛得到李若虛的支持，信心倍增，便按照原本的計畫，繼續向北推進，派王貴、牛皋、董先、楊再興、孟邦傑等提兵分路進攻河南各州，又命梁興帶領游擊軍渡過黃河、重返河北，會合忠義民兵，剿殺金賊，奪取河東、河北州縣，切斷和騷擾金軍的供應線。岳飛自己率領主力，正面推進，以掃清汴京外圍。正式發兵的那天，岳飛跟部將們告別說：「希望你們好好努力，讓我們收復河北後再勝利會師吧！」

　　二十三日，岳家軍的先頭部隊進入陳州（河南淮陽）、蔡州境內。閏六月二十日，前軍統制官張憲及傅選引兵攻克潁昌府（河南許昌）。二十四日，張憲領兵乘勢收復了陳州。

　　岳家軍分兵進擊，在短短四十多天時間內，先後收復了中原許多重鎮，對汴京形成了弧形包圍圈。岳飛清楚地知道，自己的軍隊雖然殲滅許多敵人，奪回一些城市，但因占地廣大，造成兵力分散；同時，兀朮親率的金軍精銳尚未被消滅。因此，岳飛決定主要進攻兀朮一軍。這時，岳家軍有十萬人，岳飛故意分散兵力，自己僅以少數輕騎駐守郾城

（河南郾城），佯示郾城防禦力量十分薄弱，同時，每天派一支小部隊向金軍挑戰，讓兵士們在陣前痛罵敵人，引誘兀朮出戰。

七月初八，兀朮偵知郾城兵力很少，便集中兵力，抄小路進逼郾城。在郾城以北二十多里的地方，宋、金兩軍相遇，各自擺下陣勢。岳飛首先命令長子岳雲道：「你帶領兩支騎兵直闖敵陣，一定要得勝；否則，先斬你的頭！」岳雲得令，揮舞雙錘、衝向敵陣，與金將鏖戰幾十回合，殺死大批金兵，繳獲戰馬幾百匹。

兀朮眼見無法取勝，決定孤注一擲，出動「鐵浮圖」和「枴子馬」這兩支騎兵，共一萬五千人，向岳家軍殺來。「鐵浮圖」又稱「鐵塔兵」，是頭戴雙層鐵盔，身披重甲的騎兵，以三匹馬為一組，用皮帶相連；他們的後面放著拒馬，用來阻止戰馬後退；戰馬每前進一步，拒馬便前移一步。鐵浮圖常常擔任正面衝鋒的任務，推進時就像一堵鐵牆，對敵軍造成極大的危脅。鐵浮圖的左、右兩翼，配備著叫枴子馬的輕型騎兵，常常在跟敵軍戰鬥到白熱化時突然出擊，往來衝殺。兀朮曾用這兩支騎兵多次大敗宋軍，因此有「常勝軍」的稱號。

岳飛早就盼著兀朮能傾巢出兵，等敵軍臨近陣前，他立即命令步兵拿一種叫「麻扎刀」的人刀和大斧上陣。步兵們彎著身子，低著頭，用刀斧專砍馬足。馬一摔倒，人就跟著摔了下來；一匹馬躺下，另兩匹馬就無法前進。兩軍短兵相接，一場驚心動魄的大決戰開始了！激戰幾十回合，岳家軍步、騎密切配合，戰士個個奮勇爭先，從午後一直殺到天色將黑，金軍鐵浮圖紛紛倒地，枴子馬非死即傷，金軍終於全線崩潰了。兀朮帶著殘兵敗將，急忙向北逃跑。岳家軍一路猛追，直殺得金軍屍橫遍野、棄甲如山。兀朮看著七零八落的人馬，不禁嚎啕大哭，說道：「從海上起兵，全靠鐵浮圖和枴子馬打勝仗，現在一切都完了！」

郾城之役大勝之後，岳飛預料兀朮必定還會捲土重來，就命令岳雲

從速帶領背嵬軍前往潁昌，支援駐守在那裡的王貴。果然不出岳飛所料，兀朮重整旗鼓，糾集了步兵十萬人、騎兵三萬人，向潁昌府殺來。兀朮在西門外擺開一字陣，長亙十多里，陣地上金鼓震天。岳雲手執雙錘，帶著八百名騎兵，正面衝殺，兩翼步兵跟著推進。從上午到中午，雙方血戰幾十回合，殺得人變血人、馬變血馬。正當兩軍不分勝負、相持不下的時候，董先帶領一支生力軍從城中殺出，金軍抵敵不住，全線崩潰；岳家軍乘勢迫殺，大獲全勝。戰爭結束，戰場上橫七豎八地躺著五千多具金軍的屍體，其中包括兀朮的女婿。岳家軍還俘虜了兩千多名戰俘，繳獲兩千多匹戰馬、十枚金印。兀朮狼狽逃走，副元帥身受重傷，抬到汴京時即已身亡。

經過許多次戰役，尤其是郾城之戰，岳家軍展現出強大的戰鬥力。金軍被岳家軍打得聞風喪膽。他們不得不承認：「撼山易，撼岳家軍難。」形勢對岳家軍極為有利。岳飛向趙構上書，報告河北人民盼望宋軍前去解救、金兀朮已命令其老小渡河北撤的消息，指出現在正是「陛下中興之機，金賊必亡之日」，如不乘此機會，必定留下後患。他請求儘早命令各路兵馬火速並進，發動總反攻。與此同時，岳飛親自帶領全軍從郾城繼續北上，進軍朱仙鎮，距離汴京只有四十五里了。困在汴京城裡的兀朮，在前有岳家軍，後有忠義民兵的夾擊下，幾乎成為甕中之鱉。為了挽救自己覆滅的命運，兀朮一度傾巢出動，帶領十萬兵出城，與岳家軍對陣。岳飛用騎兵出擊，擊敗金軍。兀朮抱頭鼠竄，連夜逃回了汴京。

朱仙鎮之捷，更增強了岳飛乘勝渡河、收復河北的決心。他再次上書趙構，要求深入敵境、恢復舊疆、報亡國之恥。他急切盼望朝廷能批准他的請求，發出渡河進軍的命令。他鼓勵部下：「這一次進軍，直搗黃龍府，一定跟大家喝個痛快！」這時，河東、河北的忠義民兵聽說岳家軍馬上就要渡河，都拿起武器、扛著糧食，或者頂盆焚香，準備迎接。

大批百姓擁向黃河北岸，等待岳家軍。金軍看到這種情景，又急又懼，但卻束手無策。燕京（今北京市）以南，金朝的命令失效了。兀朮企圖徵兵繼續頑抗，河北各州沒有一人願意從軍，不僅漢族百姓進行抵制，連女真族百姓也痛恨這場無休無止的掠奪戰爭。兀朮哀嘆道：「自我起兵北方以來，沒有像今天這樣挫敗過。」他不敢再戰，只求能安全撤回北方。

正當宋朝軍民精神振奮，迎接即將到來的勝利時，突然從臨安傳出一個驚人的消息。原來趙構既怕岳家軍打敗，又怕岳家軍全勝。打敗了，南宋小朝廷難保，他自己可能淪為階下囚；全勝則又擔心岳飛功勳太大，有震主之威，難以駕馭。尤其令他擔心的是，若岳飛完全恢復失地，金將欽宗送回，自己就要把皇位讓給欽宗，這是他的一大煩惱。秦檜更怕岳飛打勝，因為他為金朝主子效勞，以主和起家。岳飛得勝之日，便是他性命難保之時。他摸透了趙構的心理，指使一名官員上書趙構說：「垷今兵弱將少、民困國乏，岳飛如果深入敵境，豈不危險！希望陛下命令岳飛暫且班師，待將來兵強將眾，糧食允足，再興師北伐，當可一舉而定，這才是萬全之計。」趙構本來就心懷鬼胎，一見奏書，正中下懷，立即下令各路大軍停止進擊，一律撤回原來的駐地。

岳飛接到朝廷的命令，一面請將士整裝待發，一面在七月十八日上奏力爭。他在奏章中說：「金賊屢次敗衄，銳氣喪盡，內外震駭，打算棄掉輜重，迅速渡河。況且現今豪傑聞風響應，將士奮不顧身，天時人事，誰強誰弱，已一目了然。大功即將告成，時機不可輕失。」他堅決要求乘勝北進，擴大戰果。但是，岳飛的這個奏章還沒有送到臨安，趙構就在一天之內用金字牌發出十二道詔書，催促岳飛班師，理由是「孤軍不可久留」。金字牌是朱漆的木牌，長一尺多，上面刻著金字，是一種象徵，用來傳遞皇帝發下的特急件，按規定不分晝夜，鳴鈴走遞，一天行四百到五百里。

一道道詔書讓岳飛悲憤不已，他淚流滿面、悲傷地說：「十年的努力，一旦付諸東流！收復的各州，一朝全部丟棄。社稷江山，難以中興；乾坤世界，無由再復！」諸將也痛哭流涕。就這樣，岳飛被迫下令撤軍。在撤軍前，為防備兀朮聞訊派兵偷襲，故意放出風聲，說明天將要渡河。金兀朮害怕汴京城內百姓當岳家軍的內應，連夜棄城，北逃一百多里。

岳家軍班師的消息不脛而走，百姓們紛紛趕來挽留。他們擋住岳飛的坐騎，痛哭失聲地訴說：「我們頂香盆、運糧草、迎接王師，金賊知道得一清二楚；現今相公一走，我們就沒法活命了。」岳飛勒住馬頭、流著淚，拿出趙構的詔書，讓百姓們觀看，說：「朝廷有詔書，我不能不走！」他只好再三安慰百姓，勸他們南撤到襄、漢一帶。為此，他命令留兵幾天，掩護百姓撤退。

岳飛率軍從郾城班師，千古罪名「莫須有」

金兀朮聽說岳家軍已經撤走，不禁拍手叫好，緊接著便派兵重新奪占中原地區的許多州縣。金兀朮曾祕密寫信給秦檜說：「你一天到晚請求講和，而岳飛卻正想進攻河北，還殺死我女婿，此仇非報不可。必須殺了岳飛，才可以講和。」他向秦檜明確提出以害死岳飛為議和的條件。

紹興八年，岳飛多次要求增添兵力，趙構加以拒絕，說「寧可縮小防區，也不能添兵」。要防止「尾大不掉」。岳飛曾當面建議趙構早建皇儲，趙構更大為不滿，說：「武將不應干預朝政。」岳飛重創金軍主力，聲威大震，這在趙構看來是武將挾震主之威，更難以容忍。加上岳飛始終不斷反對苟安投降，堅持抗戰，以「直搗黃龍」為目標，這就更難被趙構所接受。

紹興十一年正月，金兀朮再次徵兵十多萬，侵犯淮西，趙構命令韓

世忠、張俊等大將合兵淮西。二月初，金軍已占領廬州。岳飛二月九日接到前往江州應援的詔令，稍作準備，十一日便領兵上道。三月四日，金兀朮採用酈瓊的計策，發兵急攻濠州，八天後破城。張俊會合楊沂中，回兵救援，為金兵所敗。接著，韓世忠在濠州附近也被金軍打敗。十三日，岳飛率部趕到濠州定遠縣（安徽定遠）。這時，張俊、楊沂中、韓世忠等部宋軍已經敗退，而金兀朮聽說岳家軍到，立即引兵退回淮北。

趙構和秦檜經過密議，以酬賞柘皋之捷的名義，把韓世忠、張俊、岳飛召到臨安。趙構任命韓世忠、張俊為樞密使、岳飛為副使。幾天後，宣布撤銷三大將的宣撫司機構，將所轄人馬直屬皇帝「御前」。

趙構和秦檜一舉剝奪了三人將的兵權，這是他們蓄謀已久的陰謀第一步。緊接著是解散三大將的軍隊，防止他們的部屬因懷念舊帥而違抗朝廷命令；同時，利用三大將的矛盾，逐個剪除。五月，趙構命令張俊和岳飛出使淮東，檢閱韓世忠的兵馬，籌措戰守之策。實際上，趙構和秦檜布置給張、岳的任務是拆散韓家軍、羅織韓世忠的「罪狀」。臨行前，秦檜向岳飛透露趙構的真實意圖，要他到韓家軍駐地去蒐羅韓世忠的「罪狀」。秦檜還假示關懷，要岳飛防備韓家軍叛變。生性耿直的岳飛立即回答秦檜說：「韓世忠已經升任樞府，楚州的軍隊就是朝廷的軍隊。公相（指秦檜）命我帶兵自衛，有什麼用處呢？至於叫我去蒐羅同列的陰私，只會使公相失望。」岳飛和張俊到楚州後，張俊按照秦檜的預謀，誣告韓世忠的心腹將領耿著，說：「耿著企圖動搖軍心，圖謀叛逆，而且還要韓世忠重掌兵權。」岳飛事先已經知道秦檜的陰謀，對韓世忠的遭遇極為感嘆，他說：「我和韓世忠一起為朝廷做事，不能讓他無辜受罪！否則，我就對不起他了。」於是立即寫信急報韓世忠。韓世忠得報，緊急求見趙構，哭訴了一場。趙構假裝不知道這件事，要秦檜審理耿著一案，

耿著因而得以免死，以刺配流放了事。

　　岳飛在韓世忠的問題上秉公盡義，因此更得罪了秦檜，也得罪了趙構。七月間，岳飛從楚州回到臨安。十六日，秦檜唆使右諫議大夫万俟卨首先發難，上書指責岳飛「爵高祿厚，志滿意得，日漸頹惰」。具體「罪狀」有二：一是柘皋之戰，違反詔旨，不及時發兵，很久才到蘄、舒；二是揚言楚州不可守，沮喪士氣，動搖民心。万俟卨請求罷免岳飛的樞密副使。趙構親自出面合作，且同意万俟卨的提議，說：「岳飛公然聲稱楚州不可守，修城有什麼用，這是因為將士久戍楚州而感到厭煩，想棄城到別處去，岳飛的用意是附和下級以釣聲譽，所以說出這種話來，叫朕去依靠誰！」秦檜乘機推波助瀾，說：「岳飛的話說到這個地步，而朝廷內外有的人還不知道。」接著，御史中丞何鑄、殿中侍御史羅汝楫也交章彈劾岳飛，大意跟万俟卨所說相同，請求趙構「速賜處分」。岳飛立即連上三奏，要求辭職。八月九日，趙構罷免岳飛樞密副使之職，改任萬壽觀使的閒職。

　　岳飛居閒後，既無兵又無權，但是，趙構和秦檜對岳飛的迫害並不到此止步。他們覺得岳飛雖已罷官，但他的愛將王貴和張憲仍分別擔任岳家軍的都統制和副都統制；同時，英勇善戰的岳家軍依舊存在，這些都讓他們不能放心。因此，他們又施展一系列陰謀詭計，以達到殺害岳飛和解散岳家軍的目的。

　　還在六月間，趙構和秦檜就已派林大聲為湖、廣總領官，不僅總管岳家軍糧餉，還有權統率各軍。林大聲到鄂州後，想方設法蒐集岳飛的資料，網羅敗類，企圖讓岳飛的部將們互相攻擊，然後牽連岳飛父子。岳飛手下有一個叫王俊的前軍副統制，屢次因奸貪而受到張憲的處罰，對張憲懷恨在心。林大聲覓到王俊，如獲至寶，便向王俊暗示秦檜的意圖。王俊受寵若驚，覺得這是難得升官發財的好機會，還可乘機報復

張憲。

林大聲和王俊經過精心策劃，由王俊出面捏造指控，聲稱張憲曾經跟他談過，計劃罷免岳飛的官職，並且打算調動大軍從鄂州移至襄陽，逼迫朝廷釋放岳飛，並將兵權交還岳飛；若朝廷派兵來剿，則請番兵幫助。王俊的狀詞破綻很多，最明顯的是張憲和王俊原本關係並不融洽，王俊又是盡人皆知、專事告密的無恥之徒，張憲絕不會跟他推心置腹，商議這種人事。

張憲原準備去臨安朝見趙構。等張憲經過鎮江時，王俊的誣告狀已送到張俊手中。張俊立即在鎮江將張憲拘押。根據宋朝的法制，樞密院無權審訊犯人，但張俊求功心切，不等將張憲解往臨安，就在行府私設刑堂。張俊使用種種毒刑，把張憲打得體無完膚，企圖逼迫張憲承認收過岳飛的親筆信，信上命令張憲設法使朝廷將兵權歸還岳飛，並把王俊叫來當堂對證。但張憲寧死不屈，不肯誣認。張俊見動刑和對證都無法讓張憲屈服，便假造供詞，上奏說張憲已供認「在收到岳飛文字後謀反」。

按照事先的策劃，不論指使王俊誣告，或者脅迫王貴、拷打張憲，無非是為了順藤摸瓜，以牽連岳飛父子。十月十三日，趙構傳下「聖旨」，命令在刑部大理寺設立制勘院，以審理此案，然後「聞奏」。於是岳飛和岳雲都被逮捕，押送到大理寺獄之中。與此同時，朝廷還出榜公布，說張憲一案「其謀牽連岳飛，遂逮捕歸案，設詔獄審問」。此案由趙構親自審理，可見關係重大。

岳飛被投入牢獄後，由御史中丞何鑄、大理卿周三畏共同審訊。何鑄原本附和秦檜，曾參與彈劾岳飛。審訊時，何鑄傳岳飛到庭，要岳飛交待「謀反」的罪行。岳飛撕開衣服、袒露背部，叫何鑄看他背上刺著的「精忠報國」四個大字。這幾個字深深透入肌膚，是他老母姚氏早年親手

刺的。何鑄不禁深受感動，在繼續審訊時，何鑄逐步發現王俊的狀詞、張俊的奏章等，都是無實據的誣陷之詞，說明岳飛蒙受不白之冤。他把這個看法稟告秦檜，秦檜聽罷，大為不滿，便向何鑄透露，這次逮捕和審訊岳飛不是他秦檜的主意，而是「聖上的意思」。何鑄不聽，仍然據理力爭，說：「我何鑄豈止是為了一個岳飛！強敵未滅，無故殺一名大將，會失去士卒的信心，不是社稷長久之計！」秦檜無言以對，憤憤而去。

何鑄為岳飛鳴冤，審訊工作自然毫無進展。趙構和秦檜就用別的名義，將何鑄調離御史臺，不久後又將他貶官。十一月二十一日，改由万俟卨、羅汝楫、周三畏等人重新審理岳飛這個案子。

万俟卨以前任湖北提點刑獄時，岳飛宣撫荊湖，曾對万俟卨很不客氣，万俟卨一直耿耿於懷。這次，万俟卨主動要求負責審訊岳飛，顯然不懷好意。岳飛和張憲第一次受審，被帶到堂上，蓬頭赤腳、渾身血染，戴著沉重的枷鎖鐐銬。万俟卨等人向岳飛大聲喝斥道：「國家哪裡虧待你們，你們兩人卻要謀反？」岳飛理直氣壯地說：「對天起誓！我絕對不辜負國家。你們既然主持國法，就不該構陷忠臣。否則，我到冥府也會與你們對質到底！」万俟卨又追問岳飛說：「你既然不想謀反，你記不記得遊天竺寺時，在壁上題有『寒門富貴在何時』一句，這是什麼用意？」羅汝楫等陪審官員一齊隨聲附和說：「你既然寫這些東西，豈不表示想造反嗎？」岳飛看著這些審訊官員，每個都是秦檜的黨羽，跟他們講道理有什麼用呢？不禁長嘆一聲說：「我現在才知道已落入國賊秦檜手裡，使我為國盡忠之心都白費了！」說罷，閉上眼睛，再也不說一句話，任憑獄卒拷打。

在以後的許多次審訊中，岳飛屢經酷刑的折磨，但始終以堅強的意志、非凡的毅力，忍受肉體上的極大痛苦，拒絕回答万俟卨他們提出的任何問題，拒絕承認王俊、張俊等人捏造的「罪狀」。為了表示抗議，岳

飛開始絕食。連續好幾天，岳飛一口粥也不吃。他終於病倒了。

秦檜、万俟卨還繼續派他們的黨羽搜檢岳飛的文書檔案，又派黨羽分頭到各地去羅致別的「罪證」。他們說，在當年淮西戰役中，岳飛故意藐視同朝大將，而且想殘害友軍。又說，岳飛有一次召集諸將開會，他忽然揚言：「國家今天的景況不得了啊！官家（指趙構）又不修德！」這是「指斥乘輿」，即攻擊皇帝。他們還說，幾年前，岳飛第一次當節度使時，曾經高興地向別人誇耀說：「我三十二歲建節，自古少有。」而在這個年紀當節度使的，只有開國皇帝宋太祖，這是與太祖皇帝相提並論，顯然懷有不測的野心。此外，還編造岳飛罷兵權後，曾命幕僚孫革寫信給張憲，叫張憲「採取措施，另行籌劃」，又指使張憲謊報金兀朮大軍侵犯襄、漢一帶，以使占據襄陽作亂。万俟卨等人還捏造了岳雲的一些罪名，說他寫信給張憲，要張憲想辦法把岳飛弄回軍中，並說這封信已經焚毀。

在這樣「罪狀明白」以後，万俟卨決定立即結案定罪。按照宋律，應該召集此案審訊官和刑部、大理寺官員一起集議。大理寺丞提出，岳飛的罪依法只可判處兩年徒刑，不應判死刑。万俟卨等人置之不理，仍然決定岳飛、岳雲、張憲三人犯下了「私罪」，應該判處岳飛斬刑、張憲絞刑、岳雲徒刑，並將所定罪名奏報朝廷，請趙構最後「裁斷」。

正當秦檜、万俟卨等人迫害岳飛時，朝廷內外許多主持正義的官員，展開營救岳飛的活動。一個宗室首領力辯岳飛無罪，他說：「中原未寧，禍及忠義，這是忘記二聖，不想恢復中原了。臣願意以全家百口，擔保岳飛沒有罪。」福建的一位普通人范澄寫信上告，說全國的百姓都不知道岳飛為何被抓進詔獄，但又怕指責為造謠惑眾，所以都不敢說話。宰輔大臣獻媚擄人，急於求和，陛下正下定決心恢復祖宗大業，豈可叫將帥們互相屠殺！希望陛下特予赦免、釋放岳飛。抗金名將韓世忠不顧

個人的安危，親自責問秦檜，秦檜含糊其辭地回答：「岳飛子岳雲寫給張憲書雖然不清楚，但是這件事莫須有（也許有）⋯⋯」，韓世忠聽了，義憤填膺說道：「相公，『莫須有』三字，何以服天下？」從此，「莫須有」成為冤獄的代名詞，後代還稱冤獄為「三字獄」。在趙構和秦檜操縱下，愛國的官員和士大夫的營救活動都徒勞無功。

岳飛被捕入獄後，趙構、秦檜加緊向金朝投降。十月，趙構派吏部侍郎魏良臣等出使金朝，在兀朮面前再三叩頭，哀求甚切，兀朮才准議和。十一月，宋、金和談成功，金朝規定宋朝投降的條款為：劃定兩國的國界，東從淮水、西到陝西大散關以北的土地，全部歸金朝所有，宋在京西割唐、鄧二州，陝西割商、秦二州之半給金；仍向金稱臣，每年奉送金朝銀子二十五萬兩和絹帛二十五萬匹。

趙構和秦檜屈膝投降後，又按照金朝統治者的意旨，決定對岳飛下毒手，置岳飛於死地。

紹興十一年冬，岳飛經過許多天的絕食，身體已經極度衰弱。趙構審批尚書省轉呈的刑部大理寺奏狀，當即下旨：「岳飛特賜死。張憲、岳雲並依軍法施行，命楊沂中監斬，仍多差將兵防護。」刑部大理寺原本議定不殺岳雲，但趙構和秦檜連岳雲也不肯放過。

當天，大理寺執法官遵旨進入獄中，作最後的處決。他們再次提審岳飛，逼他在供狀上畫押。岳飛知道已經到了生命的最後時刻，他仍然堅持自己抗金愛國無罪，絕不乞求開恩赦免。不過，他覺得如果老天有眼，一定會證明自己一生光明磊落、無辜被害，於是他鎮定自若地取過筆來，在供狀上寫了八個大字：「天日昭昭，天日昭昭！」獄吏拿來毒藥，放入酒中，岳飛一飲而盡。張憲、岳雲同時也被押赴刑場。三位民族英雄就這樣沒有戰死在抗敵的疆場上，卻慘死在妥協投降派的毒刑下。這時，岳飛僅三十九歲，岳雲二十三歲。

　　岳飛等三人被害的同時，岳飛和張憲的家屬也受到株連，按照趙構的「聖旨」，被分別押解到廣東、福建拘管，家產被查抄，沒收入官。岳飛的許多部將都卓有戰功，這時都被視為岳飛的同案犯，根據趙構的「聖旨」，被判處流放、監管、脊杖等刑罰。一些曾為岳飛鳴冤的官員也都受到牽連，被貶官或罷官，不一而足。岳家軍由張俊的心腹田師中接管，牛皋被毒死，很多將領被田師中用各種名義驅逐。至此，岳家軍已被瓦解。

　　岳飛被害後，不斷有人為岳飛喊冤。二十年後，趙構才下詔釋放岳飛和張憲的家屬，准許他們隨意定居。直到宋孝宗即位後，為了平息民憤、鼓勵將士抗敵，才正式昭雪岳飛的冤獄，追復他原有的官職，並將他的遺體依禮改葬；後來，在鄂州替岳飛蓋造「忠烈廟」，表示紀念，追封鄂王；宋理宗對岳飛改諡「忠武」。至此，岳飛終於恢復了他抗金名將的名譽，受到後世景仰。岳飛一生英勇抗金，展現了高度的愛國情操，這已成為中華民族精神不可或缺的一部分。

第二

刑具歷史

一、死刑與肉刑刑具

斬刀

在古代，刀是執行死刑的主要刑具，而斬首則是古代執行死刑的主要方式，斬首是用大刀。先秦時的死刑有車裂、斬、殺等名目，而那時的斬不是斬首，是斬腰。執行時，囚犯的身體伏在「椹質」上，劊子手用巨斧砍斷其腰。所以，用大刀斬首是古代執行死刑的主要方式。「斬」字有「車」，是取和車裂同樣將人處死的意思，旁為「斤」，即斧斤的斤，指行刑時用斧不用刀。秦以前也有把人割頭處死的做法，叫「殺」。秦以後，逐漸把「斬」引申為廣義的殺，殺頭的刑罰便叫斬首，斬首主要是用斬刀行刑。

秦漢時的死刑有斬、梟首和棄市，但其實都是斬首。差別是，梟首是指斬首後把人頭懸掛在高竿上示眾，棄市是指將囚犯在鬧市處死；執行其他死刑（如絞、車裂等）後，再把頭割下來懸掛示眾也叫梟首，所以有時絞和車裂也間接用刀。在鬧市執行其他死刑也叫棄市，如三國時曹魏的死刑中，棄市為絞刑。漢和三國時期使用較多的是斬首，例如：蜀諸葛亮揮淚斬馬謖就是斬首。後魏時，死刑叫做「大辟」，這是沿用先秦時稱謂，包括腰斬、殊死和棄市三種，其中的殊死就是斬首。從隋朝起直至明清，都正式把斬首列為五刑（笞、杖、徒、流、死）中的死刑之一，處罰的程度在凌遲和絞刑之間。斬首作為一種官方正式執行的刑罰，直到現代才被槍斃替代。

斬首時，通常是由劊子手把囚犯反綁在木樁上，囚犯雙腿跪地，頭

自然向前伸出，劊子手揮刀從囚犯頸後向前下方猛砍。但在特殊情況下，也可能附加其他殘酷的方法。例如：唐文宗大和九年（西元八三五年）甘露之禍時，宰相王涯等人被宦官仇士良逮捕，臨刑時，劊子手把他們的頭髮解開，反繫在木樁上，又把他們的手和腳分別綁在木柱上，用鐵釘釘牢，然後開刀行刑。當時著名詩人盧仝本來沒有參與反對仇士良的政治活動，只因逮捕王涯時，他正在王涯家中，於是他被順手牽羊，一同被捕，同時赴難。盧仝是禿頂，沒有頭髮可以綁在柱子上，劊子手就用一顆尖釘把他的後腦勺釘在木柱上。盧仝有個兒子，起名叫「添丁」，原意是為國家增添一名男丁，韓愈還作詩祝賀他說：「去歲生兒名添丁，意令與國充耘耕。」後人附會說，盧仝如此慘死，是「添丁」兩字成了讖語，死時竟然在頭上添了一顆鐵釘。

斬首的行刑者——劊子手，都是些心狠手辣之輩，他們不但要有殺人的膽量，而且要經過一定的技術訓練。人的脖頸雖然較細，但因為其中有頸椎骨，所以不用力氣就無法一下子砍斷。有的犯人孔武有力或身懷絕技，要砍掉他的頭並沒有那麼容易，這時劊子手還會採取其他附加手法。例如：清初有個名叫阿里瑪的武將，因功晉升到京城任職，但進城後橫行不法、作惡多端，順治皇帝想除掉他，就派遣另一個武官巴圖魯將他逮捕，押赴菜市口斬首。囚車走到宣武門，阿里瑪說：「死就罷了，但我是滿人，不能讓漢人看見我受刑，就在這城門裡邊把我殺了吧！」同時，他用腳勾住城門甕洞，囚車竟無法行進。巴圖魯同意了他的要求，下令在城門裡邊行刑。在用刑時，阿里瑪的脖頸就像鐵鑄一般，刀砍不動。這時，阿里瑪告訴巴圖魯：「先用刀割斷脖筋，然後再砍，定能奏效。」巴圖魯令劊子手這麼做，才把阿里瑪行刑完畢。阿里瑪雖不是好人，但他死時夠悲壯的了。

被斬首的犯人在臨刑時，一般都難免表現出對死亡的畏懼。例如：

秦朝李斯，身為丞相，輔佐秦始皇統一六國，殺人屠城，焚書坑儒，治國平天下，表現得豪氣十足；但秦始皇死後，他貪圖祿位，委曲求全，反被趙高所執。臨刑前，顧對其子曰：「想和你牽黃犬出上蔡東門逐狡兔不可得也！」說罷，父子相抱痛哭，臨終暴露出他是一個貪生怕死的可憐蟲。殺人如麻的隋煬帝被叛軍抓住，怕刀殺，要叛軍用他的腰帶把他勒死，保住全屍。但是也有一些不尋常的人，具有某種堅定的政治信念，例如：文天祥從容就義。因此，他們臨刑時慷慨激昂、從容自若，在其生命的最後一刻，猶能迸發出明亮的火花，甚至讓劊子手也感到心驚膽戰。嵇康臨刑時，面對死亡，從容不迫，索琴奏一曲〈廣陵散〉，如泣如訴，成為千古佳話。三國時，魏國夏侯玄參與曹爽之謀，被司馬懿斬首，「臨斬東市，顏色不變，舉動自若，年四十六歲」。南朝時，庾弘遠仕齊為江州長史，賢明有聲望，被刺史陳顯達處斬之前，他向人要帽子，戴好說：「子路臨死結纓，我不能不戴帽子就去死！」南宋民族英雄文天祥在大都（今北京）柴市英勇就義，臨刑時從容對史卒說：「吾事畢矣！」然後向南再拜而死。他的表現，成為後世忠義之士仿效、學習的榜樣。明末黃道周在清兵攻破南京後被俘，拒絕投降，開始絕食數日不死，後來清廷決定把他斬首。他臨刑立而不跪，劊子手見他身材高大、威風凜凜，舉刀時兩手發抖，一刀砍下，黃道周仍然昂首不屈。劊子手嚇壞了，連忙跪在他面前說：「請先生坐下。」這時黃道周已捱了一刀，頸部鮮血淋漓，他還能點點頭說：「可以。」於是坐在凳子上，劊子手第二刀才把他殺死。刀在一些漢奸、叛徒、膽小鬼面前耍盡了威風，但在一些視死如歸的民族英雄、忠義之士面前卻威風掃地，刀還是不殺民族英雄為好。

割刀

用刀刑人，最慘無人道的莫過於凌遲。斬首用斬刀，凌遲則用割刀。凌遲就是一刀一刀地割人身上的肉，直到死刑之極 —— 凌遲差不多把肉割盡，才剖腹斷首，使犯人斃命。所以，凌遲也叫臠割、剮、寸磔等，俗語所謂「千刀萬剮」，指的就是凌遲。明代有兩次著名的凌遲處死案例，刀數有確切記載，刀數之多，可能是世界紀錄。一是正德年間的宦官劉瑾，一是崇禎時進士鄭鄤。鄧之誠《骨董瑣記》卷二「寸磔」條云：「世俗言明代寸磔之刑，劉瑾四千二百刀，鄭鄤三千六百刀，李慈銘日記亦言之。」這裡記載劉瑾被刀剮數不準確，實際上劉瑾被剮三千三百五十七刀。這麼大的數目，實在驚人。

剖刀

斬首用斬刀，凌遲用割刀，剖腹則用剖刀。商朝末年的紂王堪稱歷史上的暴君之最，他不僅首創炮烙、烹煮等酷刑，還首開對大臣剖腹取心的惡例。

商朝著名的大臣比干身受凌遲一百多刀，始終默不出聲。比干見紂王暴虐無道，就直言進諫，這便觸怒了紂王，他對比干說：「我聽說聖人的心有七個孔竅，你的心是不是這樣？」於是，就命令武士們擒住比干，用尖刀剖開腹部，取出那顆還在跳動著的熾熱之心。《尚書·泰誓》篇說：「剖賢人之心」，《莊子·盜跖》篇說：「比干剖心」，《莊子·胠篋》篇說：「龍逢斬，比干剖」，《荀子·正論》篇說「刳比干」，都是指這件事。紂王還隨便將孕婦剖開肚子、取出胎兒，觀看是男是女，以此為樂。

　　東漢還有個自我剖腹的事例，這肯定是剛烈之人做的事。據《太平御覽》卷三七一，引自《後漢書》說，濟陰人戎良，字子恭，十八歲時在某郡守府衙中當吏員。他容貌俊美，太守諸葛禮很喜歡他，讓他做文書工作。其他吏員妒忌戎良，造謠他和府中的一名美豔婢女私通，諸葛禮竟然聽信謠言，懷疑戎良。戎良感到冤屈，又無法自明，就在諸葛禮面前，用尖刀割開腹腔、掏出肝腸，讓太守看自己的一顆赤心。戎良秉性正直剛烈，容不得謠言的汙謗，演出這幕駭人的慘劇，諸葛禮即使相信他的清白，但他的生命已無法挽回了。佼佼者易汙，直剛者易折，戎良有之矣。

　　後世人們談及紂王，無不譴責其凶殘暴虐，但也有少數統治者欣賞、效法紂王的殘忍。例如：南朝宋後廢帝劉昱，就是一個桀紂式的皇帝。他年紀輕輕，殺人成癖，哪一天沒殺人，就會感到悶悶不樂。每次出行時，衛士們都帶著大棍，長短粗細各有名號；還有鉗鑿錐鋸等刑具不離左右，擊腦、椎陰、剖心等酷刑隨時強加於人，每天都有數十人受到各種刑具的折磨而送命。有一天，劉昱聞到游擊將軍孫超口中有大蒜味，就令武士將孫超的肚子用尖刀剖開，看他有沒有吃蒜。一位將軍就這樣隨便死在劉昱的剖刀之下。還有一次劉昱出行，遇見一名孕婦，就令人剖開她的肚子觀看胎兒的性別。御醫徐文伯在旁，想救這位婦女，就說：「不必剖腹，我已知道，她腹內是雙胞胎，一男一女。」劉昱堅持要剖開一看，徐文伯說：「如果使用尖刀，胎兒會發生意外的變化，不如讓我幫她扎一針吧！」於是就用銀針扎孕婦的瀉足、太陰等穴位，兩個胎兒順利地生了下來，母子三人才得以保全性命。

　　與劉昱惡行相似的，還有南朝齊東昏侯蕭寶卷。有一天他出遊，百姓們都被驅趕擅跑，一位婦女將要臨產，不能走路，只好待在家中。蕭寶卷發現了她，就令人用尖刀把她剖腹觀胎，以滿足他的殘忍欲望。又晉惠帝司馬衷的皇后賈南風也有這樣的惡行，她生性殘忍而妒忌，看見

宮中其他宮女或嬪妃懷孕，就用戟向她的腹部投擲過去，戟刃把肚皮劃開，胎兒和戟一同落在地上，這位懷孕的宮嬪自然也就沒命了。

五代時期閩主王曦，和宋後廢帝劉昱是同一種人。他見學士周維岳身體矮小卻非常能飲酒，感到新奇，就詢問左右的人，有人回答說：「酒入腹後進的是別腸，所以不能以一般人的高矮胖瘦來估量。」王曦即命令武士剖周維岳的腹部，一定要看看他的「別腸」有多大，能裝這麼多酒。左右的人啟奏說：「把周維岳剖腹，他一定會死，那麼就沒有這樣好酒量的人陪陛下飲酒了。」王曦怕失掉酒友，這才放過了周維岳。

歷史上，用尖刀剖腹的做法還常常用於懲罰冤家對頭，挖取他的心來祭奠自己一方的死難者。例如：五代時，潤州守將周寶被牙將劉浩趕走，奔常州，劉浩擁戴薛朗做統帥；越王派杜稜等攻常州，周寶被救回，不久後病死。後來，杜稜等攻潤州，趕走劉浩，擒獲薛朗，用尖刀剖出他的心來祭奠周寶。五代後晉時，張彥澤殘害百姓，曾將張武剖心斷手刖足處死，激起民憤，後來耶律德光將他擒拿，派高勳監刑處死他，高勳就用尖刀剖張彥澤之腹，挖其心而祭奠死者。宋代，軍隊中將敵方俘虜剖腹取心的做法習以為常，所以在南宋初建炎二年（西元一一二八年），高宗趙構下詔禁止軍隊中使用挖眼、剖心等刑罰。但在元代，仍然有人這樣做。例如：至正二十二年（西元一三六二年）六月，田豐、王士誠等人刺殺察罕帖木兒，占據益都；同年十一月，擴廓帖木兒收復益都，殺田豐、王士誠，用尖刀將他們剖腹取心，以祭奠察罕帖木兒。

古典小說中，常寫有剖心祭奠死者或報仇雪恨的情節。例如：《水滸傳》中武松把潘金蓮剖腹後，取出心肝祭奠哥哥武大郎；花榮把劉高剖腹取心獻給宋江；李逵將黃文炳挖出心肝，為宋江報仇等等。《水滸傳》還寫有如何剖腹取心的具體細節，也有參考價值。第三十二回中，燕順、王矮虎等人抓住宋江，要用他的心做「醒酒酸辣湯」，小說是這樣描寫的：

「只見一個小嘍囉掇一大銅盆水來，放在宋江面前；又一個小嘍囉捲起袖子，手中明晃晃拿著一把剜心尖刀，那個掇水的小嘍囉便把雙手潑起水來，澆那宋江心窩裡。原來但凡人心都是熱血裹著，把這冷水潑散了熱血，取出心肝來時，便脆了好吃。」小說的內容是現實的反映。宋代，由於此類事件相當多，所以一般人提起剖腹挖心的事，便談虎色變。

當時還曾有人利用人們對剖腹取心的恐懼心理，耍弄一些小計謀。如宋太宗時，宮中有一名宮女有一天偷偷翻牆逃跑被抓獲，按照當時律令，應該殺頭，可是太宗趙炅態度曖昧，好像有不想殺她的意思。有個太監叫劉承規，善於體察人意，為人機智，宮中都叫他劉七，他看出太宗的矛盾心情，就啟奏說：「奴才認為此人不應姑息。皇上要是不殺她，以後宮人還會逃走。請陛下把她交給奴才處治，我把她的心肝取出來呈上。」太宗知道他的意圖，就答應了。劉承規當著太宗和眾嬪妃的面，將那位宮女帶走，悄悄地把她安置在附近一個尼姑庵暫住，不久又派人送她到遠方，嫁給一戶合適的人家過日子，而另外派人殺一頭豬，取出一副豬的心肝，趁熱用盒子裝起來，呈給太宗，說是那宮女的心肝。六宮嬪妃見了都誤以為是真的，就圍著盒子痛哭起來，既悲哀又恐懼。太宗開啟盒子看了一下，立即命令劉承規帶走埋葬，並賞給承規五錠銀子壓驚。從此宮女們都謹守宮規，未再發生逃亡的事件。劉承規很聰明，他既秉承了皇帝的意圖，又營救了一個可憐的宮女，世上還是好人居多。

斧、鉞、椹質

斬首用刀刃，而腰斬用斧鉞。鉞是大斧。《周禮‧秋官‧掌戮》篇的注解說：「斬以斧鉞，若今要（同腰）斬也；殺以刀刃，若今棄市也。」這裡把斬和殺的差異說得很清楚。

先秦史籍中，寫到將人處死，多指腰斬。《韓非子‧說疑》篇列舉了夏代關龍逢、商朝比干和春秋時隨國的季梁、陳國的泄冶、楚國的申包胥、吳國的伍子胥等六人，都是因為直言進諫而得罪國君，或被殺，或自殺，「要領不屬，手足異處」。又魯定公十年（西元前五○○年），魯與齊兩國之君在夾谷會盟時，倡優和侏儒上前演戲，孔子認為不合禮節，向齊國提出抗議，齊國國君不得不讓有司依法懲辦，使他們「手足異處」。以上三例所說的「手足異處」，顯然指的是腰斬，而不是斬首。

遠古腰斬使用的刑具，叫做鈇質。鈇即大斧；質或寫作鑕，或稱椹質、諶鑕等，即用斧砍人時下面墊的木砧。《公羊傳‧昭公二十五年》載「君不忍加之以鈇鑕」，前人注曰：「鈇鑕，要（腰）斬之罪。」《戰國策‧秦策》記載范雎說：「今臣之胸不足以當椹質，要（腰）不足以待斧鉞。」此語是說他瘦削的胸不值得放在砧板上，纖細的腰經不住斧鉞一砍，此處所指的處死方式就是腰斬。《漢書‧項籍傳》中的「孰與身伏斧質」一句，後顏師古注解：「質謂鑕也。古者斬人，加於鑕上而斫之也。」從顏氏的注解可以看出，腰斬在行刑時，人伏在砧板上，劊子手舉斧砍斷其腰，這斧與質是分離的兩件東西。後來，這一套刑具發展演變為用軸連在一起，鈇演變為鍘刀，質演變為鍘墩。所以，漢朝許慎的《說文解字》就將「鈇」解釋為「斫莝刀也」，即鍘草的刀。《漢書‧戾太子傳》記載「不顧斧鉞之誅」，注解說：「鈇所以斫人，如今之抌刃也。」鈇質演變成鍘，可能是漢魏間事。後來小說、戲劇中的包公故事，包公把犯人處死用的銅鍘，行刑時犯人被平放於張開的鍘口上，從腰間鍘為兩段。如包公下陳州鍘了四國舅、在開封府鍘了駙馬陳世美、後來又鍘了親姪兒包勉等。這些故事當然是根據傳說編撰的，事實無考。但這種類似鍘人的做法，的確自古就有，即古代死刑的處死方式之一 —— 腰斬。不過遠古的刑具不叫鍘刀，而叫斧質罷了。

從春秋時起，腰斬的刑罰常被使用。商鞅在秦變法時，曾明文規定對百姓實行連坐法，一家犯罪，鄰家不告發者，要處以腰斬。當時究竟有多少人被腰斬，難以計數。史載商鞅在渭水河邊處決囚犯，死者的鮮血把渭河水都染紅了。商鞅當時從中原跑到秦國輔佐孝公變法，他以峻法嚴刑理國，深刻有餘，德化不足，中國歷史上的專制餘毒自商鞅開始。李斯是秦王朝的開國元勛，他曾寫〈諫逐客書〉，為秦收留了大量人才；曾任廷尉評理一國獄訟；主郡縣、反分封、確立專制，獻焚書坑儒之策。秦始皇死，迎合趙高，改皇帝遺詔，殺公子扶蘇。秦嚴刑峻法，始於商鞅而熾於李斯，秦二世而亡，李斯難辭其咎。秦二世二年（西元前二〇八年），奸人趙高將李斯腰斬於咸陽，刑前面對斧質，李斯和其子在憧憬悠閒的田獵生活後相抱大哭，非常哀傷。掃天下、滅六國的豪氣蕩然無存，成了貪生怕死的可憐蟲。

除了李斯父子在刑場大哭之外，還有漢代的晁錯也是加之以斧質，受腰斬之刑，但他在斧鉞面前卻死得悲壯。晁錯是西漢文景時代的大政治家，早年學刑名之術，以文學任太常掌故，不久任太子舍人，遷博士，升為太子家令，得到太子劉啟的寵信，號稱「智囊」。

漢文帝時，北方匈奴侵擾邊境、商人兼併農民土地，晁錯先後上疏言兵事、徙民實邊、守邊備塞和勸農力本等問題，言之有據，受到文帝的重視，不少意見被採納，不久升太中大夫。他又向文帝建議削奪諸侯王權力和更改法令，所言多能切中時弊，以此深得漢文帝的賞識。

文帝崩，景帝立，擢升晁錯為左內史。不久，即升遷為御史大夫，為三公之一。他受到漢景帝的信任，力求削奪同姓諸侯王的封地，以鞏固中央集權。他在〈削藩策〉中明確指出：「今削之亦反，不削亦反。削之，其反亟，禍小；不削之，其反遲，禍大。」晁錯的父親聽說晁錯的奏疏觸犯諸侯王的利益，特意從家鄉趕赴京師，力勸晁錯不要「侵削諸

侯，疏人骨肉」，以免樹敵招怨。對於父親的肺腑之言，晁錯卻不以為然，明確回答他父親：「不如此，天子不尊，宗廟不安。」他父親不禁嘆息曰：「劉氏安，而晁氏危矣。」隨即飲毒自殺，說：「吾不忍見禍及身。」

晁錯父親的反對和自殺，並未動搖他削藩的決心，準備削奪吳王劉濞的晁錯，因變法而遭腰斬、被剝奪封地。景帝三年（西元前一五四年）吳楚七國藉口誅晁錯以清君側，終於爆發了武裝叛亂。

吳楚七國之亂爆發後，景帝為來勢洶洶的叛亂深感不安，誤聽袁盎對晁錯的誹謗，並拜盎為太常，出使吳國；同時授意中尉、廷尉等官員劾奏晁錯「不稱陛下德信，欲疏群臣百姓，無臣子禮，大逆無道。」根據這個莫須有的罪名，竟然判處晁錯腰斬，父母、妻子皆棄市。結果晁錯還穿著朝衣，而被加諸斧質，腰斬於東市。

史載商鞅面臨逮捕，逃回封地舉兵反抗，落得一個謀反的罪名，而被車裂，並臨死對他的變法有點後悔：「為法之弊，一至此哉！」說明他只知貪功名之小利，而疏忽殉道之大德。李斯懷名利之欲，投虎狼之國，添油煽風以助暴秦，殺人唯恐不多，刑人唯恐不狠。待斧鉞加身，害怕發抖，哭天叫地，不亦遲乎？李斯之舉和村婦弱女何異？在斧鉞的考驗面前，李斯沒有政治家的氣度，而是投機商人的自暴自棄。晁錯臨刑，什麼話都未說，無聲是最強的抗爭。西漢「文景之治」是封建社會著名的盛世，竟然出現這麼大的冤案，漢景帝愧對晁錯的忠心，說明盛世也有陰暗面。鳥之將死，其鳴也哀；人之將死，其言也真。如李斯、商鞅之屬，臨終才顯露出他們的真實心態。

秦朝末年，劉邦、項羽爭霸，韓信開始離楚歸漢時，還不太出名。有一次因犯軍法當受斬刑，一同被判死的十三人先斬過之後，輪到韓信，《史記・淮陰侯列傳》寫道：「信乃仰視，適見滕公，曰：『上不欲就天子乎？何為斬壯士！』」細觀文意，說明韓信一定是躺在砧板上，他才

有「仰視」這個動作，可見當時的「斬」是指腰斬。漢代還有兩人與韓信有相似的遭遇，一個是張蒼，他曾因罪當斬，而且已經「解衣伏質」，王陵在旁邊看見他身材高大，皮肉白嫩，認為他是一個罕見的美男子，就在劉邦面前替他講情，而沒有斬他（《史記‧張丞相傳》）。另一個是王訢，他在任縣令時，將被繡衣御史暴勝之處斬，「訢已解衣伏質」，也是因「仰言」一番，暴勝之聽他言語豪壯，赦免了他。從張蒼、王訢的情形看，那時腰斬在行刑時，犯人必須脫光上身衣服，使腰部裸露出來，然後才斧鉞隨之。

　　漢代以後，只有北魏承襲漢制，法律明文規定有斧鉞之刑（即腰斬）。直至明初，朱元璋大興文字獄，對不肯與他合作的知識分子施威，也有在法令之外使用過斧鉞之刑。著名詩人高啟在入明後對朝政有所不滿，擢升他為戶部右侍郎時，辭官不就，回到原籍吳淞江畔的青丘隱居，以教書為生。有一次，他作了一首〈宮女圖〉詩：「女奴扶醉踏蒼苔，明月西園侍宴回。小犬隔牆空吠影，夜深宮禁有誰來？」詩中對宮廷生活寓有嘲諷之意，朱元璋見到此詩非常生氣，有心懲治他，一時又找不到藉口。後來，高啟得到蘇州知府魏觀的重用，於是他把全家搬到郡城定居。魏觀在府衙大興土木，有一天，高啟為他作上梁文，文中對朝政又進行了譏諷。朱元璋得到爪牙們的密報後，就下令將高啟逮捕法辦，加諸斧質腰斬於南京。朱元璋這個當過和尚的農民皇帝，由大殺功臣到屠殺知識分子，成了歷史上著名的殺人狂。

車（馬、牛）

　　車作為刑具，是因為中國古代有「車裂」的刑罰。所謂車裂，就是把犯人的頭和四肢分別綁在五輛馬車上，套上馬匹，向不同的五個方向

拉，這樣把犯人的身體硬撕裂為五塊，所以稱為車裂，一般的馬車，這時便成為刑具。有時執行這種刑罰不用車，而是五匹馬或五頭牛來拉，同樣可以把人的肢體分成五塊，所以車裂又稱為「五馬分屍」或「五牛分屍」，因此執行這種刑罰的馬和牛，也是刑具。

繩、帛

繩、帛是絞刑的刑具。絞的本意，是一種繩帶的名稱，《儀禮・喪服》記載：「絞帶者，繩帶也。」唐賈公彥疏：「以絞麻為繩作帶，故云絞帶也。」魏晉以前，上吊自盡稱為「縊」或「雉經」；被他人勒死者稱「縛殺」，律法中並無絞殺處死的方式。繩、帛作為致死者的對象，最早見於春秋時期。《左傳・哀公二年》有：「絞縊以戮。」《說文》：「絞，縊也。」又曰：「縊，經也。」《釋名》：「懸繩曰縊，縊阨其頸也。」《秦簡・封診式》中有「經死」，也就是以繩懸吊而死。可知經即縊，也就是絞。把縊死作為懲治人的刑罰，今世學者一般都認為它始於《左傳・哀公二年》的那條記載。但在這之前，人們早已把自縊視為一種自殺的方式。如晉獻公時，太子申生受驪姬迫害，於西元前六五六年十二月自縊於新城（今曲沃）。《國語・晉語二》記載了這件事：「申生乃雉經於新城之廟」，雉經即自縊。

但是從春秋、戰國，經秦、漢直到魏、晉，都還沒有把繩、帛之刑列入朝廷頒布的正式法律條文中。將繩、帛之刑列入法典，始於北魏。西元四三一年，太武帝拓跋燾命崔浩改定律令，規定死刑有斬、絞、腰斬，隋朝將絞刑作為死刑的主要方式有車裂和沉淵等（《魏書・刑法志》）。北周、北齊承襲北魏刑律，都把絞作為死刑之一。北周規定死刑有五種：一磬，二絞，三斬，四梟，五裂。「磬」又作「罄」，也是絞刑

的一種，執行的過程是用繩索套住人的脖子，將人懸掛起來，就像古時的樂器磬那樣懸掛著。「磬」作為刑罰的一種，早在周代已有，《禮記‧文王世子》云：「公族其有死罪，則磬於甸人。」鄭玄注解曰：「懸縊殺之曰磬。」北周明確把「磬」與「絞」分為兩種，說明它們在執行時是有分別的，雖都是繩刑，一個要吊起勒死，一個則不必吊起。當時對犯什麼罪應當處以繩刑有具體的規定，如建德五年（西元五七六年）春正月詔令，私自鑄錢者，要以繩刑絞縊處死。北齊規定死刑分車裂、梟首、斬、絞共四等（《隋書‧刑法志》）。有意思的是，北周把繩刑看得最重、排列最前，而北齊則把其視為最輕、列為最後。

隋代，文帝楊堅於開皇元年（西元五八一年）頒定新刑律，廢除前代的鞭扑、梟首、車裂等酷刑，定死刑為斬與絞二等。此後各代相沿，絞刑遂定為正式的官刑。與斬首相比，絞刑是人們公認輕一等的死刑。因為斬首讓人身首異處，腰斬使人手足異處，車裂肢解、凌遲刀割等更讓人身體破碎，而繩刑絞縊能讓人保留完整的屍體。同時，施用絞縊繩刑時，由於繩索緊勒人的頸部動脈，犯人能在短暫時間內死亡，因而痛苦程度比凌遲、車裂為輕。所以，繩刑絞縊的設定較符合人道主義，近代世界上不少國家執行死刑，單用繩刑絞縊，道理即在於此。

隋文帝廢除的酷刑，不久後隋煬帝楊廣又都把它們恢復。楊玄感謀反，兵敗被擒，叛軍們有的被車裂，有的被梟首，有的被截斷手足，有的被亂箭射死。但是，隋煬帝的殘酷鎮壓並未壓服農民起義和反抗力量洶湧澎湃的發展。隋朝末年，農民起義烽煙四起，隋煬帝無法收拾時局，逃到江都後，更加荒淫無度。宮中立百餘房，各房置美女多人，每日一房輪流做主人，隋煬帝率侍女千餘人就房飲酒、杯不離口、晝夜昏醉。右屯衛將軍宇文化及等隋官煽動衛士，得數萬人，攻入宮中。隋煬帝倉皇換服裝逃至西閣，被叛軍捕獲。叛軍們拔刀監視，隋煬帝問：

「我犯了什麼罪？」叛軍們說：「你輕動干戈、遊玩不息、窮奢極侈、荒淫無度、專任奸邪、拒聽忠言，使得丁壯死在戰場，女弱填入溝壑、萬民失業、變亂四起，你還說無罪！」隋煬帝說：「我實在對不起百姓，至於你們，跟著我享盡富貴榮華，我沒有對不起你們。今天的事，為首的是誰？」叛軍們說，全國同怨，何止一人。隋煬帝承認對不起百姓，還算是臨死時認了罪，他要求飲毒酒自殺，叛軍們不許。隋煬帝見叛軍們大刀寒光逼人，怕刀殺斷頭，身首異處，便自解巾帶給叛軍們，要求繩殺。這個「罄南山之竹，書罪無窮；決東海之波，流惡難盡」的民賊，就這樣被處繩刑縊殺而死。歷史上往往有這樣的事例，統治者們制定刑罰來對付百姓，有時這些刑罰偏偏又輪到他的頭上，商鞅是這樣、李斯是這樣、隋煬帝更是這樣。看來，統治者制定刑罰時，要慎思為佳。

唐德宗時，刑部侍郎班宏建議將絞刑和斬首，改為重杖處死，被批准實行。於是，當時被判死刑的人，先行杖，有的杖一百，有的杖六十，這樣將人活活打死。重杖處死的犯人承受痛苦的時間很長，而且打得身體血肉模糊，形狀悽慘，因此這比繩刑絞縊而死更殘酷。過了不久，重杖處死代替繩刑絞死的做法即被廢除。

宋代，絞刑和斬首並用，該絞該斬都須嚴格審判。有的官員判定絞刑的人數，比判定斬首的人數還要多。神宗元豐年間，河中人劉勃自南京軍巡官代還，他自言在任期內判定絞刑兩百六十人，而判定斬刑僅六十人。宋代和唐代一樣，還規定被判為絞或斬的犯人可以繳納銅來贖罪，繳納的數量為一百二十斤。宋代除繳銅之外，還要另加決杖一頓。雖然如此，當時仍有不少犯人因繳不出這些銅而被絞死。

遼代，繩刑絞縊仍然是死刑的一種。天祚帝耶律延禧保大四年（西元一一二四年）五月，金兵攻克燕都，宰輔左企弓、曹勇義、樞密使虞仲文、參知政事康公弼等人降金，燕都百姓流離失所，前去依附平州留

守。他採納翰林學士李石的計策，派部將張謙率領五百餘騎兵，把左企弓等人召集到灤河西岸，列舉他們降敵的罪行，然後把他們繩刑絞縊處死。金代的死刑仍然為斬、絞兩種，也可以繳銅來贖免，但繳納的數量為兩百四十斤。

　　元代無絞刑，明清兩代列絞刑為死刑之一，這和唐、宋、遼、金都是一樣的。明代對絞刑的判定有明確的法律條文，如正統八年（西元一四四三年）大理寺議定，對盜竊犯初犯者，在右臂刺字，再犯者在左臂刺字，三犯者要處以絞刑，此議經皇帝批准實行。明朝末年爆發了李自成農民大起義，西元一六四四年三月，開始圍攻北京，明城外三大營士兵皆潰降，三月十八日，太監曹化淳開彰儀門投降，崇禎帝急鳴鐘召集百官會議，無一人至。崇禎見大勢已去，殺死妻子、兒女，於三月十九日黎明，和太監王承恩一同縊死於宮內萬壽山（煤山）山亭。崇禎帝曾處死鄭鄤的凌遲刑，說明他的凶殘，事隔五年，在農民大起義的洶湧波濤中投繯自盡，這難道是以其人之道，還治其人之身？

　　清代判定絞刑和其他死刑一樣，都必須經過嚴格的審批程序，同為死刑，或斬或絞也需要嚴加區別。如順治十四年（西元一六五七年），江南科場舞弊案，刑部審理後判定正主考方猶應斬首，副主考錢開宗應處絞，同考官應流放，結果經皇帝親自批覆，將方、錢二人俱斬首正法，同考官共十七人都繩刑絞縊處死。聖旨一下，立即執行。

　　繩是絞刑的主要刑具，但實施刀刑斬首、凌遲，實施斧刑腰斬和實施車刑車裂，都需要繩索捆綁後才可行刑，所以，繩是一種用途極廣的刑具。

水

　　把河水當作懲罰人的刑具，春秋時就已採用。晉國的趙簡子曾把鸞繳沉入河中，以示懲罰。趙簡子對別人說：「我愛好聲色，鸞繳立即為我送來歌女舞姬；我愛好宮室臺榭，鸞繳很快幫我建好亭臺樓閣。但是，我喜愛有才能的仁人志士，鸞繳卻沒有為我選中一人。他的所作所為是助長我的過錯而損害我的善行，要這樣的人有什麼用呢？」趙簡子的做法，意在懲治諂佞之徒，鸞繳被沉河也算是罪有應得。魯成公十一年（西元前五八〇年），晉國的郤犨向魯國的聲伯求婚，聲伯強行奪取施氏的妻子嫁給郤犨。施妻和郤氏生了兩個兒子，後來郤氏病死，晉國人把施妻送還魯國，仍歸施氏，施氏就把郤氏的兩個兒子沉到河裡淹死。若將上述兩例加以比較，可說施氏的做法，處理的是家族私事，沉河屬於私刑，而趙簡子的做法則帶有官刑性質。不管官刑或私刑，河水作為刑具的屬性則很清楚。

弓箭

　　弓箭是古代戰爭中常用的武器。如果在非戰爭時用射箭的方法把人處死，弓箭就成為刑了。

　　據史料記載，弓箭作為刑具殺人，最早始於漢代。漢元帝初元年間，王尊任美陽（今陝西武功西北）縣令，該縣有個婦女控告她的義子不仁不孝，說這位義子竟然要以她為妻，若不順從就遭毒打。王尊審理此案，派吏役調查屬實，就將那義子逮捕，吊在樹上，王尊親自監刑，派五百名騎士張弓搭箭，亂箭把他射死，以示懲戒。官吏和百姓們看到這種情景，無不驚駭。至南北朝時，也有用箭射人的紀錄。例如南朝宋

元徽年間，後廢帝劉昱凶殘無道，後來成為齊高帝的蕭道成，當時仕宋為中領軍，劉昱很想除掉他。有一年夏季，天氣炎熱，蕭道成祖胸露腹躺在府中樹蔭下睡午覺，劉昱不經侍衛通報，逕自來到院內。他見蕭道成睡得正熟，就用筆在蕭道成的肚子上畫了一個箭靶。這時蕭道成也被弄醒了，劉昱就要他站在廳中，自己站在稍遠的地方，張弓搭箭，瞄準他肚子上的靶，準備發射。蕭道成在這緊急關頭，神色不變，施禮打躬說：「老臣無罪。」劉昱的侍從中有個名叫王天恩的人，進諫說：「蕭領軍的肚子大，作為箭靶是最好不過了，但是，陛下一箭就把他射死，以後還怎麼射呢？不如改為雹箭來射他。」

雹箭是一種不帶鐵箭頭、練習所用的箭支，不會傷人，王天恩用這番話巧妙地讓蕭道成化險為夷。劉昱果然採納了他的主意，叫人取來雹箭，搭在弦上，一箭射去，正射中蕭道成的肚臍。劉昱非常高興，大笑道：「你們看我的箭法怎麼樣？」眾人誰敢掃他的興，只得隨聲附和。後來，劉昱又叫人用木頭刻成蕭道成的肖像，在木人的肚皮上畫出箭靶，他令侍從們都用箭來射。劉昱的所作所為正是一種虐待欲和報復欲的發洩，這也是他年幼無知的表現。俗話說：「咬人的狗不露齒。」像劉昱這樣一直張牙舞爪，肯定是咬不了人的。所以他最終未能將蕭道成置於死地，而他自己卻在十五歲時，就因過度施虐而被身邊的侍從們給殺了。

歷史上用弓箭射人的暴君酷吏，不止劉昱一個。唐初，唐太宗的第五個兒子李祐橫行不法，他的長史權萬紀經常直言進諫，李祐特別忌恨他。貞觀十七年（西元六四三年），權萬紀奉詔入京，李祐派親信追至途中，用箭把他射死。李祐的行動還有點遺傳基因在裡頭，而且和他父親唐太宗李世民相比，只不過是小巫見大巫罷了。李世民為了和他的兄長李建成爭奪皇位繼承權，於武德九年六月四日（西元六二六年七月二日）先發制人，率尉遲恭等伏兵玄武門，發動政變，世民射死太子建成，尉

遲恭殺齊王元吉，擊潰東宮和齊王府的衛隊，並殺建成、元吉諸子，奪取了帝位，這就是有名的「玄武門之變」。不過李世民是明君，為人民做過不少好事，對於他射兄殺弟的過錯，也就不過多追究了。武則天時，和親使者楊齊莊和另外一名官員段瓚被匈奴拘禁，段瓚約楊齊莊一同逃走，楊齊莊害怕事情不成而遭禍，段瓚便先逃了回來，受到武則天的獎賞。不久，楊齊莊也回到京師，武則天懷疑他通敵，傳旨要王懿宗審理此案。王懿宗是最出名的酷吏，他主張將楊齊莊處死，並得到武則天的准許。於是，王懿宗把楊齊莊帶到洛陽天津橋南，截斷手足，高吊起來，命令段瓚用箭射他。段瓚三發三中，接著又有人取箭射他，也射中他的身體。王懿宗又命令諸司百官都一齊用箭射他。一剎那，楊齊莊的身體中了數十箭，像隻刺蝟，但他的嘴唇仍在微微翕動，好像還有一口氣。王懿宗又命把楊齊莊放下來，用刀刺入胸膛，再向下剖開肚子，取出心臟，楊齊莊這才死去。

到了遼代，才把弓箭當一種刑具，寫入法律條文。遼代刑法規定，有一種處死人的方式叫「射鬼箭」，就是亂箭把人射死。遼太祖耶律阿保機七年（西元九一三年）六月，養子參與叛亂，太祖下令用鬼箭把他射殺。天贊二年（西元九二三年），太祖討平叛賊，將他擒獲，也以射鬼箭處死。天顯十二年（西元九三七年），遼太宗耶律德光在雲州，將唐大同軍節度判官吳巒射了鬼箭。乾亨二年（西元九八〇年），遼景宗耶律賢駕幸南京（今北京市），將擒獲的敵方俘虜也射了鬼箭。遼聖宗耶律隆緒統和四年（西元九八六年）五月，遼國俘獲一批宋朝官吏和百姓；同年十二月，俘虜一批宋朝士兵；統和二十二年（西元一〇〇四年）閏九月，遼主親自南征，俘獲數名宋朝間諜；興宗耶律宗真重熙十三年（西元一〇四四年）俘獲黨項族的斥候……等，通通以射鬼箭處死。還有，遼穆宗應歷七年（西元九五七年）四月，女巫進獻益壽延年的藥方，並說煎藥時必

須用男人的膽汁當配劑，穆宗耶律璟按方服藥，幾年間為取膽汁殺死許多人。後來，穆宗發覺這是騙人的把戲，就命令逮捕女巫，把她亂箭射死。遼代統治者是游牧出身的少數民族，擅長騎射，因而愛用射箭的方法將人處死，這不奇怪，但在漢民族統治的朝代，亂箭射人的做法依然被採用，如各代在軍隊出征時，取一名死囚犯來「射鬼箭」，作為祭旗的儀式，顯然是受到游牧民族的影響。

明朝也有箭射的事例。例如：明初洪武年間，葉伯巨上書言事，觸怒了朱元璋，朱元璋竟然要親手用弓箭射死他。另據沈德符《萬曆野獲編補遺》載，明宣德年間，宣宗朱瞻基下旨開拓西內皇城，大興土木，刑部主事郭循極力進諫，宣宗不聽，命令武士把郭循用氈包裹起來，抬到宮中，親自審問。郭循不肯屈服，慷慨申辯，宣宗大怒，就取來弓箭射中郭循的頭部，血流滿面，之後又把他下錦衣衛監獄，直到宣宗死後才釋放。

和用弓箭將人射殺相似的，還有用彈子打人的做法。例如：春秋時，晉靈公夷皋奢侈而暴虐，他聚斂民財建造百尺高臺，雕牆畫棟，極盡華麗，他常站在高臺上用彈子擊打臺下過往行人，看著人們驚慌走避，以此為樂。三國時，魏國的齊王曹芳也喜歡用彈子打人，他看朝臣令狐景不順眼，就用彈子打他的頭部和眼睛，令狐景竟然任其擊打，不肯躲避。清商丞龐熙直言進諫，曹芳又用彈子打龐熙。《太平御覽》卷三四九〈兵部·箭〉引《晉安帝紀》，說晉安帝司馬德宗在位時，瑯琊內史孫無終為人貪暴，姬妾中有人違背他的意旨，他就取彈子打她們的臉。十六國時，後趙石虎喜遊獵，善擊彈，左右手都能發射，發則必中，他常用彈子隨意打人，軍中將士們都怕他。北齊時，南陽王高綽任定州刺史時，也曾仿效當年的晉靈公，建高樓，在樓上用彈子打人。唐初，高祖李淵的第二十二子滕王李元嬰也很無賴，他任金州刺史時，每逢農忙季節就帶領侍從到鄉間遊玩，一路上招風惹草，看見行人就取出彈子擊打，行

人紛紛躲避。這些用彈子打人的事例，完全是這些虐待狂殘忍意識的肆意發洩，根本不受法制、法規的約束，與前所述隨意用箭射人的情況一樣，只有封建專制時代的統治者才會如此為所欲為、大膽作惡。

封建統治者用真箭作惡，有時還用假箭逗樂，真是無奇不有。如唐朝寶曆年間，唐敬宗李湛曾特製一種紙箭，箭頭也用紙製作，裡面裹著少許麝香或龍涎香的粉末。宮中閒暇無事時，李湛就把宮女嬪妃們叫到一起，他站在一定的距離之外，用紙箭射她們，被射中的宮女或嬪妃，身上就沾了香末，遍體散發出濃烈的香味，卻不會感到疼痛。當時宮中把這種紙箭叫「風流箭」，嬪妃們都希望紙箭能射中自己，由此可以進一步得到君王的寵幸。她們之中流傳著這樣的順口溜：「風流箭，中的人人願。」李湛常用這種方法，在宮中尋歡作樂。

火（銅柱、鐵梳、鐵籠、銅缸）

原始人用火，在人類發展史上邁出了重大的一步。日常生活中，人們使用火來煮飯、取暖，甚至用火來冶煉金屬。火對人類來說是一位必不可少的朋友。但很多人可能不知道，火有時也是一種極為猛烈殘酷的刑具。

商代末年，紂王的寵妃妲己心性狠毒，脾氣乖戾，紂王為了討妲己歡心，竟創「炮烙」之刑。「炮烙」就是把銅柱燒紅，讓犯人赤著腳在上面行走，犯人痛得慘叫不已，就會從銅柱子上掉下來，落入火中被燒死。妲己看到這種情景，果然興奮得大笑不止。這時紂王大喜，以後便經常用燒紅的銅柱烙人逗妲己笑，許多人也因此被烙傷或燒死，這對男女就這樣，把自己的歡樂，建立在別人的痛苦之上。

關於紂王烙人所用的刑具，古代有不同的說法。有人說是火加銅

格。《史記·殷本紀》中司馬貞索引說，紂王「見蟻布銅鬥，足廢而死，於是為銅格，炊炭其下，使罪人步其上。」《荀子·議兵篇》記此事時說是「炮格」。《呂氏春秋·過理篇》有「肉圃為格」一句，高誘注云：「以銅為之，有火其下，以人置上。人爛墜火而死。」顯然，這裡也認為是銅格。東漢大經學家鄭玄注《周禮·牛人篇》說：「互若今屠家懸肉格意，紂所為亦相似」，與高誘注《呂氏春秋》所言相同。

但是，更多的書中說紂王烙人用的是火加銅柱。《史記·殷本紀》的集解引《列女傳》說：「膏銅柱，下加之炭，令有罪者行焉，輒墜炭中，妲己笑，名曰炮格之刑。」《漢書》也有「炮格」一詞，顏師古注云：「膏塗銅柱，加之火上。」說它是火加銅柱，更能突出「烙」的意思，所以，《韓非子》、《淮南子》等書就不稱「炮格」，而稱「炮烙」。

後世說到炮烙之刑，多認為是火加銅柱。相關的故事還對施行炮烙的詳細情形作了具體的描述。相傳明朝末年，有個名叫俞壽霍的人，崇禎年間的某一天，夜晚做夢被閻王差遣的小鬼拘拿到陰曹地府，閻王高坐在陰司大堂上宣判：「俞壽霍經常屠防毒害生靈，應該受炮烙之刑。」於是，鬼役們便抬來一根銅柱，豎在大堂旁邊一角的地面上，高約七、八尺，銅柱的中間是空的，燃燒著木炭，烈焰飛騰，把銅柱燒得上下通紅。閻王喝令用刑，兩名青面赤鬚、狀貌猙獰的鬼卒齊聲應答，立即動手，一個抓住俞的頭髮，一個脫掉俞的衣服，要把俞往銅柱子上放。俞壽霍嚇得渾身打顫，心膽俱碎。這雖是筆記紂王創「炮烙」之刑小說作者的虛構，但這個故事畢竟反映了人世間曾經實行過的炮烙之刑。它實際上是火刑的一種，這也反映了古人對炮烙之刑，用刑方法的理解。

《史記·周本紀》記載，周的始祖西伯昌在向商獻洛西之地時，曾請求商紂王廢除炮烙之刑，紂王不得已才答應。西伯的意見順乎民心，所以他能得到人民的擁護，後來武王舉起伐紂的旗幟，最終滅商興周，商

紂王用火刑烙人，最後他自己也跳到火裡自焚，這就叫「以其人之道，還治其人之身」、自作自受。但是火刑並沒有隨商紂的滅亡而絕跡，它還是被後世的一些暴君酷吏繼承了下來。

遼穆宗耶律璟即位後，嗜酒好獵，不恤政事，其殘忍橫暴的程度，不亞於商紂。他對待宮中的五坊、掌獸、近侍、奉膳、掌酒等御用雜役人員，發現他們稍有小過，就施加火刑和鐵梳之刑。所謂鐵梳，顧名思義，即是鐵齒梳子，用鐵梳梳犯人的身體，把肉一條條地刷下來。火刑和鐵梳並用，其慘無比。犯人受過火刑之後，身上的皮肉都被烙熟了，再用鐵梳，很容易把肉刷掉，只剩下白骨，這樣，犯人必死無疑。

■ 北宋徽、欽二帝受金人

北宋末年靖康之難時，金人南侵，宋徽宗趙佶和欽宗趙桓被金人擄去，也受過類似炮烙的火刑。據小說《說岳全傳》描寫，金人把徽、欽二帝擄往北國，老狼主傳令將銀安殿的地面用火燒熱，將二帝頭上戴狗皮帽子，身上穿青衣，身後掛一條狗尾巴，腰間繫銅鼓和響鈴，手上綁細柳枝，然後把他們的鞋襪脫掉，讓他們赤著腳站到被燒得灼熱的光地上。徽、欽二帝腳底炙燙，忍不住雙腳亂跳，身上的銅鼓和鈴鐺便一齊響起來，手上的柳枝亂晃，好像在跳雙人舞。金邦的老狼主及其臣僚們在旁邊飲酒觀賞，盡情作樂。金人的行為，是在顯示侵略者的淫威，他們不僅不把徽、欽二帝視為皇帝，甚至不把他們當人看，而蔑視為可以盡情蹂躪、任意耍弄的玩物。大宋王朝的威嚴和臉面，在侵略者的暴行之下掃地以盡。難怪當時宋朝的名臣李若水看到這種情景，不顧一切地把徽、欽二帝從銀安殿上抱下來，大義凜然，罵敵而死，才出了一口惡氣。這段情節僅見於小說，但它描述了國弱受辱、落後挨打的史實，可以喚起民主精神覺醒，激勵人心。

火（鼎、鑊、水）

　　煮，古代曰「烹」。古代不僅有烙人的酷刑，還有烹人的酷刑。烹人的刑具古代叫鼎或鑊，都是用銅或鐵鑄成；不同的是，鼎有三隻足，鑊則無足。《淮南子‧說山訓》篇有「嘗一臠肉，知一鑊之味」之語，高誘注曰：「有足曰鼎，無足曰鑊。」顏師古也說：「鼎大而無足曰鑊。」因為烹人要用鼎或鑊，所以古時就把這種刑罰叫鑊烹、鼎鑊或湯鑊。《漢書‧刑法志》說「陵夷至於戰國，增加肉刑，大辟有鑿顛、抽脅、鑊烹之刑」，《舊唐書‧魏元忠傳》說「既誅賊謝天下，雖死鼎鑊所甘心」，《史記‧廉頗藺相如列傳》說「臣令人持璧歸，知欺大王之罪當誅，請就湯鑊」等等，所以烹煮之刑離不開火，說到底它仍是火刑，刑具為火鼎、鑊、水。

　　據史料記載，周的始祖西伯昌被囚的時候，西伯的兒子伯邑考在殷都做人質，為紂王當車伕。紂王藉故把伯邑考放在鍋裡「烹為羹」，賜給西伯昌。西伯不知是人肉羹，就把它吃了。事後紂王得意地對別人說：「誰說西伯是聖人？他吃了自己兒子的肉羹還不知道呢！」這是古代烹人最早的事例。要烹人就離不開火和水，當然也得有鼎或鑊，這幾樣東西缺一不可。

　　春秋時，天子衰微、諸侯混戰，抗金名將曲端被鐵籠烤死，法制沒有定規。那時的國君將人處死，常採用火刑，即烹煮的方法。周夷王在位時，齊哀公因紀侯在周室進讒言，而被周夷王施以火刑，用大鼎烹死，故謚哀。西元前五四七年，宋國太子痤被宋成公囚禁，自縊而死，後來成公查證得知太子是無罪的，非常懊悔，於是就點火燒水烹殺了撥弄是非的寺人伊戾。周敬王四十一年（西元前四七九年），白公勝在楚國發起政治革命，功敗垂成。白公勝是楚平王的孫子，其父太子建因遭別

人陷害流亡國外，生下白公勝。後來白公勝回國，決心武裝奪取政權，但兵敗出奔，自縊於山中。他的謀士石乞被捉。楚王威脅利誘，要石乞供出白公勝死所，石乞凜然不屈，被處以鼎鑊之刑而被烹死。晉公子重耳流亡到鄭國時，鄭國有個叫被瞻的臣子勸鄭文公殺掉重耳，鄭文公沒有聽從。後來重耳歸國即位，就是晉文公，他率軍攻打鄭國，指名要被瞻這個人，以報昔日之仇。被瞻向鄭文公請求把自己交出去，以解救國家的危急，鄭文公說：「這樣做，我的罪過就太大了。」被瞻說：「死了我一個，可以保全社稷，臣甘心情願。」於是，鄭文公把被瞻送到晉國軍營中。晉文公命令準備好大鼎，點火燒水，要烹被瞻，被瞻用兩隻手按著鼎的銅耳，大聲叫道：「晉軍將士們，都聽我說，當今世界上再沒有像我被瞻這樣忠實於國君的人了。可是，忠於自己的國君，只會落得挨烹的下場啊！」晉文公聽了他的叫喊，被他的忠誠和勇敢感動，就改變了主意，向被瞻道歉，並宣布撤軍，同時把被瞻送回鄭國。

戰國時，卻有一位賢明之士因忠於國君而被烹，為後世留下千古遺憾，此人就是齊國的文摯。文摯的醫術極其高明，有一年，齊湣王生了一個毒瘡，請文摯診療。文摯診察了湣王的病情，私下對太子說：「大王的病，我可以治好，但治好了大王的病，他是會殺死我的。」太子大驚，問為什麼？文摯說：「大王長的這個惡瘡，必須讓他發一個雷霆大怒，才能治好，否則就沒有救了，但要讓他發怒，他一定會殺死我的。」太子向他叩頭求告說：「先生只要能治好父王的病，我和我的母后一定在父王面前為你說情，父王一定會看在母后和我的面子上而赦免你，請先生放心。」這樣，文摯就同意為齊湣王治病。於是，文摯請人報告齊湣王，說某日某時文摯會前去治療。結果到了約定的時間，文摯卻故意不去，湣王心裡有些不高興。這樣共約定了三次，文摯都沒有去，湣王已經非常生氣，這時文摯來了，他不脫鞋子直接上到湣王床上，還踩湣王的衣

服，問湣王病情如何。湣王怒氣滿面，完全不理睬他，文摯又故意說些不客氣、衝撞湣王的話，湣王怒火難遏，狠狠責罵文摯，然後把他趕了出去。文摯走後。湣王的病情就好了許多，又過了幾天，就完全康復了。湣王痛恨文摯對自己太無禮，不顧王后、太子的極力求情，把文摯放進大鑊中，點火燒水，烹死了文摯。

　　齊湣王的祖父齊威王也使用過鼎鑊之刑。當時阿大夫荒於政事，治下境內百姓貧苦，阿大夫卻賄賂威王左右的人為他說好話。威王查明實情，將阿大夫和左右為他說好話的人一同投入鼎鑊一起煮，於是齊國大治。所以，人們對齊威王這樣的開明君主，還是難以忘懷的。

　　樂羊在魏國當將軍，率兵攻打中山國，樂羊的兒子當時正在中山國，中山的國君就把樂羊之子投入鼎鑊製成肉羹，並把肉羹派人送給樂羊，明確告訴他這是他兒子的肉。樂羊坐在軍帳中，接過肉羹，喝光了一大杯，以示攻打中山的決心毫不動搖，結果很快便滅掉了中山國。魏文侯聽到這些情況，對身邊的一位大臣堵師贊說：「樂羊吃了自己兒子的肉，這是為了我啊！」堵師贊回答說：「樂羊連兒子的肉都敢吃，還有什麼不敢吃的呢？」魏文侯恍然大悟，雖然對樂羊的功勞給予獎賞，但從此卻對樂羊起了疑心。

　　秦漢之際，鼎鑊之刑更是常用。商鞅變法時增加肉刑，把鼎煮鑊烹規定為死刑的處死方式之一。秦末楚漢戰爭期間，劉、項都愛用鼎鑊之刑。周苛為劉邦守滎陽，被項羽俘虜後，拒絕投降，項羽就烹殺了周苛。成皋之戰時，項羽抓到了劉邦的父親，把他放在一個肉案子上，旁邊架起大鑊，傳話給劉邦說：「你不趕快過來投降，我就烹死太公。」劉邦回答說：「我和你當初一起擁立楚懷王，結為兄弟，因此我的父親就是你的父親。今天你如果一定要把你的父親投入鼎鑊，就請你分給我一杯肉羹吧！」這裡劉邦表現出一副十足的流氓樣，不過玩政治者皆如此，

也不能苛求劉邦，老實的項羽在這個政治老油條面前無可奈何，最終也不忍心烹殺太公。劉邦派酈食其去遊說齊王田廣，要他歸順，田廣已經同意，但韓信仍率兵攻掠齊地，田廣大怒，就用鑊烹殺了酈食其。

漢景帝的兒子廣川王劉去生性殘暴，他和他的王后陽城昭信一同謀害姬人陶望卿，望卿被逼無奈，投井而死。昭信叫人把望卿的屍體打撈上來，肢解成碎塊，放在大鑊中，加上桃灰和毒藥一起煮，並把其他姬妾都叫來，親眼看著陶望卿的骨肉在湯中消化淨盡。這雖然不是活煮，但其方式也太駭人聽聞，太狠毒了！

東漢末年，董卓作亂，他俘獲潁州太守李曼及其好友張安，要把他們烹殺。李、張兩人臨入鼎時說：「不同日生，乃同日烹。」他們在臨死之前，還有心思說出這樣詼諧的話，態度雖然顯得從容不迫，但卻含有深沉的悽慘。

漢代以後，烹人的鼎鑊之刑仍時有出現。十六國時，後趙石勒擒獲劉寅，當即將他置於鑊湯中煮死。東魏孝靜帝武定八年（西元五五○年）常侍、侍講荀濟與華山王大器等密謀殺掉高歡，高歡察覺，將孝靜帝幽禁於含章堂，將大器等投入鼎鑊、烹殺於市。北齊後主高緯武平六年（西元五七五年）三月，在都市鼎烹妖賊鄭子饒。

五代時，後唐明宗長興年間，姚洪奉朝命率數千人戍守閬州，被叛將董璋拘禁，不肯屈服。董璋命人架起大鑊，添滿水燒得滾沸，讓十名壯士割姚洪的肉，在鑊裡烹而食之。姚洪至死大罵不絕。這是將人一邊凌遲刀割，一邊烹煮被吃，比單純的鼎烹更慘毒。

上述烹人的酷刑都是用水煮，歷史上還有用油炸人之刑，這也叫烹，或叫油烹。南朝梁時，侯景作亂失敗，亡命東魏，後來又南奔，高澄命令部下抓到他的妻子，先剝下臉皮，然後又用大鑊盛油把她烹死。明初，燕王朱棣發動靖難之役，占領南京，大肆殺戮建文朝臣，其中將

兵部尚書鐵鉉割鼻之後處死，仍未解恨，又命令把鐵鉉放進大油鍋中，讓武士用鐵叉翻轉鐵鉉屍體使他面朝朱棣，以示謝罪之意，但怎麼也無法把他翻轉過來，突然鐵鉉屍體爆裂，油鍋裡的油炸得四處飛濺，武士們驚慌散開，這才作罷。鐵鉉的屍體也在頃刻之間變得焦黑如炭。朱棣也和他的父親朱元璋一樣，都是殘忍如桀紂的暴君。

墨、刀、鑿、針

　　墨、刀、鑿、針是墨刑（後來也稱黥刑）的刑具。墨刑施行的方法是在人的臉上或身體其他部位刻字或刺字，然後塗上墨或別的顏料，讓所刺的字成為永久的記號。

　　墨刑是一種很古老的刑罰，堯舜時，三苗之君使用的五虐之刑，就包括墨刑在內。堯誅三苗，廢「五虐」，改用「象刑」，就是讓犯罪者穿上與常人不同的衣服，以示懲罰，其中當受墨刑者要戴黑色的頭巾。禹繼堯舜之後開始使用肉刑墨刑，在犯人臉上留下永遠的印記，以後正式把墨刑定為五刑之一。

　　一開始，墨刑的施刑方法是用刀刻人的皮膚，然後在刻痕上塗墨。《尚書・呂刑》篇中「墨闢疑赦」一句，孔安國傳云：「刻其顙而涅之曰墨刑。」《周禮・司刑》中「墨罪五百」一句，鄭玄注曰：「墨，黥也，先刻其面，以墨窒之。言刻額為瘡，以墨窒瘡孔，令變色也。」《禮記・文王世子》篇注云，墨刑和劓、刖等刑一樣，「皆以刀鋸刺割人體也。」《國語・魯語》也曾說：「小刑用鑽鑿，次刑用刀鋸。」墨刑為小刑，當是使用鑽或鑿為刑具。但其他各書述及墨刑時都是說用刀刻。我們兼採眾說，把墨刑刑具說成刀、鑿，以期周全。這些情況說明，墨刑在最初規定為刑罰時，施刑時用的是刀、鑿，而不是後世才採用的針灸。

西周時，刑法規定「墨罪五百」，即列舉應處以墨刑的罪狀就有五百條之多。《尚書·呂刑》篇也云「墨罰之屬千。」可見，當時的刑罰是很嚴厲的，百姓稍有小過，就會被黥面。周代，奴隸主貴族常用黥面者當守門人（《周禮·掌戮》），因為這些人的臉上帶有標記，走到哪裡都會被認出來，所以他們一般都不會逃跑。而且受過墨刑者的四肢是健全的，不影響勞動。春秋戰國時，墨刑的使用仍較普遍，且黥有了不同的種類。如《秦簡·法律答問》有對奴妾「黥顏頄」之刑。顏，指眉目之間，即面額中央，頄即顴，即面之顴部。黥顏頄就是在人面額中間及顴部刺墨。當時各國常使用黥面的囚徒去做各種苦役。秦商鞅變法時用法極嚴酷，有一次太子犯法，不便加刑，商鞅就把太子的師傅公孫賈黥面，以示懲戒。秦始皇三十四年（西元前二一三年），丞相李斯奏請焚燒《詩》、《書》等儒家經典，規定如果命令下達後三十天內不燒者，要「黥為城旦」。《秦簡·法律答問》也有「城旦黥」的記載，當為對城旦所施加的特種黥刑。城旦是一大早就起來修護城牆的苦役工，當時「黥為城旦」成為一種固定處罰犯人的措施，這樣的犯人遍布全國各地。秦末農民大起義的隊伍中，就有許多受過黥刑的囚徒，例如被高祖封為淮南王的英布，年輕時也曾因罪受過黥刑，因此《史記》、《漢書》為他作傳就稱為黥布。

漢初刑法沿襲秦制，仍使用墨刑。《漢書·刑法志》規定「墨罪五百」，條款數目與周初一樣。西元前一六七年，漢文帝劉恆下詔廢除肉刑，規定將應受墨刑者「髡鉗為城旦舂」。意思是，男子應當黥面者，改為剃去頭髮、頸上戴鐵製的刑具，去做為期四年的「城旦」苦役；女子應當黥面者，改為去做為期四年的舂米苦役。以後直至漢末，黥面未再實行。但在漢代，匈奴曾規定，漢朝的使節如果不以墨黥面，不得進入單于所居住的穹廬。有一次，王烏充任漢朝使節，出使匈奴時，順從他們的規矩，單于大喜，同意讓匈奴的太子到漢朝當人質，請求與漢和親。

沈家本在《歷代刑法考‧刑法分考‧墨》中說，匈奴的這種規定是他們的一種習俗，只是用墨畫在臉上，象徵性地表示黥面，並非真的用刀刻割皮肉，這和作為刑罰的黥面當有所區別。

漢朝以後，隨著某些肉刑的恢復，墨刑也重新被採用。晉代規定奴婢逃亡，抓回來之後要黥其兩眼上方；如果第二次逃跑，再黥兩頰；第三次逃跑，黥兩眼下方。上述三處，施刑時都要使黥痕長一寸五分，寬五分。這種黥痕要深深刻印在人的骨頭上。唐代貞元年間，段成式的從兄經過一個叫黃坑的地方，他的隨從拾取人的頭蓋骨，打算用它配藥，看見一片骨頭上有「逃走奴」三個字的痕跡，色若淡墨。黥刑要傷人骨，所以用鑿。段成式判斷這是古時被黥面者的頭骨，而且很可能就是晉代逃奴的遺骨。

南朝宋泰始四年（西元四六八年），宋明帝劉彧頒布黥刑和刖刑的條令，規定對犯有劫竊官者、傷害吏人等罪者，要依舊制論斬；若遇赦令，改為在犯人兩頰黥「劫」字，同時割斷兩腳筋，發配邊遠軍州；若是五人以下結夥以暴力奪取他人財物者，也同樣受處罰。

北宋時，黥面之刑一律改用針灸，因而又稱為黥刺。犯人罪行不同，針灸的位置及所刺的字排列形狀也有差別。凡是盜竊罪，要刺在耳朵後面；徒罪和流罪要在臉頰上或額角，所刺的字排成一個方塊形；若為杖罪，所刺的字則排列為圓形。凡是犯有重罪必須發配遠惡軍州的牢城營者，都要黥面，當時叫做刺配。例如著名小說《水滸傳》中寫林沖被刺配滄州牢城，陸謙指使董超、薛霸在半路上取林沖性命，特意囑咐他們取林沖臉上刺字的那塊臉皮來覆命。武松被刺配孟州牢城，他被黥面是刺在額角上的，後來他扮成行者，把頭髮垂下來，可以遮蓋被刺的字。小說的這些描寫，可以幫助我們今天了解北宋時期黥刺刑罰的詳情。北宋名臣狄青年輕時也曾被刺配，雖後來顯貴，仍保留著針灸的印

記，而不願去掉它。

遼代刑法也有黥刺，和北宋的施刑方法基本相同，也是用針灸，但針灸的部位不完全一樣。重熙二年（西元一〇三三年），遼興宗耶律宗真規定，對判為徒刑的犯人，施行黥刺，要刺在頸部。奴婢逃走被抓回，若他（她）盜竊了主人的財物，主人不得黥刺其面，而要刺在他（她）的頸或臂上。犯盜竊罪的，第一次刺右臂，第二次刺左臂，第三次刺脖頸的右側，第四次刺脖頸的左側，如果第五次再犯，就要處死。

金代規定犯有盜竊罪且贓物在十貫以上、五十貫以下者，要處以徒刑，同時刺字於臉部，贓物在五十貫以上者要處以死刑。元代仿照宋、金的相關法律，對盜竊罪予以刺字，並同時施加杖刑，刺的方法和杖的數目有非常詳細的條款。另外，對什麼情況下免刺、什麼情況下已刺過、仍要補刺等等，也都有具體的規定。

明代關於黥刑的法律與宋元大同小異，但使用的範圍更狹窄一些。洪武三十年（西元一三九七年）規定，謀反者的家屬及某些必須刺字的犯人予以刺字，其他各類犯人一律不再用宋代那種刺配的方法。另外，對於盜竊犯，初犯者要在右手臂上刺「竊盜」二字，再犯者刺左手臂，第三次犯者要處以絞刑。對於白晝搶劫他人財物者，要在右手臂上刺「搶奪」二字，如果再犯搶奪罪名，照例在右手臂上重刺。明代的刑法中對免刺、補刺的情況也有明確的規定。

清代的黥刑主要針對奴婢的逃跑，而且常和鞭刑一起施刑，稱為鞭刺。順治十一年（西元一六五四年），朝廷核准，對逃跑的奴婢，凡在七十歲以上、十三歲以下者應免於鞭刺。順治十三年（西元一六五六年）又規定，犯盜竊罪者也要刺字。康熙四年（西元一六六五年）規定，對逃亡奴婢的刺字不再刺在臉部，與盜竊罪一樣都刺在手臂。但第二年又下令說，若逃亡者改刺手臂，這樣逃亡者會越來越多，很難稽查，因此仍

舊改為刺面。康熙十二年（西元一六七三年）詔令規定，凡七十歲以上、十五歲以下的逃亡者可免予鞭刺，如果是夫帶妻逃，或父帶女逃，或子帶母妹逃者，婦女免予鞭刺，若是婦女單獨逃亡，則不能免除。這些規定說明，清代奴婢處境的悲慘，同時說明統治者對逃亡者鎮壓的嚴厲。

　　縱觀歷朝各代實行黥刑的歷史，由遠古時刀割鑿刻法的黥面，變為宋、元、明、清時用針灸，其殘酷的程度應該說是在逐漸減輕。

　　黥面作為一種刑罰制度，與人類的刺青紋身習俗有密切關係。中國早有刺青紋身的風俗，以南方最為突出。《禮記・王制》篇云：「東方日夷，被髮紋身。」後疏日：「越俗斷髮紋身，以避蛟龍之害，故刻其肌，以丹青涅之。」這裡說的具體做法和黥面相同，只是殘酷的程度有些差別。唐代紋身的風氣最盛。據《酉陽雜俎》記載，當時京城中的一群青皮無賴最好紋身。有個名叫張乾的，頗有勇力，他在左臂刺「生不怕京兆尹」，右臂上刺「死不怕閻羅王」兩行字，其心理狀態於此略見一斑。又有一個叫王力奴的人，請工匠在他的胸部和腹部刺上山水園亭、鳥獸草木，精細清晰，染上不同的顏色，簡直就是一幅美妙的圖畫。

　　古典小說中也有寫到紋身刺字的情況，例如《水滸傳》中的史進身上刺著九條龍，因此綽號為「九紋龍史進」。又如《說岳全傳》中寫岳母在岳飛的背上刺「精忠報國」四字，這是激勵兒子為國為民的警語，和一般的刺字、紋身的意義顯然不同。

砍刀

　　中國古代是人治，而不是法治，國王或皇帝是最高的統治者，朕即國家，國家即朕。國王下面是大大小小的封建領主，這些領主是真正的地頭蛇，他們對所屬的臣民擁有生殺予奪的權力。例如戰國末年，燕太

子丹為了阻止秦兵東進，實現收買刺客、西入秦去刺殺秦王嬴政的計畫，用各種方法籠絡武藝高強的劍客荊軻，金錢美女、美味佳餚，要什麼有什麼。有一次，荊軻無意中說了句千里馬的肝好吃，太子丹就立即殺了自己心愛的坐騎，為荊軻做菜。有一天，太子丹在華陽之臺設宴，讓一名美女彈琴助飲，那女子彈得婉轉悠揚，悅耳動聽，荊軻情不自禁地稱讚說：「好手！」太子丹就立即表示要把美女送給他，荊軻說：「我不是迷戀美色，而是愛她那雙手啊！」太子丹就命令把那女子的手用刀砍下來，用一只玉盤盛著，端上宴席，擺在荊軻面前。太子丹的做法實在太荒唐了。他無非是向荊軻表示「你喜歡什麼，我就能給你什麼」，以此來鞏固荊軻的心，讓其無條件地為自己效力，完成刺秦計畫。不惜殘害一名無辜的女子，用心又何其毒也。

燕丹的這種隨便用刀剁人手的荒唐舉動，竟然還有人效法。漢初呂后專政時，用鴆酒毒死趙王如意之後，殘忍之心還未滿足，她又將如意的母親戚夫人砍斷雙手和雙足，扔到廁所裡，說是「人彘」。由此而知，青出於藍，而勝於藍，呂后的狠毒超過了燕丹。然而無獨有偶，唐初武則天擅權時，要高宗李治把王皇后和蕭淑妃廢為庶人，囚禁在別院，唐高宗不忘舊情，有時去看看她們，武則天知道了，就指使親信，把王、蕭二女各杖一百，用刀砍去雙手，又把她們裝在酒甕中，對人說：「讓這兩個老太婆的骨頭都醉了吧！」從這裡看得出，武則天的殘酷又超過呂后。

有的朝代曾把用刀斷手，列為官方正式使用的刑罰，無疑這種砍斷手的刀，就是這刑罰的刑具。例如晉朝初期劉頌擔任廷尉時，他曾上書晉武帝司馬炎，建議恢復肉刑。他認為古代使用肉刑是合乎道理的，比如砍手這樣的刑罰，在先秦時期也是普遍使用的。因為要懲罰犯罪必須去掉他犯罪的「工具」，即「止奸絕本」，比如對逃亡的罪犯，要處以刖足

之刑；對偷盜的罪犯，要處以斷手之刑；對強姦的罪犯，要處以宮刑。並說「除惡塞源，莫善於此」。但劉頌的主張是否實行，則於史無證。北宋時，宋太宗趙炅詔令，犯有貪贓罪的官吏，被判處死刑者，斬首之前要先斷腕。雍熙二年（西元九八五年）十月，汴河主管糧秣的胥吏因侵奪漕軍的口糧，就被用刀砍斷手腕，綁在河邊示眾三天，然後才斬首。蒙古興起之初，仿效宋朝法規，也有用刀斷手的刑罰。太宗窩闊臺死後，皇后乃馬真稱制，寵信富商出身而執掌朝政的奧都剌合蠻，下詔說，凡是奧都剌合蠻的提議，令史如果不如實記錄在案，就要斷其手。大臣耶律楚材啟奏道：「國家的典章制度，先帝都交給老臣辦理，與令史有何相干？奧都剌合蠻說的話如果合理，自然應當照辦；如果不可行，即使判我死罪也絕不躲避，斷手又有什麼可怕的？」這個事例說明，用刀斷手的刑罰，在那時的確曾實行過。到了元朝滅南宋之後，情況有所變化。至元二十七年（西元一二九〇年）七月，江淮平章沙不丁奏稱，某管倉庫的官吏侵盜錢糧，請依照宋代法規，把他黥面並斷腕。元世祖忽必烈說，斷手是「回回法」，因而沒有准許。所謂回回法，是指回族的法規。歷史上，回紇（回鶻）的刑法曾規定犯盜竊罪者要處以斷手或斷指的酷刑，直到現在，一些信仰伊斯蘭教的國家，法典上還有盜者用刀斷手的條文。

　　有些朝代雖然沒有正式規定使用「用刀斷手」的刑罰，但用刀斷手的做法時有出現。例如北魏時的著名酷吏烏洛侯就曾將人斷手，他轄下有個百姓，犯了偷盜罪，烏洛侯就把他鞭打一百，並用刀截斷右腕。又有一位百姓叫王隴客，因殺有兩條人命，依法判為死刑就得了，但烏洛侯下令將王隴客砍掉舌頭，刺傷胸腹二十餘處，又立起四根木柱固定他的四肢，然後用刀砍斷手和腳，最後才斬首。遼代穆宗耶律璟殘忍成性，所使用過的各種酷刑，其中就有用刀斷手截足之刑。

明代酷刑和刑具名目繁多，《大誥》中正式規定有用刀去指、剁指、斷手等刑罰。又燕王朱棣發動靖難之役占領南京後，更是濫用刑罰、濫用刑具。建文帝的刑部尚書暴昭被擒獲，不肯屈服，朱棣命令武士先打落他的牙齒，然後用刀截斷他的手和腳，暴昭仍然罵聲不絕，直到砍斷脖頸才死去。天順元年（西元一四五七年）英宗復辟，兵部尚書于謙等人被斬首之前，也是先被用刀砍斷手和腳。明代處決犯有謀反、叛逆大罪的死囚時，常先用刀割斷手指。如萬曆三十四年（西元一六〇六年），兵部奏稱南京擒獲叛亂者四十九人，關押在應天獄中，為首的一人就是被人用刀割去手指，又被剔去膝蓋骨，然後才被凌遲處死的。

中國境內有些少數民族，歷史上也曾使用過用刀斷手的刑罰來懲治那些犯盜竊罪的人。其中藏族有一種傳統的刑罰，稱為「牛皮包手」，施刑時先把罪犯的手用刀劃破很多血道，然後在掌心放上鹽巴，用手握住，再用一塊生牛皮把手包住，用皮線縫牢。手上的傷痕被鹽巴浸漬，犯人痛得死去活來。過一段時間，開啟包手的牛皮，那手上的肌肉全部壞死，只剩一把白骨。這種刑罰雖然沒有把手砍下來，但它造成的痛苦，比斷手還要難受得多。

短刀、剪、鉤

刀、剪、鉤是截舌的刑具，截舌是法外酷刑，這種刑罰至漢代才見於史籍記載。漢初時，曾把截舌作為死刑的一種附加手段。當時對謀反、叛逆大罪應當夷三族的重大案犯，要「具五刑」處死，其中同時犯有誹謗、辱罵等罪行的犯人，在黥面、割鼻、斬腳趾之外，還必須用刀割掉或用剪子剪掉舌頭。後來，直到明清，在使用凌遲刑罰時，對有些不老實的犯人也常常先截舌，這是為了禁止他們臨刑時叫喊或辱罵；有的

犯人在截舌時還會被打落牙齒，以防意外。漢時還有一種先將人殺死，而後截舌的。例如郭解負氣任俠，有位儒生卻鄙棄他。有一天，在某公府宴會上，一位客人讚美郭解，那儒生則不以為然，不耐煩地說：「郭解為人奸邪，常犯公法，怎麼能讓人說他好呢？」那客人是郭解的摯友，見儒生貶低郭解，心中懷恨，不久就暗殺了那位儒生，並割下那人的舌頭。這純粹是一種報復手法的發洩。

漢以後，用刀割舌的刑罰屢見於史書記載。東漢末年，董卓作亂，曾誘降北方反叛者數百人，命令武士們在他面前把那些人或截舌、或斬手足、或鑿眼、或用大鑊烹死。一時沒有死的人，就在宴席旁邊掙扎、慘叫，滿座賓客嚇得拿不緊筷子和湯匙，但董卓卻能照樣大吃大喝、談笑風生，好像什麼事都沒發生過。三國時，魏國諸葛誕舉兵討伐司馬氏，殺死忠於司馬氏的樂進之子樂綝，有位典農都尉平時常在樂綝面前說諸葛誕的壞話，這時也被抓住，諸葛誕罵道：「你只會憑三寸長舌撥弄是非，今天我豈能饒你！」於是命令武士用竹籤刺透典農都尉的舌頭，拉出來橫在口外，然後再把他殺死。

漢以後，割舌屢見於史書記載。十六國時，後趙石季龍的太子石宣殺其弟石韜，石季龍寵愛石韜，於是便逮捕石宣為石韜報仇。他命令將石宣幽禁於席庫，用鐵環穿透石宣的下顎骨，用鎖鎖上，又在鄴城（今河北臨漳）北門堆積一堆柴草，柴堆的頂上豎起一根高竿，高竿上安裝著轆轤。把石宣帶到這裡之後，石韜的親信揪著石宣的頭髮，拔出石宣的舌頭，牽拉著石宣登上柴堆，又用繩穿著石宣的頷骨，用轆轤把他拉起來，吊在高處，再挖眼剖腹，同時截手斷足，最後放火把柴堆點著，把石宣的屍骨燒成灰燼。石宣慘死的過程中，拔舌只是所受各種酷刑的一項。石季龍對待自己的兒子都能這樣狠心下手，對其他人使用的虐刑，更是有過之而無不及。

　　夏國的赫連勃勃也是一個凶殘之徒，他坐在城樓上處理公務時，總是把利劍長矛放在身邊，看誰不順眼，就親自當場把他殺死。群臣中敢笑他者，就割裂嘴唇；敢勸諫的，就截斷其舌，然後推出去斬首。南朝梁時的侯景，性猜忌，好殺戮，殺人的時候總是先砍斷手和腳，或截舌割鼻，受刑的人往往過一天多才死去。侯景作亂失敗後，他的謀士王偉被擒獲，押解到江陵，梁元帝蕭繹知道他有文才，不想殺他，左右的文士們妒忌王偉的才能，都巴不得除掉他，有人進言說：「王偉為侯景作的檄文很有文采，何不找來看看？」蕭繹一看，那檄文中有兩句：「項羽重瞳，尚有烏江之敗；湘東一目，寧為四海所歸？」蕭繹原被封為湘東王，又瞎了一隻眼睛，這句話正戳到他所忌諱的短處，因而大怒，立即命令武士把王偉的舌頭拉出來，釘在木柱上，將他肢解處死。北魏酷吏烏洛侯處死王隴客時，也曾將他拔舌（《魏書·烏洛侯傳》）。隋代的魚贊也是著名的酷吏，他要部下幫他溫酒，稍不合己意，就下令割掉他們的舌頭。

　　唐代安史之亂時，常山太守顏杲卿率部抵抗，兵敗被俘，不僅拒絕投降，而且大罵安祿山不義。安祿山大怒，把他綁在橋柱上，割其肉，但顏仍然罵不絕口，安祿山又命令把他的舌頭割下來，問他：「還能罵嗎？」顏杲卿滿口鮮血，聲音雖含糊不清，好像還在罵，直到死去才停止。民族英雄文天祥〈正氣歌〉中「為顏常山舌」一句，即指此事，文天祥把顏杲卿尊為歷史上最具有浩然正氣的典型來頌揚，並奉為楷模。

　　明代是各種酷刑大肆氾濫的時期，少不了有斷舌這一項。洪武二十二年（西元一三八九年）三月，朱元璋下旨說：「在京旦有軍官軍人學唱的，割了舌頭。」這條莫名其妙的聖旨，是否真正實行過，未見到具體案例，不得而知，但朱元璋的第四子燕王朱棣卻真正實行了。他發動靖難之役，占領了南京，篡奪姪兒建文皇帝的帝位，令方孝孺為他草擬

布告天下的詔書，方孝孺不僅不寫，還大罵燕王不義，朱棣非常憤怒，即命令軍校鉤出方孝孺的舌頭，用刀割去，還把他的嘴向兩邊割開，直裂到耳朵旁邊，方孝孺仍然不肯屈服，壯烈殉難。直到清末，有人在南京明朝故宮看到一塊大石頭，上面被殷紅的血漬浸成篆字，據說這是當年方孝孺被鉤出舌頭的地方，這塊石頭被人們稱為鉤舌石，以紀念方孝孺的仁義忠貞。

宣德年間，宣宗朱瞻基曾將兩名宮女賜給親信太監陳蕪為夫人。宮中有位姓李的校尉進諫說：「閹人和宮女匹配不合舊制，不能這樣做。」因為明初時，朱元璋曾下過太監不能娶妻的禁令，李某的進諫不是沒有根據。但宣宗認為李某冒犯了自己的尊嚴，因為皇帝的話是金口玉言，皇帝想做的事是不容提出異議的，宣宗因此十分生氣，下令將李某的舌頭剪掉，以免再多話。李某受刑後沒有死，只是不能說話，他仍住在宮中，從事一些雜役，人們戲稱他為「李神仙」。

截舌的刑罰，在封建家庭內部作為私刑也偶見使用。因為封建社會是一夫多妻制，一些封建士大夫或豪紳大族家庭中，都有妻妾、兼有歌姬侍女等，爭風吃醋的風波時常發生。正妻寵妾就是用截舌的虐刑來懲罰丈夫喜愛的婢女，以洩私憤。例如南宋時，蘄春太守妻晁氏，性情妒忌，對丈夫的妾十分苛刻，有妾因小事得罪了她，她就將此妾痛打一頓，又用鐵鉗夾出妾的舌頭，用剪刀剪斷。此妾疼痛不堪，既不能說話，也無法吃飯，過一個月就死了。

清代也有類似的事例。約在道光年間，蘇州人劉變有一妾姓張，性情凶悍暴戾，因擅長床上功夫而深得劉變寵愛。有一天，張氏想吃鰻鱺，要一名女僕去集市買，買回來後，張氏嫌少，認為女僕偷吃，勃然大怒，把裝鰻鱺的盤子摔在地上，破口大罵。女僕極力爭辯，張氏更加生氣，命令一名男僕把女僕抓住，剪掉她的舌頭。女僕流血過多，當即

氣絕身亡。原來，這位女僕頗有姿色，劉變和她同寢過，張氏得知這個情況，非常忌恨，早想把她置於死地，但未找到機會，這次終於害死女僕，消除了心頭之恨。

尖刀、竹籤、手指

尖刀用於剖心，是死刑刑具。用尖刀挖眼，雖有痛苦，但人不見得死，所以這裡的尖刀是肉刑刑具。挖眼，古時又稱抉眼或抉目。戰國時聶政刺韓傀，為了不讓別人認出他，就自己用劍毀割面容，後又用尖刀「抉眼屠腸」而死。這裡的抉眼是特殊情況下的自殘行為，還不是本題要講的挖眼之刑。比聶政還早一些，春秋時期吳國的伍子胥，被太宰伯嚭陷害，受到吳王夫差疑忌，他在被迫自殺之前，留下話說：「請挖出我的眼睛，懸掛在吳國都城東門上，我會看到越兵有一天要攻打過來滅掉吳國。」但吳王夫差並沒有讓人抉出他的眼睛，而是把他的屍體裝進皮袋子裡，沉入江中，把他的頭掛在高竿上，說是要讓日月燒烤他的肉，讓風吹他的眼，讓烈火焚燒他的骨頭，直到變成灰，看他還能見到什麼。伍子胥的悲壯故事，屢見於後世先賢的議論和歌詠，例如明代初年劉基的〈感懷詩〉：「子胥竭忠諫，抉目為夫差」的詩句，就是指這件事。

戰國末年，荊軻刺秦王失敗，秦兵大舉功燕，燕太子丹、荊軻舊日的朋友如鳥獸散，各自逃生。其中高漸離還想繼續荊軻刺秦未竟的心願，於是便隱姓埋名替人當傭工。他善於「擊築」，秦始皇聽說了，就召見他。後有人認出這就是荊軻的密友高漸離，但秦始皇喜歡他擊築的才能，不忍心殺他，就「其目」，仍讓他為自己擊築。目就是用馬糞燒煙把眼睛燻瞎，以此防備高漸離藉機行刺。這種目的做法雖然不是抉出眼珠，但它與挖眼的做法具有同樣的目的和性質。

　　南朝宋時，前廢帝劉子業狂悖無道，江夏王劉義恭和尚書令柳元景暗中策劃把他除掉，另立新君。不慎謀洩，永光元年（西元四六五年）八月，廢帝率領羽林軍把劉義恭的府第團團圍住，把劉義恭和他的四個兒子同時殺死，並把劉義恭的屍體肢解成碎塊，腸胃拋散，同時把他的眼睛挖出來，放在蜜裡漬存，叫做「鬼目粽」。

　　歷史上把活人眼睛挖下來的事例，也是相當多的。例如東漢末年，董卓作亂，對俘虜的敵兵或百姓常使用種種酷刑，其中就有鑿眼一條。三國時，東吳末帝孫皓也用過鑿眼的刑罰。十六國時，大夏的赫連勃勃殘忍好殺，群臣中若有人以目光觸犯了他，就會立即用尖刀刺毀他的眼睛。隋朝的魚贊以酷毒著名，隋煬帝時官至車騎將軍，他對待部下十分嚴苛，要人為他烤肉，稍不中意，就用叉肉的竹籤刺瞎那人的眼睛。明代，官府對特殊的犯人，也曾使用過挖眼的酷刑。例如隆慶年間，華亭縣（今屬上海市）有個著名的盜劫犯邢敖，他被捕後越獄逃跑未遂，又被抓了回來，縣令怕他再逃跑，就令人用尖刀挖出他的眼睛，不久又將其斬首，陳列於街市示眾。後來，當地婦女罵人時愛說「活邢敖賊犯」，即是指此人。又據朱梅叔《埋憂集》卷十記載，清代有一位督撫奉命鎮守海疆，每捕到重要盜犯，總會先把犯人的眼睛挖出來。挖眼時，他總是親自動手，而且不用器械，只用手指摳出眼珠，犯人痛得嗷嗷直叫，他絲毫不為所動。這裡，手指也成了施罰的刑具。摳出眼珠之後，他就撩起衣襟，擦一擦手指上的血汙，時間久了，他的衣襟被人血染紅，好像胭脂的顏色，為滿足他的殘忍之心，他還不願把它洗一洗。他認為，用手摳人眼珠這種事情，下屬不像他有如此的狠心，所以他從來不指派他們。他這樣做的目的，是讓盜犯成為瞎子，即使不處死他們，他們沒有了眼睛，也就不能再去行竊了，因此可以免除後患。後來，此公受到有司的彈劾和查究，據說主要是因為他執法過於嚴厲、太過粗暴，引起民

眾的極大不滿，朝廷不得不對他給予必要的處罰。

明代的黑社會組織，有時也採用「用尖刀挖眼」的酷刑來害人。萬曆年間，浙西有一個「丐幫」，是由乞丐群聚、整合的黑社會組織。有事時，可以透過暗號很快集合起來；無事時，分散在各處。他們的行為殘忍，對社會危害極大。他們經常劫奪民間少女，每劫一人，就先用尖刀將她的眼珠挖掉，這樣，少女就無法辨認道路，不會逃跑；而且，沒有了眼睛，相貌也變得不易被家長認出來；再者，瞎眼的少女乞討時，容易引起人們的憐憫之心，可以討得更多的東西。乞丐的幫主逼迫她們白天四處行乞討要，得到的財物都被幫主據為己有。夜裡，乞丐們就對這些少女肆意姦淫。「丐幫」鬧得人心惶惶，官府下定決心予以懲治。不久，其主要罪犯全部落網，餘眾也就一哄而散了。丐幫尚能危害一方，可見拉幫結派、結黨營私之危害之深。

中國古代，除漢族之外，西藏歷史上也流行用尖刀挖眼的刑罰。直到一九五九年，當地貴族還用尖刀挖眼的刑罰迫害農奴。他們施行挖眼的時候，先讓受刑者戴上一頂四十多斤重的石帽子，再用石頭砸頭頂，使眼珠凸出來，然後用特製的鋒利尖刀，把眼珠挖出來。

御杖

御杖是笞杖之刑的一種特殊形式，就是皇帝在朝堂或宮門用棍棒對大臣以杖責。封建時代，皇帝具有至高無上的權威，他對大臣，就像主人對奴僕，稍不如意，就隨時用棍棒打人，致殘，甚至打死的情況都有。因此，御杖雖不載於歷代的法典，但它的確是朝廷正式使用的刑罰。尤其是在明代。御杖成為慣例，其次數之多，手法之狠，為歷史上罕見。被御杖的朝臣受刑的慘狀，實在怵目驚心。

御杖早在漢代就開始施行了。東漢初年，丁邯被選為尚書郎，他嫌官卑職小，託病不赴任，光武帝劉秀大怒，命令武士用頭號大杖對他予以責罰。唐玄宗時，曾在朝廷杖責監察御史蔣挺和祕書監姜皎等人。但明代以前，各代的御杖只是皇帝偶爾動怒，即興所為，到了明代，便逐漸形成制度，成為皇帝常用來處罰朝臣的手段。

明代御杖始於太祖朱元璋。洪武八年（西元一三七五年），茹太素上疏奏事，言語有所觸犯，朱元璋大怒，把茹太素叫來當面責問，並在朝堂把太素用棍棒責打。茹太素是明朝第一個受御杖責打的朝臣。朱元璋的做法被他的後代繼承下來，並加以發揮，永樂以後施行御杖的刑罰越來越頻繁。正統年間，宦官王振擅權，尚書劉中敷、侍郎吳璽、祭酒李時勉等人都受過御杖。景泰六年（西元一四五五年），代宗朱祁鈺曾用御杖責打大理少卿廖莊於闕下。成化年間，宦官汪直亂政，曾將給事李俊、王浚等五十六人用御杖各杖責二十。御史許進得罪汪直，也受御杖杖責，幾乎致死。成化十八年（西元一四八二年），南御史李珊等人上疏請求賑濟災民，憲宗朱見深藉口奏疏中有錯別字，詔令錦衣衛在南京午門前，由守備太監監刑，用御杖將他們各杖責二十。到這時，御杖在施刑時的儀式、方法已形成一整套固定的程序。

正德年間，宦官首領劉瑾專權，御杖的刑罰更為酷烈。正德元年（西元一五〇六年），劉瑾把大學士劉健、謝遷趕出京師，激起士人共憤，給事中艾洪、南京給事中戴銑、御史薄彥徽等二十一人，或獨自署名，或數人聯名，上疏請求保留劉、謝二人，同時彈劾劉瑾和另外兩名宦官馬永成、高鳳。劉瑾在武宗面前添油加醋地進讒言，請得聖旨，將這二十一人全部逮捕，各用御杖杖打三十。其中戴銑受刑最重，當時即死於杖下。御史蔣欽三次上疏，三次被杖打，每次杖責三十，第三次受杖打後，過了三天，即死於獄中。明朝著名的思想家王守仁，時任兵部

主事，也上疏救戴銑，劉瑾假傳聖旨，把他御杖五十，打得死去活來，之後又把他貶官到貴州龍場驛丞，把他放到一個最苦的地方去受罪。

劉瑾施行的御杖，其狠毒超過前代。成化以前，朝臣被御杖責打時都不脫衣褲。從劉瑾開始，朝臣遭御杖責打時都要脫去衣褲，這樣，輕者傷勢加重，重者就丟了性命。劉瑾用的行刑校尉，都是經過專門訓練的。訓練的方法是，先用皮革包裝，紮成兩個假人，一個裡面裝上磚塊，另一個外面裹一層紙。用御杖打裝磚塊的假人，看起來下手很輕，但開啟皮革一看，裡面的磚塊已全部破碎；打包紙的假人時，看起來下手很重，但連紙也打不破。練到這種程度，他才能被選為執行御杖的打手。這樣，在行刑時就可以隨心所欲，如果想把人打死，就用打包磚塊人的方法；如果想照顧某人，就用打包紙人的方法。不知情的旁觀者，根本看不出一點破綻。

劉瑾挖空心思，利用御杖殘害忠良，但他自己搬磚頭砸自己的腳，最後他也受到御杖的懲罰。正德五年（西元一五一〇年），宦官張永告發劉瑾謀反，錦衣衛按照常規，將劉瑾在午門外用御杖杖責後凌遲處死。劉瑾作惡多端，終於自食其果。

劉瑾死後，御杖的使用並沒有減少，其他宦官把持朝政時，迫害異己勢力的殘酷手法，比劉瑾有過之而無不及。正德十四年（西元一五一九年）春天，宦官江彬鼓動武宗南遊，群臣紛紛上疏勸諫武宗不要聽信江彬的奸佞之言，使天下勞民傷財。武宗大怒，傳旨將上疏進諫的兵部郎中黃鞏、兵部員外郎陸震等數人下詔獄，將修撰舒芬等共一百四十六人在午門外罰跪五天。舒芬這幫人跪完五天後，武宗又下令在午門將他們施行御杖杖責，每人三十大棍。江彬見大臣們都彈劾他，非常惱怒，授意校尉從重責打。這些溫文儒雅的文職官員，哪裡受得了這般酷刑？行刑時慘叫聲響徹皇宮內外，情景十分恐怖。舒芬被御杖

後，奄奄一息，抬回翰林院時，掌院的官員害怕得罪江彬，不准在院中停留，舒芬哀求：「我在這裡任職，就讓我死在這裡吧！」還是不許，舒芬只好帶著重傷，被人抬著、踏上貶謫的路程。幾天後，武宗又下令將已下詔獄的黃鞏等六人予以御杖，其中大理寺正卿周敍等三人各五十，另外三人各四十。同時被御杖的還有姚繼巖等二十二人。黃鞏受杖後削職為民，遣送回原籍。陸震杖傷特別重，江彬又讓人絕其飲食，第二天他就死在獄中。工部主事何遵被棍棒打得肢體裂開，兩天後也死去。大理寺評事林公輔身體虛弱，不勝御杖而死。這兩次被御杖杖打的共一百六十八人，打死十五人。所以壞官好當，好官難做。

　　時隔不久，嘉靖初年又進行了一次大規模的御杖。事情的起因是武宗朱厚照駕崩，他無子可以繼承帝位，於是由皇太后張氏做主，將孝宗朱祐樘的弟弟興獻王朱祐杬的兒子朱厚熜，過繼給孝宗當嗣子，如此一來，他就算是武宗的弟弟，可以繼承帝位。朱厚熜就是世宗嘉靖皇帝。他即位後要稱孝宗為父，而應稱親生父母為「本生父母」，但嘉靖登基後的第一件事，就是下旨去掉「本生」的稱呼，並為親生父親追封皇帝的諡號。他的意思顯然是不願再當孝宗的嗣子，因此，群臣輿論譁然，認為世宗的做法不合大禮。於是，以尚書金獻民、侍郎何孟春為首，一共計兩百二十九位朝臣，一起跪在左順門進諫，勸皇帝改變主意。這就是明朝歷史上著名的「議大禮」事件。從早晨至中午，世宗兩次傳旨，眾官仍然跪地不起。嘉靖大怒，命令錦衣衛將為首者逮捕。修撰楊慎、檢討王元正等人用力搖晃左順門的門扇，放聲大哭。世宗更加憤怒，又命人把四品以下的朝臣王相、毛玉、張日韜等一百三十四人拘禁，五天後又將其中的十六人在午門施行御杖。又過四天，將修撰楊慎等七人再杖打一次。被御杖的一百三十四人中，共被打死十七人。

　　「議大禮」風波後，世宗恐大臣不服，仍然不斷使用御杖。嘉靖十二

年（西元一五三三年），郭君弼上書，觸怒世宗，被逮送錦衣衛獄，用夾棍、挾指拷逼近百次之後，又拉到午門施行御杖責打，直打到兩腿露出白骨。嘉靖十三年（西元一五三四年），世宗派武定侯郭勛替他到太廟祭祀，給事中張選上疏進諫，世宗不悅，命令將張選押到午門，御杖八十。世宗親自坐鎮文華殿監杖，每一個校尉行杖完畢，都必須把杖責的情況報告給他，行刑用的竹杖都打斷了三根。打完之後，張選已經氣絕休克。世宗叫人把張選拖走，仍然餘怒未息、耿耿於懷。張選被抬到家中，家人為他灌藥，才慢慢甦醒過來。嘉靖朝「四十餘年間，杖殺朝士，倍蓰前代」，「天下莫不駭然」。

　　嘉靖以後直至明末，御杖未斷。隆慶二年（西元一五六八年）穆宗御杖給事中石星，杖責後又將他削職為民。萬曆五年（西元一五七七年），神宗朱翊鈞的輔命大臣張居正的父親死了，因為當時皇帝年幼，張居正身負重任，他不願丟開權力，回原籍為父親守孝，這便是歷史上所謂的「江陵奪情」事件。按照封建道德標準評判，張的行為顯然不合規範。於是編修吳中行、檢討趙用賢、刑部員外郎艾穆、右都御史沈思孝、進士鄒元標等人，先後上疏進行彈劾。張居正以權謀私，勾結宦官馮保，對彈劾他的人予以反擊。於是，讓獨生女傳旨，用棍棒或竹杖、御杖上疏的朝臣。吳中行等人身上穿著囚衣，用繩索綁住手腕，被押出午門。午門前的空場上，百名校尉衣甲鮮麗，手執木棍左右排列。司禮監太監宣讀了萬曆皇帝的批示之後，在午門西側臺階下左側就坐，錦衣衛指揮使在右側就坐，手下聽候差遣，準備行刑的有數十人。不一會兒，校尉把應受御杖的犯官拉過來一個，要他在指定的位置、臉朝下趴在地上，掀起上衣，褪下褲子，露出屁股和大腿。司禮監太監命令：「擱棍！」兩旁排列的校尉齊聲大喝：「擱棍！」這時，有一人拿著一根大竹杖走出隊伍，將御杖放在即將被打者的大腿上。校尉們又按照司禮監太監的命

令，齊聲大喝：「打！」於是，行刑者把御杖高高舉起，打犯官的屁股。打三下之後，校尉們又大喝：「著實打！」行刑者更加用力。打的中間，校尉們有時會按照司禮監太監的眼色，大喝：「用心打！」這是暗示行刑者要往死裡打，行刑者心領神會，打得更加凶狠。每打五下，行刑者會換一個人，校尉們照樣用吆喝聲傳達太監的命令。每次喝令時，都是先由一人發令，然後百名校尉齊聲附和，喊聲震天動地，正在挨打的和等待挨打的犯官們，莫不膽戰心驚、兩腿發抖。

最先受御杖的吳中行和趙用賢，每人被杖打六十。吳中行被打完之後，校尉們把他放在一塊大布上，抬起四角還往地上摔幾次，然後拖出長安門，再把他放在一扇門板上，責令其家屬當天立即把他抬出京城。這時吳中行已經昏死過去，後經家人救治才甦醒過來。家裡僱一個轎子，抬著他南下返鄉，到家後，又請醫生把他身上腐爛的肉割掉幾十塊，大腿往內挖約一寸深，腿上的肉幾乎被掏空了。趙用賢是個大胖子，抬到家後，爛肉一塊塊脫落，有的就像巴掌那麼大，他的妻子把這些爛肉用鹽醃上，收藏起來，以儆後人不要再當官。

艾穆、沈思孝和鄒元標三人比吳中行、趙用賢更狠，每人都被打了八十御杖，直打得血肉模糊，死去活來。沈思孝受杖時，把右腿疊放在左腿上，所以他的屁股一邊傷勢很重，回到家後，請醫生剜去重傷處的爛肉，同時買來一隻黑羊，活著剜取羊腿上的好肉，塞到他傷口的皮膚裡，把傷口縫好，敷上藥。據說，這樣過一段時間後，羊肉即能和人肉長在一起。不久，沈思孝按照朝廷的處分決定，被流放到粵東戍所。他徒步翻越南嶺時，血還在順著腿腳往下流淌。鄒元標的傷勢更重，他雖未被打死，終身成了一個廢人。世人皆云當官好，但是有時當官的下場很悲慘。上面這些故事，很嚇人吧？

天啟四年（西元一六二四年），屯田郎中萬燝上疏彈劾魏忠賢，魏忠

賢指使一群太監到萬府抓住萬燦，拳腳相向，一陣毒打。拉到午門時已經體無完膚，魏忠賢仍然命令將他御杖一百。打完之後，魏忠賢指使太監、朝臣們在萬燦身上亂踩一通，萬燦血肉模糊、奄奄一息，第四天便死去了。封建社會的法就是權，權就是情感，以感情執法的流毒是非常深遠的，這種以感情行政的影子，至今時而浮現。

　　明朝末年崇禎時，明思宗朱由檢仍死抱著祖宗的傳家寶──御杖不放，常常親自指揮太監和錦衣校尉用御杖拷打朝臣。崇禎十三年（西元一六四〇年），名臣黃道周被錦衣校尉逮捕，慘遭御杖責打。崇禎十六年（西元一六四三年），嘉興人吳昌時被蔣拱宸彈劾，思宗在朝堂親自審問，吳昌時辯駁不已，思宗動怒，命令用杖刑。閣臣魏藻德當時為吳昌時說情：「在金鑾殿上用刑，是大明朝三百年來沒有發生過的事。」思宗更生氣，說：「吳昌時這廝，也是三百年來沒有見過的惡人。」於是下令太監動手。先用火棍，吳昌時的兩條腿都被夾斷，昏死過去，無法站立，一名校尉把他背出朝堂。蔣拱宸也因事觸怒了思宗，思宗高坐金殿，喝聲：「打！」行刑的校尉立即對蔣當頭一杖，一下子把烏紗帽打成兩半。由此可見，這時的御杖已是不分場合，不講任何方式了。

　　崇禎十七年（西元一六四四年）春天，明朝滅亡前夕，思宗還在濫用酷刑。熊開元和姜埰二人都因直言進諫，得罪思宗，被逮受審。熊開元先受拶刑，再被御杖杖責一百，又被夾一次，再打五十棍，這已經被弄得只剩一口氣了；兩天後又夾一次，打五十，再剝光衣服打四十棍。這樣反覆折磨，熊開元竟然沒有死，也算是奇蹟了。姜埰在午門被御杖，趴在地上，滿面塵土，兩隻腳也被縛起來，由人四面牽扯，一點也不能動，只露出屁股和大腿受御杖，御杖被打斷了好幾根。杖完後，姜埰已不省人事，他的弟弟當時也在朝當官，前來救護，採用流行的祕方，嘴含一口人尿，嘴對嘴餵給哥哥，姜埰才甦醒過來。家人請醫生為姜埰治

傷，醫生說：「杖傷的青痕已經到膝蓋以下，恐怕是沒救了。我用刀把爛肉割去，敷藥試一試，七天後若能感覺到痛，就有治好的希望。」後來過了半個月，先後割除的爛肉約有一斗，身體才逐漸恢復（魏禧《姜貞毅先生傳》）。姜埰被御杖後，於崇禎十七年三月，被勒令謫戍宣城，還沒來得及動身，三月十九日北京被李自成起義攻破，思宗見大勢已去，含淚投繯。盛行明代的御杖，隨著明朝的滅亡才被廢止。

鞭

　　鞭是從古至今、各代通用的刑具。

　　《國語·魯語》中說，春秋時，臧文仲對魯僖公說：「大刑用甲兵，其次用斧鉞；中刑用刀鋸，其次用鑽鑿；薄刑用鞭扑。」當然，說鞭扑是輕刑，這是和死刑及傷殘者的肢體酷刑相比而言的。但是鞭扑時將人打得皮開肉綻，鮮血淋漓，有不少人也曾被鞭打致死。

　　早在傳說中的五帝時，鞭扑就是刑罰的一種。《尚書·舜典》說：「鞭作官刑。」這句話的意思是「以鞭治官事之刑」，即鞭為執政者權力的象徵，是統治民眾的工具，是鎮壓人民的刑具，正像放牧者手中的鞭子一樣。到了西周，地主官吏行使職權時，手裡要「執鞭度」，就是說要拿著「鞭」和「度」這兩件東西。「鞭」是懲治人用的，產生鎮壓作用；「度」是度量衡，用來檢查民眾互相買賣或繳納實物稅的數量。西周時貴族出行，護衛者要執鞭喝道，非常威風，對於行為不法及越軌犯上者，要視其罪過的大小，給予鞭三百或鞭五百的處罰。

　　春秋時，鞭扑成為常用的刑罰，鞭刑從古至今各代通用，成為常用的刑具。奴隸主貴族不僅對犯罪的人鞭扑，而且對犯有小過錯的平民或奴僕，也動輒進行鞭責。這種記載，在《左傳》中俯拾即是。魯莊公八

年（西元前六八六年）十二月，齊襄公在一個名叫貝丘的地方發現一隻野豬，慌忙用箭射牠而未射中，襄公也因緊張，從車子上掉下來，摔傷腳並丟了鞋，他令人替他找回鞋子，但沒有找到，襄公大怒，就用鞭痛打他，直把打得鮮血淋漓。魯僖公二十七年（西元前六三三年），楚國的令尹子玉在崫地練兵，曾對七人施以鞭刑。魯襄公十四年（西元前五五九年），衛獻公請師曹教他的寵妾彈琴，這位寵妾無禮，師曹用鞭打了她，獻公大怒，又把師曹鞭打三百。那時施行鞭扑時，被鞭者要脫光上衣，行刑者用鞭抽打其背，鞭子甩動，常常血肉橫飛。

　　東漢時，皇帝常用鞭處罰大臣。漢明帝劉莊執法嚴峻，九卿顯官多曾受過鞭責。永平三年（西元六〇年），明帝詔令賜給投降的胡人縑一千匹，尚書郎在辦理時看錯了數字，賞三千匹，明帝聞後大怒，將尚書郎鞭責，幾乎打死。陽嘉二年（西元一三三年），左雄上書說：「九卿位亞三等，班在大臣，行有佩玉之節，動有庠序之議，加以鞭杖，誠非古典。」漢順帝劉保準奏，下詔廢除鞭刑。

　　漢代以後，鞭刑或廢或興，未有定制。三國時，用鞭刑人屢見使用。吳會稽王孫亮要一名黃門侍郎到中藏吏那裡取交州進貢的甘蔗餳，黃門和中藏吏原有舊怨，就在餳糖裡放幾粒老鼠屎，然後又告中藏吏怠忽職守。孫亮派人調查，獲悉這是黃門有意陷害，就將黃門髡首並用鞭進行責打。蜀將張飛性格急暴，常常鞭撻部下。《三國演義》寫他為關羽報仇心切，責成部將范彊、張達在三天以內辦齊白旗白甲，掛孝伐吳，范彊、張達略有為難，張飛就將他們綁在樹上各鞭三百，結果這兩人懷恨成仇，竟然殺了張飛，投降東吳。

　　南朝宋時，劉邕最喜愛吃瘡疤皮，認為它的味道勝過鰒魚。有一天，他去看望友人孟靈休，孟靈休正在生瘡，瘡疤皮掉落在床上，劉邕看見，拾起來吃，孟靈休大驚，就把身上還沒有脫落的瘡疤皮也揭下來

給劉邕吃。這個故事就是人們常說的「嗜痂之癖」的來歷。劉邕在南康當官，他部下的兩百多名官吏，不論有罪無罪，他對他們輪流施加鞭刑，目的就是讓他們的鞭傷結瘡，供他揭取食用。劉邕的做法已超出刑罰的範圍，他是以鞭扑來滿足自己奇特的私欲，從此也能看出以權謀私真有歷史傳統，有時能到登峰造極的醜惡程度。北齊時，安德王高延宗任定州刺史時，常在廁樓大便，令人在下面張著嘴接他的屎，若有為難表情，就用鞭打。高延宗的殘暴行為，把自己當神，把下人不當人的「官本位」、「權本位」流毒，更比劉邕有過之而無不及。

　　隋開皇元年（西元五八一年），隋文帝楊堅下詔廢除鞭刑，但這個沽名釣譽的皇帝，說得好聽，公文一簽發，就算有政績了，其實他本人並不想嚴格遵守他的詔令。當時楚州行參軍李君才上書批評文帝過分寵信高熲，文帝聞奏大怒，命令杖責李君才，因當時宮殿上找不到杖，文帝又叫人用馬鞭把李君才痛打致死。唐初正式恢復鞭刑，但實行的時間不久後又被廢止。貞觀四年（西元六三〇年），唐太宗李世民有一天看見醫士用的「明堂針灸圖」，發現人的五臟都靠近脊背，針灸時若扎的穴位不準確，就會誤傷人命，因而聯想到鞭背也會致死。他說：「鞭是刑罰中較輕的，但若造成死亡，就是重刑了，其人該受輕刑，為什麼要讓他承受重刑的風險呢？」於是，他下詔禁止對罪人鞭背。李世民不愧是中國古代少有的英明帝王，這個決定不但展現他的仁慈精神和同情心，且說明他具有一定的法制觀念。要知道，最高統治者都自認是真龍天子，迷信人治，視人民如羔羊，視人命如草芥。像唐太宗、漢文帝這樣的最高統治者，身居高位而心存顧忌的歷史人物，是不常見的。但是，唐太宗的詔令並未能讓鞭刑禁絕。唐代不少達官貴人仍然使用鞭扑，對手下人進行責罰。如張鷟《朝野僉載》所記，廣州錄事參軍柳慶為人極其鄙吝，他的用具和食品等全部存放在自己的臥室中，奴婢若有人私自取用

一撮鹽，柳慶就將他們鞭打見血。還有韶州人鄧祐任安南都護，他家資富饒，有奴婢千人，但他仍然省吃儉用，從不設宴請客，從不妄花一分錢。有一天，他的孫子偷殺食一隻鴨子，被鄧祐知道了，說孫子擅自敗壞家財，鞭打二十。這雖然只是兩例小事，但說明了鞭刑作為私刑使用時，比官刑更加普遍和難禁。

到了遼代，又創立鞭烙法。鞭與烙同時使用，還可以折算，凡烙三十者鞭三百，烙五十者鞭五百。元代初年，鞭刑肆虐，不少人被鞭撻致死。至元二十九年（西元一二九二年），元世祖忽必烈下詔禁止鞭背，但未能止住這股歪風。元英宗至治三年（西元一三二三年），又重申禁止去衣鞭背的法令，仍然未能根除。明清時，許多酷吏還在經常使用鞭扑，《大清會典》上還明文寫著鞭責的條款。

歷史上雖有不少生性殘暴，心狠手辣的酷吏，但有些寬厚仁慈的官員，看到犯人被鞭撻的痛苦，也是有憐憫之心的。他們對所用的鞭加以變通，或者在行刑時適當從輕。如北齊時，崔伯謙任濟北人守，府中刑鞭都用熟皮製作，鞭打人時不會見血，只表示一下責罰罷了。百姓們作歌曰：「崔府君，能治政，易鞭鞭，布威德，民無爭」。可見，在酷刑肆虐的封建社會裡，多少施行一點仁政，就會得到人民的讚譽。東漢劉寬任南陽等郡太守時，用蒲草製作刑鞭，吏役們有了過錯，就象徵性地用這種蒲鞭責打，有示辱之意，無皮肉之苦。他深得民心、得到百姓的愛戴，也受到別人的景仰。唐朝大詩人李白有詩云「蒲鞭挂簷枝，示恥無撲抶」，就是稱讚這件事。

但是，古代也有些酷吏別出心裁地製作特殊的刑鞭，加重對犯人的懲罰。例如明洪武末年，湘陰縣丞劉英用生牛皮製鞭，皮條上串著銅錢，擰在一起，長三尺。用這種鞭打人，銅錢割裂肌膚，會讓受刑人血肉橫飛，慘不忍睹。有一次，劉英外出巡視，某巡檢沒有及時迎接他，

他就抓住巡檢的妻子出氣，將她綁起來，用夾有銅錢的生革鞭痛打，幾乎把她打死。後來劉英終因民憤太大，以酷虐罪判處極刑，斬於市曹。永樂年間，有官員用皮革縫製一個鞭，裡面灌上桐油，用它來鞭撻犯人。刑部將此事奏聞朝廷，明成祖認為這人太殘酷、太過分了，於是下令將那官員用御杖進行責罰，並罷免了他的官職。成祖朱棣一向慣用酷刑，在處理這件事情時，能出人意料地表現出仁慈之心，也很可貴。

歷史上執行鞭刑的打手通稱伍伯。伍伯們性凶手狠，行刑時毫不留情。唐初武德年間，曾發生過一幕伍伯打官長的鬧劇。蘇世長任陝州長史時，治下民眾不服管教，他想了個主意，要伍伯在鬧市鞭打自己，來引咎自責，以感化百姓。但伍伯們討厭他這種弄虛作假的把戲，於是在用鞭時狠勁猛打，直打得皮裂血出。蘇世長見假戲真做，實在忍不住痛，便慘叫著逃回衙中，圍觀的人都大笑不止。蘇世長的虛偽固然可笑，但伍伯們的凶狠也的確可惡，難道他們就不擔心蘇世長事後會對他們報復嗎？

鉗、枷

鉗、枷是束頸的刑具。春秋戰國時期已出現用鐵製的鉗套在犯人的頸部，山西侯馬發掘出的春秋戰國時期的墓葬中，有殉葬者頸上帶鐵鉗。在河北燕下都也曾多處發現鐵鉗。漢代有「髡鉗城旦舂」刑，這種刑罰就是剃去犯人鬚髮，為其加戴鐵鉗，並強迫其服城旦勞役。《漢書‧楚元王傳》顏注曰：「鉗，以鐵束頸也。」根據文獻和出土的文物可知，這是一種由直、曲兩根鐵條組成、形狀類似大寫英文字母 D 那樣的刑具，鉗上一般還扣有鐵鍊，便於胥役牽曳。《漢書‧王莽傳》云：「民犯鑄錢，伍人相坐，沒入為官奴婢。其男子檻車，兒女止步，以鐵鎖琅鐺其頸，

傳詣鍾官，以十萬數。」這裡的「鐵鎖」當即為「鉗」。據史料記載，鉗一直到宋代仍是法定的刑具。

枷的性質與鉗相似，但以木料製作，中開圓孔卡住犯人的脖頸。枷這種刑具，早在商、周之際就出現了。《周易·噬嗑》篇有「何校滅耳」一句，前賢注解說：「校，枷也，罪重械其首也。」顯然，那時的「何校」即「荷校」，就是後來的「枷項」。至秦漢時，當時把它與桎梏統稱「械」或「三木」，而無專稱。正式稱枷為刑具，最早見於《晉書·石勒載記》，書中提到東晉建威將軍慫惠并州刺史東瀛公司馬騰在山東捕捉北方的胡人，賣給富家當奴隸，得到的錢財用來補充軍費。司馬騰曾派部下郭陽、張隆等擄掠、竊奪了不少胡人，把兩名胡人用一副枷夾在一起，以便押送到冀州販賣。後來成為後趙皇帝的石勒，當時也在兩胡一枷之中。當時枷的式樣、大小已無史料查考，但它是一種用木頭製作、固定俘虜脖頸的刑具，這是確定無疑的。兩胡一枷是為了防備他們逃跑而採取的措施。後來對枷逐漸改進，式樣大小、輕重才大體統一。南朝蕭子良《淨住子》說：「壁如牢獄重，囚具嬰眾苦，抱長枷，牢大械，帶金鉗、負鐵鎖。」可見，這時的枷和鉗已成為監獄中管理囚犯的一種常備刑具了。

北魏時，朝廷正式頒定枷為官方刑具之一，所以後世有人認為枷「始自後魏」。北魏孝文帝太和年間，枷的製作仍不統一，當時法官和州郡長官普遍製造重枷、大枷。除了用枷之外，還給犯人的脖頸上掛石頭，綁石塊的繩子深深勒進皮肉裡，甚至勒斷頸椎骨，真是無所不用其極。太和五年（西元四八一年），魏孝文帝下詔：「若不是犯下大逆的犯人，不准用大枷。」但什麼算是大枷，並未有明確的標準。永平元年（西元五〇八年）七月，魏宣武帝下詔令尚書檢查各地所用枷有無違制的情況。尚書令高肇、尚書僕射清河王元懌等人，經過調查，把相關情形和

處理意見奏報宣武帝，經聖旨批示，規定大枷「長一丈三尺，喉下長一丈，通頰木各方五寸」，用來懲罰叛逆謀反者，各臺寺州郡原本製造的大枷都要焚毀，不准再用。

　　魏宣武帝下詔毀枷，而後世就在魏宣武帝下詔禁毀大枷之後，發生了一件趣事。當時的河陰縣令宋翻不理皇帝詔令，我行我素，一時傳為美談。那時河陰縣衙裡原本存放著一副大枷，名叫「彌尾青」，下屬說：「朝廷下詔不可以用大枷了，這副枷就燒掉吧！」宋翻說：「不要燒，暫且把它放在牆根下，以待豪猾之徒。」不久，有個名叫楊小駒的太監到縣裡辦事，頤指氣使、十分驕橫，比主人還威風，宋翻不僅不買他的帳，還命令衙役拿來「彌尾青」，給他戴上，讓他嘗嘗大枷的滋味。楊小駒受了一場惡氣，回到宮裡向宣武帝哭訴。宣武帝認為打狗欺主，勃然大怒，傳旨令河南府尹審問宋翻，同時下詔，說宋翻違抗朝廷旨意，使用超重大枷，是擅行威權以沽名釣譽。宋翻上書申辯說：「這個枷不是我製作的，之所以留下它，不是為了懲罰百姓，而是要懲治楊小駒這樣的凶暴之徒」。在專制皇權的封建社會裡，宋翻不畏權貴，勇於對抗有特殊身分的太監，他的勇氣和魄力令人讚賞，因此一舉而名震京師。只是歷史上像宋翻這樣正直的官太少了，所以朝廷中的歪風邪氣往往比正風還盛。

　　從此齊、北周到隋，都沿襲北魏的法規，普遍用枷。唐代刑人用枷更是常事。《唐六典》載：「諸流、徒罪及作者皆著鉗，若無鉗者著盤枷，病及有保者聽脫。枷長五尺以上，六尺以下，頰長二尺五寸以上，六寸以下，共闊一尺四寸以上，六寸以下，徑頭三寸以上，四寸以下。」但是，唐代的一些酷吏並未按照這規定的尺寸，而是挖空心思製作大枷、重枷。例如武則天時，著名酷吏來俊臣製作的大枷有十種名號：一曰「定百脈」，二曰「喘不來」，三曰「突地吼」，四曰「著即承」，五曰「失魂膽」，六曰「實同反」，七曰「反是實」，八曰「死豬愁」，九曰「求即死」，

十日「求破家」。從這些凶殘的名字可以得知，每一種枷鎖都非常厲害，足以讓人受盡折磨。與來俊臣同具惡名的另一名酷吏索元禮更加奇特，他令犯人跪在地上，雙手捧枷，在枷板上再放上一疊磚，這叫「仙人獻果」；或令犯人站在高處的橫木上，把他頸上的枷掉轉方向，使長的一端朝後，犯人必然身體向前傾，而脖子也就被勒得更緊，這叫「玉女登梯」。索元禮用這樣的刑罰和刑具，常常把人折磨致死。

宋代，對枷的重量有一定的限制，但在實行時，枷的重量常常超出規定。有些地方制的枷用鐵皮包邊鑲角，稱為「鐵葉枷」，例如小說《水滸傳》中林沖和武松發配時戴的枷，就是七斤半重的「團頭鐵葉護身枷」。有的地方用鐵鑄成鐵枷，其重量肯定遠遠超過木枷。儘管在宋初太平興國三年（西元九七八年），曾頒發過不得以鐵為枷的詔令，但鐵枷仍被某些酷吏使用。用超重的刑具殘酷地折磨犯人，或許能從犯人身上詐出點禮錢。金代的枷也常常超出規定，泰和四年（西元一二〇四年）七月，金章宗完顏璟曾派官員到各地巡察，對濫用重枷的現象予以查究，但無法徹底禁絕。這或許是上面的查禁只是裝裝樣子，或者是上有好者，下必甚焉，刑罰層層加碼，越下面越黑暗，這種社會現象在歷史上亦然。

明代初年，太祖朱元璋詔令統一枷的型號。規定枷長五尺五寸、兩端一尺五寸，用乾木製作，死刑犯戴的枷重三十五斤，徒罪、流罪犯人戴的枷重二十斤，杖罪犯人戴的枷重十五斤，長短輕重的數據皆刻在枷上。洪武二十六年（西元一三九三年）下詔，凡在京的各衙門所用的刑具，都必須經過檢查，符合規定的標準才准使用。但是，實際上明代的枷比以前各代更重，由宦官控制的東廠、西廠用的枷就越做越重，越做越奇。

正統年間，國子監祭酒李時勉和宦官王振有嫌隙，王振捏造罪名，

將李時勉處以枷刑，並製作了幾副百斤大枷，命令將李時勉與司業趙琬、掌饌金鑑三人枷號示眾，其中一副最重的有一百多斤，是王振令人為李時勉特製的，但金鑑爭著要戴重枷，說：「我年輕力壯，給我戴這面枷吧！」李時勉也不示弱，說：「老夫筋骨更堅，還是我戴吧！」就搶先戴了重枷。當時正值盛暑炎夏，他們被枷三天仍未解除，於是便激起了民憤，監生李貴等千餘人去皇宮門前請命，要求朝廷赦免李時勉等。皇太后恐事態擴大，責成英宗皇帝立即釋放李時勉等人，才平息了這場風波。

正德年間，宦官劉瑾專政時期，製作的大枷重一百五十斤。給事中安奎、御史張或奉旨去外地盤查錢糧回京，劉瑾向他們索賄而未成，就捏造罪名將安、張兩人用一百五十斤的重枷夾於城門。當時正是夏季，雨下個不停，兩人被淋得像落湯雞。都御史赴任延遲了日期，被逮至京師，枷號於吏部衙門外。御史王時中也因得罪劉瑾，被枷於三法司牌樓下，遠近圍觀的民眾望見這種景象，都忍不住流淚。被枷號的還有郎中劉繹、副使姚祥、參議吳廷舉等，吳廷舉因為彈劾劉瑾，被枷號於午門前，長達一個月之久。

嘉靖年間，有個叫劉東山的人，狀告皇親張延齡兄弟謀反，錦衣衛指揮王佐一方面為張氏辯誣，一方面反過來指控劉東山誣告皇親，罪不容赦，於是將劉東山用大枷枷號示眾三個月，然後充軍邊地，結果劉東山受盡折磨，含恨死於戍所。據說這是明代對犯人枷號時間最久的一次，劉東山想和惡勢力鬥爭，反被惡勢力治死，君不見衙門口朝南開，有理無權別進來，歷史上好人受氣、被整，壞人彈冠相慶的史例太多了，這是傳統文化中最腐敗的一部分，讀之令人心寒。

萬曆年間，明神宗朱翊鈞又製造出一種新式刑具──立枷。這種枷前長後短，長的一端觸地，犯人被枷夾住脖子，身體只能站著支撐，不

能坐也不能跪，立枷「重三百餘斤，犯者立死」。用立枷的犯人，大都在一天內就送了命，若有沒在短期即死者，監刑的校尉可把枷低三寸，這樣，犯人就站不直、立不穩、跪不成、坐不住，只能彎曲著雙腿，斜掛在那裡，不一會兒就會力量用盡、氣絕身亡。這種整人的歪門邪招，又何其毒也。所以，沈德符在《萬曆野獲編》卷十八「立枷」中說，萬曆時的士大夫們真是談枷而色變，甚至覺得比死刑還可怕。

清代仍有枷刑，康熙八年（西元一六六九），規定被枷的犯人所戴的枷，重的七十斤，輕的六十斤，長三尺，寬二尺九寸，詔告內外行刑衙門都必須按照刑部製作的式樣執行，不得違規、自行其是。各地官員大都遵守規定，個別酷吏獨出心裁，變換枷的花樣，但這只是個別情況，對整體局勢沒有太大影響。整體來看，清代的枷鎖刑法並沒有像明代那樣經常更新形式或更加殘酷，所以這方面就不再贅述了。

歷史上的枷刑，主要是施用於男犯人，女犯人則用械，但有時對女犯人亦用枷。明代有一位女子因通姦致罪，被官府捉拿審問，她就是戴枷。某郡守聽說這位風流女子是位才女，識文斷字、會作詩詞，令她以枷為題作一首詞，並說若詞作得好，就能獲得赦免。女子即賦〈黃鶯兒〉一首：「奴命木星臨，霎時間上下分。松杉裁就為圓領，交頸怎生，畫眉不成，眼睛兒盼不見弓鞋影。為多情，風流太守，特贈與佳人」。將這詞釋譯如下：「木」是指枷，「木星」指枷災，「奴命木星臨」意為枷刑災星的到來，是我命中注定的；「上下分」，指枷由兩塊木板組成，「霎時間上下分」意為霎時間我便被大枷鎖定；「松杉裁就為圓領」意為把枷當成圓領；「交頸怎生」意為做不成交頸的美事；「畫眉不成」意為畫不成眉毛；「眼睛兒盼不見弓鞋影」意為眼睛連鞋也看不到；「為多情，風流太守，特贈與佳人」，意為因多情，太守吃醋，才給我戴這個玩意。這女人不愧是風流才女，她能把冷酷刑具的枷加以詩化、藝術化，描繪得如此具

體、生動，同時表現出內心深處的坦然、溫柔、風流、幽默。郡守讚賞女子才思機敏，沒有判她的罪，而把她釋放了。可見，有才氣、有專長的人，即使招了禍，碰到明白事理的人，也能得到寬恕，轉危為安；但是那些善於政治勾心鬥角的人，一旦失勢，就好比泥牛進大海，再也沒有消息了。

棍棒

　　歷代拷訊犯人，常用的刑罰是拷打。拷打也叫拷掠、拷捶或榜掠，所用的刑具主要是棍棒。打的數目未有定規，常常是邊打邊問，直到犯人願意招認為止。行刑時往往把人打得皮開肉綻，鮮血淋漓，如果犯人在一次拷打之後不招供，就將他收監關押，下次審問時還要再打。

　　秦代官吏審案時，已經習慣使用棍棒拷打。秦二世胡亥二年（西元前二○八年），趙高誣陷李斯和其子李由謀反，將他們逮捕，親自拷問，用棍棒拷掠達一千餘下。最後李斯不勝其痛，屈打成招，就承認了謀反的罪名。趙高又派親信假扮成御史、謁者、侍中等複審李斯，李斯不知是計，向他們申訴冤枉，趙高得到報告，又命令對李斯進行更嚴重的拷打。後來二世胡亥真的派人檢查李斯的口供是否屬實，李斯接受前次的教訓，一口認定自己要謀反，不敢再翻案了，於是便被判為死刑，腰斬於咸陽。臨死父子相抱大哭，後悔當官，想回家駕鷹逐兔而不可得，甚可哀也。考李斯之死，源於拷訊。李斯曾為丞相，位極人臣，尚受如此非刑拷打，一般的囚犯就更慘了。

　　西漢時期，刑訊之風未息。一次劉邦率軍出征，路過趙地，冷淡了趙王張敖，這引起趙相貫高的不滿，他便請求張敖在劉邦回師過趙時殺害劉邦。這個計畫因劉邦回京未經趙地而沒有得逞。但卻有人將這個未

實現的計畫向劉邦報告。劉邦得知此事，即把趙王張敖、趙相貫高等逮捕。審訊中，貫高一口咬定是他自己設計的，與趙王無關。劉邦早就想除掉所有異姓王，有此機會怎肯善罷甘休。為了讓貫高說出是趙王授意害劉邦的話，斷獄官對貫高「榜笞數千，刺剟，身無可擊處者」，但貫高「終不復言」。剟，也是刺。《漢書》應劭注云：「以鐵刺之，又燒灼之。」這種拷訊是極殘酷的，但貫高和李斯不同，不愧為一條硬漢，他熬過了百般苦痛，卻保護了趙王張敖，貫高青史留名，受人敬仰；李斯身為將相，威震鄰國，揚名天下，臨死卻現出一副軟骨頭，加之又獻焚書之策，實為歷史罪人。

東漢更不乏以極端殘忍的方法刑訊逼供的事例。有個叫繆彤的地方官與縣裡一群小吏一起被誣陷入獄。由於獄吏的百般拷打，其他人都「畏懼自誣」，唯繆彤雖「掠拷苦毒，乃至體生蟲蛆」，經受了長達四年之久的折磨，始終不承認有罪。和帝時，著名酷吏周紆濫用肉刑，對犯人動輒用棍棒加以拷掠。永元六年（西元九十四年），和帝劉肇親自到洛陽視察獄訟情況，看見有兩名犯人被棍棒拷打死於獄中，身上都生滿了蛆蟲，和帝責備周紆失職，給他降級的處分。

唐代對拷打犯人的時間、次數等作了某些規定，但實際上並沒有按照這些規定認真執行，不少官員用棍棒拷打犯人仍然凶狠。開元年間，洛陽縣尉王鈞和河南丞嚴安之，用棍棒拷打犯人時，唯恐打不死，而且他們總是讓行刑的衙役朝著傷口的紅腫潰爛處猛打，看見犯人皮肉裂開、鮮血淋漓就大笑不止。

還有的酷吏用的杖具是特製的。明代成化年間監察御史王琰，將大毛竹剖開，做成竹板子，名叫「番黃」，用它行刑，許多人還打不到數就氣絕身亡；僥倖不死的，也必須請醫生用細鑷子小心地取出爛肉中的竹刺，然後敷藥，清除淤血，臥床數月才能痊癒。有一天，王琰去無錫巡

視，一個和尚來不及迴避，衝撞了他的儀仗，他立即下令用「番黃」杖笞和尚，和尚不一會兒便死去。王琰大怒，罵他裝死，喝令繼續打，那和尚終於沒有再醒過來。後來，王琰被晉升到朝中任職，得罪了憲宗朱見深，在午門嘗到受廷杖的滋味，結果在受杖兩天後便沒了性命，這應驗了「惡有惡報」的箴言。

中國歷代的法律都是相當彈性的，法律條文的表面下，實際上是由官員的意志所決定，就連在衙門中任職的平民百姓，只要得罪官員，就可能遭受鞭笞的懲罰。唐代杜牧詩曰：「參軍與縣尉，塵土驚劻勷。一語不中沾，笞箠滿身瘡。」這首詩集中反映了這種情況。隋代的崔弘度有一次正在吃鱉肉，八、九個人在旁邊侍候，崔弘度一個個地問他們：「鱉肉味道佳美嗎？」侍者平時就怕他，都迎合他說：「佳美」。哪知拍馬屁拍錯了地方。崔弘度大罵道：「蠢奴才，竟敢騙我！爾等沒有吃這鱉肉，哪能知道牠的味道美不美？」喝令把他們每人用棍棒重責八十。當時京師長安有諺語說：「寧飲三升醋，莫見崔弘度。」可見當時人們對這位姓崔的酷吏是何等痛恨。與崔弘度同時的著名酷吏燕榮，在任幽州總管時，經常對手下進行杖笞，一次責罰的數目竟多達千數，被打的人鮮血淋漓，他在旁邊飲酒吃肉，神態自若。有一次，燕榮出外視察，看見路旁叢生的荊棘可以製作笞杖，就叫人當場製作一根，並隨意抓來一名隨從，試試這杖是否好用。那人辯白說：「我沒有犯罪，為什麼打我？」燕榮說：「今天打了你，以後你真的犯了罪，就用今天打的數目來頂替，不再打了。」過了不久，那位隨從果然因犯錯應該受笞杖，他立即提出：「前次我已挨打過了，老爺您說再有罪就不再打，因此今天不能打我。」燕榮斥責他說：「你沒犯罪時尚能受杖，現在犯了罪不是更應該受杖嗎？」於是不由分說，把那人用棍棒又打了一頓。後因燕榮贓穢狼藉，被京師賜死，受到應得的懲罰。明朝萬曆年間，有個人任湖州太守，他最討厭

烏鴉叫，若在衙門裡偶爾聽見院中有烏鴉叫，就會把衙役用棍棒痛加杖笞。因此，當時人們便送給他一個綽號──「陳老鴉」。

有些朝代規定笞杖之刑是杖臀，即用棍子或板子打屁股。若是婦女犯罪需用笞杖，也是杖臀。宋、元兩代都有「去衣受杖」的規定，明代沿襲舊制，規定婦人犯有奸罪需要笞杖者，必須裸體受杖。這對婦女來說，不僅有殘酷的皮肉之苦，也有難堪的精神侮辱。行刑時，有時縣官還未升堂，衙役先把被告婦女脫掉褲子示眾，名曰「晾臀」；有的行刑完畢，仍不許婦女穿褲，即把其拉到衙門前大街上，名曰「賣肉」。遇到這樣的情況，有的婦女受不了羞辱，回家後便自盡了。在過堂之後，還要監押在衙門前示眾一天，無賴子弟又來終日圍觀、撫摸挑逗、嬉笑取樂。有婦女羞辱難忍，當場自我了結。嘉靖時，浙江總督胡宗憲因罪被逮至京師，他的妻子、女兒在杭州被拘捕，就曾受過這種侮辱。

清代仍有婦女裸體受杖的做法。晚清俞樾記述過一件事：某縣縣令年紀還輕，性格輕浮、輕率，特別喜歡談論桃色新聞。他審理案件，發現有涉及婦女閨閫方面的內容，就故意牽扯，認定為奸情，然後將婦女裸體行杖。後來他因貪汙罪被處死，家產被籍沒，妻女流落為娼，有人說這是他裸杖婦女的報應。

清代裸杖婦女還有更狠毒的例子。乾隆時，平陽縣令朱某在任職期間特製厚枷大棍，常對犯人施用嚴刑，對奸情案件更為嚴厲。有一次審問一名妓女，命令衙役把她脫光衣服予以杖責，又讓衙役用杖頭捅入妓女的陰戶。朱某還得意地說：「看妳還怎麼接客！」他痛恨妓女，想用重刑制止當地的嫖娼之風，但其方式未免太過分了。此外，單單懲罰妓女而不懲罰嫖客，也有失公平。

夾棍和拶子

　　唐宋以後，常用的法定拷訊刑具還有夾棍和拶子。這兩種刑具都是由非法升格為合法的，按照規定，它們只能用於拷問強賊或限於「熱審（秋審）」時使用，但實際上，官吏和胥役們一向把它們不加以分別地用於所有案犯。

　　據相關材料記載，明代錦衣衛鎮撫司刑具中就有夾棍，明代著名寫實小說《金瓶梅》中曾屢次提及西門慶在衙門中使用夾棍拷訊犯人。王圻《三才圖繪·刑具說》云：「夾棍之刑，唯錦衣衛則有，亦設而不擅用。此唯可施之拷訊強賊，後來問理刑名亦用之，非法也。」明朝中期以來，中國的穆斯林阿里·阿克巴爾在《中國紀行》中也記載了他們在刑部監獄中親眼見到用「夾板」拷訊犯人的慘狀。可知最晚在明代，它已是法定拷訊犯人的刑具了。

　　從清代《乾隆會典》可知，夾棍的形制是：「用木三根，中木長三尺四寸，旁木各長三尺，上圓徑一寸八分，下方闊二寸，自下而上至六寸。於三木四面相合處，各鑿圓窩，徑一寸六分，深七分。」拷訊時將一根棍置犯人兩踝之間，另兩根分置兩踝外側。拉緊穿於三棍圓孔中的繩子，三棍靠攏夾擠兩踝，讓犯人疼痛難忍。並指出「重案夾棍至少在明朝就已成為法定的刑具了，不論實情，始用之，不得過兩次」。這裡還強調大案、要案摸不到實情時，才得用這種刑具，但還不能超過兩次，可見這種刑具使用時的慘烈。《三才圖繪》中所繪的夾棍形狀，大致與此相似，唯下無「圓窩」。這裡需要說明的是，夾棍都是用硬木製作；夾棍施刑的部位是腳踝，踝骨是腳腕兩側凸起的部分，若夾得重，受刑者往往因此腿部受到重傷，甚至被夾碎踝骨致殘。夾棍在古代還有種種異名，王圻《三才圖繪》中又名之為「腳棍」，《儒林外史》則稱為「檀木靴」。因

為它由三根木棍組成，所以也有稱之為「三木」者。夾棍這種刑具的起源，一般認為來自宋理宗時的法外酷刑「夾幫」、「超棍」。《宋史‧刑法志》說：「又擅製獄具，非法殘民」，「或木索並施，夾兩胻，名曰『夾幫』；或反縛跪地，短豎堅木，交辮兩股，令獄卒跳躍於上，謂之『超棍』，痛深骨髓，幾於殞命」。若嚴格地說，「夾幫」、「超棍」還不完全是後來的「夾棍」。因為「夾幫」的施刑部位是頸部，《玉篇》：「胻，頸也」；「超棍」則是施刑於腿部，《玉篇》：「股，髀也」，並無夾意。沈家本更將「夾棍」這種刑具追溯到《隋書‧刑法志》中提及的壓腳踝的酷刑：「南北朝時有壓踝杖桄之法，其形狀不知何如？是即夾棍之意也。」所以，夾棍是綜合上述種種刑訊方法而逐漸形成的，約略出現於元明之際。

明代時用夾棍刑人，為了加重受刑者的痛苦，還採用兩種手法，一是敲，即將犯人上了夾棍之後，再敲其脛骨，即如《金瓶梅》第四十八回中提及的「一夾一百敲」，就屬此法。據《天人合徵紀實》載此法行刑的詳情：「夾棍，楊木為之，二根長三尺餘，去地五寸，許貫以鐵條，每根中間各綁拶三副。凡夾人，則直豎其棍，一人扶之，安足其中，上急束以繩，仍用棍一具支足之左，使不移動；又用大槓一根，長六七尺，圍四寸以上，從右畔猛力敲足脛。」二是在刑具與犯人腳踝的接觸處放石屑，石屑有尖，「未曾收緊，痛已異常」，這種施刑方法稱為「鐵膝褲」。

「拶子」是一種夾手指的拷訊刑具。據《清會典事例》提供的資料可知，拶子由五根圓木棍和繩索組成。圓木棍七寸長，徑圓四分五厘。拷訊時用五根小棍夾住犯人兩手的食指、中指、無名指和小指，用繩索縛緊五根小木棍，夾擠犯人手指，繩索勒得越緊，犯人所遭受的痛苦便越大。關於拶子這種刑具的起源，《尉繚子‧將理》中有云：「善審囚之情，不待箠楚而囚之情可畢矣。笞人之背，灼人之脅，束人之指，而訊囚之情，雖國士有不勝其酷而自誣矣。」這裡的「束人之指」，似應是拷訊，

這段資料顯示，漢代已經有對犯人的手指施刑逼供的情狀。據《隋書·刑法志》，北齊訊囚有「夾指」酷刑，唐代的韻書中也已有了「拶」字，可以說，大約在這個時期，類似後世「拶指」的拷訊方式和「拶子」這種拷訊刑具就出現了。拶子這種刑具的普遍使用，是在明清時代，因其施刑手法與夾棍相似，故又有「拶」起於「夾」之說，如《三才圖繪·刑具說》云：「拶子，舊無是制，想因夾棍而起」；清《六部成語注解》說，拶是「婦人之夾棍也，夾棍用於足，此用於手」。

　　從現有的資料來分析，拶在施刑上可能借鑑「夾棍」，但從實質上來說，這是用刑意圖完全不同的兩種刑訊方式。夾棍的雛形是壓踝，而拶指則主要針對十指連心的弱點而施，類似手法早見於漢魏六朝，所以它完全可能是獨自發展起來的。清代主要將拶用於女犯，因此後人多認為這種刑訊方式只用於婦女，其實在明代，男犯、女犯都可用拶子來刑訊。夾與拶相較，雖然夾的刑傷重，但據說拶最難熬，明代沈德符說：「諸刑俱可應故事，唯拶指則毫難假借。蓋緊拶則肉雖去而骨不傷，稍寬則十指俱折矣。」明朝在使用拶子這種刑具時，還有一種「拶敲」的方式，可能是移用夾棍中的「敲」：「拶，用楊木為之，長尺餘，徑四五分。每用拶，兩人扶受拶者起跪，以索力束其兩端，隨以棍左右敲之，使拶上下則加痛。」

　　由於夾棍和拶子的使用都非常殘酷，清代曾對這兩種拷訊刑具的使用範圍加以限制。順治十七年（西元一六六〇年），朝廷下詔，凡問刑衙門無真贓確證及戶婚田土小事，不得濫用夾棍。康熙四年（西元一六六五年）詔令，凡審理強盜、竊盜及人命大案，犯人已經在別的衙門招認，後來又改了口供，或已有確鑿證據而犯人堅持不吐真情，這種情況下方可使用夾棍；其他小事案件，如果問官濫用夾棍，要以故意違犯法規罪受到究治。康熙九年（西元一六七〇年）又下詔令，凡是官員審

訊犯人，不准於拶子、夾棍之外再用別種非刑，對婦女不准使用夾棍，對孕婦不得輕易使用拶指，違者要受到降職或罰俸的處分。清代的這些規定與前代相比，稍微有點寬鬆，但對夾、拶這兩種刑罰和夾棍、拶子這兩種刑具，並未加以廢除，且直到近代，這兩種刑具還時有所用，可見這兩種刑罰遺毒之深遠。

鐵鉗、鋸斧、熨斗、鐵鞋、錫管

歷代拷訊犯人時，往往不是單獨使用某一種刑罰和刑具，而是多種刑罰和刑具並用。有些酷吏別出心裁地創造各種稀奇古怪的用刑方式，把許多工具作為刑具使用，他們殘酷的人性在拷訊犯人時，得到淋漓盡致的發揮。正史中的酷吏傳及某些筆記小說中，此類記載很多，許多案例駭人聽聞。

例如西漢時，廣川王后昭信與姬陶望卿爭寵，誣望卿與郎吏私通，廣川王劉去與王后昭信帶領諸姬剝去陶望卿的衣服，輪流拷打，迫使她認罪，並「令諸姬各持燒鐵共灼望卿」。這裡的燒鐵，形狀雖無考，但這肯定是一種拷訊時的灼燒刑具。武帝時江充治巫蠱案，凡涉嫌者「輒收捕驗治，燒鐵鉗灼，強服之」（《漢書・江充傳》）。肉刑刑具中提到「鐵鉗」是一種加於頸項的刑具，但經火灼燒後就又變成拷訊刑具了。中國的法律常被認為是容易隨意解釋的，這種弊端在歷史上屢見不鮮。

東漢時，上虞人戴就在會稽郡做倉曹掾，倉曹掾是管理倉庫的小官。揚州刺史彈劾該郡太守犯有貪汙罪，派部員薛安檢查倉庫帳簿，以便尋找罪證。薛安先逮捕戴就，令其揭發郡守的貪汙行為，戴就不肯揭發，於是薛安便對戴就火刑，使人皮肉俱灰、嚴刑拷問，逼其揭發太守的貪汙事實。戴就不願誣陷郡守，慷慨陳詞，為自己申辯，薛安就令獄

卒「燒泆斧，使就挾於肘腋」。泆，音華，疑為犁鑴。這句話的意思是把斧或鑴燒熱，讓戴就挾在肘腋中。戴就神色不變，並對獄卒說：「為什麼不把這鐵東西燒得再燙一些？別讓它涼了！」每次拷訊之前，戴就便不進食，身上的皮肉被灼燒得焦爛而脫落，他就拾起來吃掉。薛安看一計不成，又施一計。他命令把戴就放在地上，用一隻破船，把他扣在裡面，然後點火燒馬糞煙燻他，經過兩天一夜，人們都認為戴就早被燻死了。薛安令人掀開破船檢視，戴就竟然未死，他還瞪著眼睛大罵：「為什麼不多加把火，怎麼讓這煙熄滅了呢？」薛安見狀大怒，又命令獄卒點火，把一片土地燒得堅硬，然後用針灸進戴就的指甲裡，令他扒燒過的硬土。戴就用插有針的手指扒土，指甲全部扒掉了，血肉模糊，但眉頭不皺，不叫一聲。吏役把這情況報告薛安，薛安立即提審戴就，對他說：「太守罪證確鑿，穢跡敗露，你何苦自己不吝惜自己，用自己的骨肉去保護他人的名聲呢？」戴就大義凜然，為郡守、也為自己辯冤，怒斥薛安「誣枉忠良，強相掠理，不仁不義」。薛安深為戴就的氣節感動，反過來在刺史面前為戴就說話，撤銷了原案。像戴就這樣的人，竟然受到如此非刑拷訊，差點被折磨而死，可以想見當時真正的罪犯若不肯招供，受的荼毒就更加嚴重了。

北魏時期拷訊犯人也常用火刑。例如太武帝時，盧度世因崔浩一案牽連，棄官逃跑躲到高陽鄭羆家中。官府得知情報，派吏役去鄭羆家中將其長子抓走，鄭羆告誡兒子即使殺身成仁，也不能說出盧度世的下落。他的兒子謹守父訓，在其被拷訊逼供時，緘口不言，問官用火燒他，直到把他燒死，也未吐露一字。古人的守信，在現代人看來，的確有些過於天真。

北齊文宣帝高洋時期也喜用火刑，有的吏役拷訊犯人，把犁面燒紅，讓犯人赤腳站在上面；有的酷吏把鐵車輪燒紅，讓犯人的手臂從中

間的軸孔伸進去,犯人被燒得皮焦肉枯、呼喊不斷,慘不忍睹。

火刑的花樣翻新,在晚清的小說中也有反映。例如李伯元在《活地獄》中就寫有拷訊犯人用「熨斗」、「鐵鞋」和「錫管」。他在《活地獄》中說:有一個號稱幹練的姚大老爺,某次審理一件姦情謀殺案,姦婦張王氏先是供認謀殺,後又翻供,企圖逃罪。於是,姚大老爺命差役取出一個仿照熨斗打造的烙具,「姚大老爺吩咐將炭放入熨斗之內,又叫當差的拿扇子扇了一會兒。約莫到了時候,喝問張王氏肯招不招?張王氏依然啞口無言。姚大老爺喝令剝去她的衣服,叫一個人提著她的頭髮,兩個人架著她的胳臂,一人手執熨斗……在這張王氏的左邊胳臂上擱了一擱,已經痛得她殺豬一般地叫。及至提起熨斗一看,原來被燙的地方,一個個有指頭點大,都發黑了。」有的縣官還專門「打一雙鐵鞋,把它放在火裡燒紅」,拷訊時令犯人「著在腳上,就算他是鐵石人也受不了。不過這個人,應該也殘廢了」,此刑還被美其名曰「紅繡鞋」。

清代還有「燒臂香」、「過山龍」等灼燙的酷刑。前者即是將「指頭粗的香」,點著了綁於犯人手臂上,「還不時用嘴吹那香的灰,恐怕有灰燒會不痛」。後者則是「叫錫匠打一個彎曲的管子,拉直要夠二丈多,把犯人赤剝後,用管子渾身上下盤起來,除掉心口及下部兩處。錫管子上面開一個大口,下面開一個小口,用百沸的滾水,從這頭澆進去,周流滿身,從那頭淌出去。這個開水,不可間斷」。有個叫魯老大的老實人,被誣為盜犯,縣官就以此刑具逼迫魯老大認供,「忍到十壺之後,魯老大渾身已起無數個燎泡,呼號之慘,耳不忍聞……魯老大熬不住,只得認了……」《活地獄》雖是小說,但它是當時人寫當時事,此書揭露清末官僚的貪汙,衙門的積弊,監獄的黑暗,酷吏的殘忍。這是中國描寫監獄黑暗、酷刑慘毒、刑具翻新的第一部小說,有重要的史料價值,所以書中提到的刑具應是可信的,在這裡做個記錄以供參考。

煙、醋、麵條

　　煙、醋是煙燻和灌鼻時的刑具。煙作為刑具，最早見於東漢戴就被扣在破船裡，然後點燃馬糞燻受刑者。在清代，用煙作為刑具的施刑方法，則是將犯人頭朝下，捆在板凳上，「點一根紙，對準他的鼻子燻」，不到一刻，受刑者「早已受不了，起先還是哀求，後來也顧不得哀求，竟是祖宗十八代也喊了出來。」另外，據《新唐書・酷吏傳》，當時訊囚酷刑中，有「燻目」刑，而《新唐書・刑法志》作「燻耳」，疑訛，當以「燻目」為是。這種「燻目」也是這類煙燻刑，不同的是前者作用於內臟（肺），而燻目則主要針對眼睛施刑。

　　醋作為刑具始見於唐。據《舊唐書・刑法志》記載，來俊臣「每鞫囚，無問輕重，多（《太平廣記》引《神異經》，此字作『先』）以醋灌鼻」。五代時的劉陟，「好行苛虐，至有炮烙、刳剔、截舌、灌鼻之刑，一方之民，若據爐炭」。這裡灌鼻的東西也可能是醋。宋代的利司都統王夔，亦以「用醋灌鼻、惡水灌耳口」之刑來脅取富人金帛。灌鼻之刑之所以用醋，主要是利用它對內臟的刺激性來殘害受刑者。特務機關中把辣椒水當刑具，對受刑者灌辣椒水的酷刑，即傳承於此。以上兩種刑具，主要是針對人的肺部施刑，尤其是用醋灌鼻，罹受此刑者，因肺部受到傷害，大都留下後遺症。

　　此外，清代還有一種「二龍吐鬚」酷刑，這種刑罰是把麵條作為刑具。其法是先讓犯人餓肚子，然後讓犯人吃兩大碗小指頭粗的、煮得半生不熟的麵條。犯人因為很餓，很快就把麵條吃下去。然後官吏來逼供，若犯人不招，就「把犯人揪翻了，平放在蓆上，把蓆子捲起來，捆上繩子，然後扛著他，把他顛倒豎在門後面」。「不到一會兒工夫，那人便眼睛發直，百脈顛倒，一齊側重到腦門上。剛才吃的那兩碗粗麵，早

一根一根從眼耳鼻口淌出來。那人弄得天旋地轉，一陣難受，真是比凌遲碎剮還要加幾倍呢！」麵條用作刑具，施刑之前必須讓犯人餓肚子，並讓他快速吃下半生不熟的粗麵條，以便讓麵條在肚子裡膨脹。等到犯人被捆綁顛倒過來後，由於血液聚流於頭部，眼脹氣促，此時因為大量的麵條滯留在食道，身體倒置，導致麵條從口和鼻中流出，阻塞呼吸道。這樣一來，加上倒立造成的胃部不適、呼吸急促和窒息感，就會造成犯人「比凌遲碎剮還要加幾倍」的難受。這種刑罰的每一步驟都很有講究，正如思想家魯迅所述：「往往好像古人早就懂得了現代科學。」麵條竟然可以成為一種刑具，這種酷刑殘忍可怕，是那些心狠手辣的酷吏們，極盡心思發明的一種殘酷手段。

棒錘、碎瓦、磚塊、木槓

除了夾棍以外，古代施於足的酷刑和刑具還有很多種。

▌敲壓腳踝

此刑至遲在南北朝時已見記載，開始僅僅是「用方材壓……踝脛」（《宋書·佞倖傳》），亦簡稱為「壓踝」。到隋唐時，酷吏多用此法訊囚，如唐代酷吏李嵩等所用的酷刑中，即有「方梁壓踝」。唐肅宗時，有個被誣為「陰通史朝義」的人，曾受此酷刑，「按之兩宿，鬢髮皆禿，膝踝亦拷碎，視之者以為鬼物，非人類也」。後來，逐漸演變為用錘、棒敲擊脛骨，受刑者的腳踝在敲擊之下的痛楚，更甚於「壓」。《活地獄》中說：「先提上一個人來，把這人按倒在地，一人抓住他的上身，一人抓住他一條腿，再用一個人，把他褲腳捲起，除去襪子，用一隻手扳牢他的腳，把腳踝骨露在外面。那個拿釘錘的人，就對著踝骨上一塊骨頭，

一五一十打個不停。諸公可知，這塊骨頭是經不起打的，始而痛，繼而麻，到後來，只有痛無麻，一下下都痛到心裡去。一條腿打完，再打另一條，每條打不到二、三百，不但皮破血流，骨頭亦早已碎了」。道光三年，貴州司有人被誣告，審訊中竟被用捶衣木棒敲打腳踝喪命。

▌跪碎瓦

唐代酷吏訊囚，有「碎瓦揩膝」的酷刑。揩，支也，意為支撐。揩膝，即膝跪碎瓦片上。這裡跪碎瓦是一種拷訊刑罰，碎瓦自然也就成為刑具了。元朝至元二十年御史臺的牒文中說：「比年以來，外路官府，酷法虐人。有不招承者，跪於碎瓦之上，不勝痛楚，人不能堪。」可知此刑至元代仍在使用。到清代，此刑已是熱審時的法定拷訊方式之一了。當時的酷吏還在此基礎上變本加厲，或以燒紅的鐵鍊讓犯人跪；有的則在犯人腿彎上加壓槓子。

▌乾榨油

前文已經提到宋代有一種「超棍」的酷刑，其方法是將受刑者「反縛跪地，短豎堅木，交辮兩股，令獄卒跳躍於上」，受刑者「痛深骨髓，幾於殞命」。當時還有一種叫「乾榨油」的問供方式：「縛人兩股，以木交壓」，施刑手法與「超棍」類似。明代有「痛楚十倍官刑」的「乾榨酒」，從名稱上推測，應即此類的拷訊刑罰。舊時農村中榨酒，以蒲包盛酒糟，上加木板，再用粗木槓加重壓，酒糟中的酒瀝便被榨出。刑罰之名為「乾榨」，施刑情況當與榨油、榨酒相仿。後來的壓槓子酷刑，似由此演變發展而來，所以「乾榨油」這種刑罰的刑具應是木槓。

█ 站磚塊

　　站磚是一種專對女犯施用的酷刑,其方法是把纏腳女跪碎瓦子的鞋、纏腳布去掉,讓差役架著她赤足站磚。古代女子纏腳後,腳骨頭畸變,不穿鞋、不裹腳根本無法站立,據《活地獄》第十八回中描繪,「站上去不到半點鐘,朱胡氏覺得自己身子好像重得很,那隻腳就有點支撐不住;又停一刻,只覺得身子有幾百斤重;再過一刻,竟像有千斤之重。試問她那隻纏過的腳,如何承受得起呢?先不過兩腿發痠發抖,後來竟大抖起來,身子亦就有點歪斜,無奈兩旁有人架住,不能由己。再站半天,只見她臉色改變,冷汗直流,下面的尿早從褲腳管裡直淌下來。」等到放下來,「朱胡氏已經與癱了一樣癱在地下,不能行走了。」

　　由上觀之,棒錘、木槓、碎瓦、磚塊皆可成為刑具,這充分顯露了古代酷吏們的殘忍和狠毒。

火燒

　　早在周代就有火刑,就是用火把人活活燒死。《周禮‧秋官‧掌戮》記載,凡是殺害親生父母者,要用火刑處死。《易經》中有「焚如死如棄如」的話,所以後世把火刑稱為焚刑,又稱焚刑為焚如。春秋時,對於那些犯上作亂的人,常用火刑。西元前五二○年,周景王死,子朝作亂,子朝的黨羽兵敗被擒,後被火焚於王城之市。

█ 春秋時期對「犯上作亂」者常用火刑

　　秦以後,歷史文獻中不難看到以火焚人的事例。例如在楚漢戰爭最激烈的階段,項羽把劉邦圍困於彭城,劉邦幾不得脫身,後來劉邦的屬

將紀信裝成劉邦出東門，聲言無力再戰，要投降項羽，這時劉邦便悄悄從西門逃跑。當項羽發覺受騙，勃然大怒，就用火燒殺了紀信。又西漢末年王莽執政時，派王昭君哥哥的兒子王歙、王颯出使匈奴，祝賀新單于即位，並獻上貴重的禮品，請求帶回叛逃到匈奴去的陳良等人。單于准許漢使的請求，即把陳良等四十餘人交還漢朝，王莽命令用火刑將陳良等人燒死。

三國時，仍沿用前代的火刑。吳國的呂壹因犯罪被有司究治，有人奏報說應該用火刑將他燒死，孫權猶豫不決，就問中書令闞澤，闞澤說：「如今是盛明之世，不應當再用這種酷刑。」孫權便採納了闞澤的意見。但是，孫權以後火刑仍未斷絕。特別駭人聽聞的是，有些凶暴之徒把活人頭朝下、腳朝上倒掛起來，在他身上綁了許多蘸了油的麻布，從腳上點著，讓火慢慢地往下燒，直到把人燒死。這種刑罰俗稱「點天燈」。在清朝滅亡之後，有些偏遠少數民族地區，宗族之間發生械鬥時，也有抓住仇人「點天燈」的現象。

應該一提的是，焚刑還有自焚的案例。例如：商朝末代暴君紂王，在周武王興兵伐殷、牧野之戰失敗後，見大勢已去，便自焚而死，結束了罪惡的一生。

鑿和釘

據《漢書·刑法志》記載，戰國時，秦孝公用商鞅變法，增設各種肉刑，其中死刑的名目有鑿顛。顛指人的頭頂，鑿是用鐵器打孔，像木匠一樣，這是鑿開腦殼致人死命的殘酷死刑之一。所以這個鑿是廣義的，和現在的鑿的概念不完全相同。試想，用鐵器鑿人的頭頂，只需要一下，就可以結束人的性命。十六國時期，前秦苻生對部下極其凶殘，

左光祿大夫張平勸諫，苻生大怒，認為張平妖言惑眾，就「鑿其頂而殺之」。這裡的鑿頂即是鑿顛。

後代民間的私刑也有類似鑿顛的做法。例如元朝時，武平縣（今內蒙古寧城一帶）有個叫劉義的人，到官府控告嫂嫂勾結姦夫，害死了他的哥哥劉成。縣令丁欽審理這個案子，並親自查驗劉成的屍體，沒有發現半點傷痕，無法結案，他心中非常憂鬱。妻子韓氏問他遇到什麼難處了，丁欽就把案情告訴了她。韓氏說：「死者的頭頂上可能釘有一顆鐵釘，釘蓋被塗飾，看不出痕跡。」丁欽遵照妻子韓氏的提示，重新驗屍，果然發現死者的頭頂釘有鐵釘，便立即結了案。並把卷宗呈報上司。當時，姚忠肅任遼東按察使，親自召見丁欽詢問破案經過，丁欽如實講了由於妻子韓氏的提示才得以破案，並高興地誇耀妻子聰明。姚忠肅沉思片刻，問：「你的妻子和你結婚前是處女嗎？」丁欽回答：「她是前夫死後改嫁給我的。」姚忠肅立即命令將韓氏的前夫掘墓開棺驗屍，發現他的顱骨上也有一顆鐵釘。於是將韓氏逮捕審問，韓氏在鐵證面前招認了釘殺前夫的罪行。丁欽看到這樣的情景，又驚又怕，不久便憂懼而死。此事在當地傳開，人們都說姚忠肅真是包公轉世，判案如神。元代無名氏雜劇《包待制勘雙釘》就是根據這個故事的情節編寫的，清代唐英又據此改編為傳奇《雙釘案》。後來再進一步改編為平劇《釣金龜》，而使這個用釘釘人頭頂的故事廣為流傳。

其實，用釘釘頂的做法並不止劉成的妻子和縣令妻韓氏這兩例。唐代嚴遵任揚州刺史時，有一天出巡，聽見路旁有一個婦人在啼哭，哭聲高而不悲哀，嚴遵派人詢問，婦女說她的丈夫因失火被燒死了。嚴遵心中懷疑，就叫人抬來她丈夫的屍體，派兵卒看守，交待說：「若發現異常情況，立即報告。」第二天，兵卒撥開頭髮發現有許多蒼蠅群集在死者的頭頂，嚴遵得到報告，親自驗屍，撥開頭髮一看，原來是頭頂釘釘子把

人致死的。於是立即逮捕那位婦女審問，婦女招認因通姦而謀殺親夫的
罪行。還有一個相似的故事，唐代韓混在潤州（今江蘇鎮江）當官時，有
一天夜晚在萬歲樓設宴，飲酒正在興頭上，忽然放下杯子，面色不悅，
對左右的人說：「你們聽見婦人的哭聲了嗎？從哪裡傳來的？」有人回
答說，這是某街某巷的一位婦女在哭她死去的丈夫。第二天一大早，韓
混指派一名官吏帶來那位婦女審問，審訊一天也沒有什麼結果。官吏害
怕韓混斥責他無能，就一直守護在死者的屍體旁邊，忽然有成群的綠頭
蒼蠅圍聚在死者的頭上，就解開髮髻檢視，發現了釘在頭頂上的一支鐵
釘。官吏重審那位婦女，在證據面前，她不得不承認與鄰居的一名男子
通姦，用酒將丈夫灌醉，然後用鐵釘把他釘死的。這位官吏對韓混的料
事如神非常佩服。

　　以上幾個例子，皆以將釘子釘在人的頭頂為手段，目的在謀害人
命。雖然此舉與當初商鞅制定該等刑罰之初衷有所不同；然而，以鑿或
釘等工具致人於死的結果，實質上是相同的。

鐵鉤、木架、刀、馬

　　據說鷹、雕、鷲等猛禽在啄食獸類時，最先下口的地方是動物的眼
睛。牠們用尖利的喙把獸的眼睛啄瞎，獸因失去視力而無法進行有效地
反抗。接著，猛禽們就在獸的肛門處下口，三兩下啄出大腸頭，把腸子
拖拉出來，獸類被抽了腸子，就更無力反抗。於是，猛禽們便可以放心
大膽地飽食其肉。

　　無獨有偶，像猛禽抽獸類的腸子一樣，中國古代也有抽腸的刑罰，
典型的事例在明代。明初，明太祖朱元璋就曾對死刑犯施行抽腸刑罰。
具體做法是，把一條橫木桿的中間綁一根繩子，高掛在木架上，木桿的

一端有鐵鉤，另一端墜著石頭，像是一桿巨大的秤。行刑時，將一端鐵鉤放下來，鉤入犯人的肛門，把大腸頭鉤出來，掛在鐵鉤上，然後將另一端的石頭往下拉。這樣，鐵鉤的一端升起，犯人的腸子就被抽出、高高懸掛起來。犯人慘叫幾聲，沒多久就氣絕身亡。這裡，鐵鉤、木架、木桿便是抽腸用的刑具。

又如和朱元璋同時起義的張士誠，在占據江蘇稱吳王時，其弟士信為丞相，用黃敬夫、蔡彥文、葉德新三人為參軍。但這三人都是徒有抽腸刑罰虛名、迂腐無能的書呆子，沒有實際政治、軍事才能。當時就有人寫順口溜諷刺他們，說：「丞相做事業，專用黃蔡葉，一夜西風起，菜葉即乾瘪。」果然，不久朱元璋的大將徐達領兵攻破蘇州，黃、蔡、葉三人皆被處死，並抽出他們的腸子掛在高處，風吹日晒，直至乾枯，這真應驗了民謠的預測。

明末的張獻忠對抓到的明朝官吏，也使用過抽腸酷刑。具體做法是，先用刀從人的肛門處挖出大腸頭，綁在馬腿上，讓人騎著這匹馬，猛抽一鞭向遠處跑去，馬蹄牽著人腸，轉瞬間抽盡扯斷，被抽腸的人也隨即一命嗚呼。張獻忠的抽腸還用了刀和馬這種刑具。在農民起義領袖中，張獻忠的嗜殺和殘酷是出了名的，但張獻忠的所作所為是以野蠻對野蠻、以獸性反獸性，以此對明朝的虐政進行變本加厲的報復。

鋸

山西稷山縣青龍寺大雄寶殿內的壁畫，非常聞名。寶殿東側室內牆上繪有一幅地獄圖，畫的是陰曹地府的鬼卒們，正在對人施用種種酷刑，有凌遲、炮烙、剖腹、挖心、剝皮、上刀山、下油鍋等等。其中還有一種刑罰是鋸人。畫面上有一名男子被兩塊豎起的長木板夾住，頭朝

下、腳朝上倒立，木板和人捆綁在一起，固定在另一根豎直的木樁上。兩名鬼卒站在兩邊對拉，踞口把兩塊木板和木板中間的人同時鋸下，鮮血順著鋸縫向下流淌，被鋸的人似乎正在發出痛苦的慘叫。

這是地獄和閻羅殿的畫面，現實生活中是否有人用鋸來鋸人，史籍中法內刑罰未見具體的事例，但用鋸鋸人的法外酷刑的確存在。例如三國時，吳末帝孫皓的愛妾曾指使近侍到集市上搶奪老百姓的財物，主管集市貿易的中郎將陳聲本是孫皓的寵臣。他逮捕搶劫者，將其繩之以法。愛妾將這事告訴孫皓，孫皓非常生氣，便假借其他事端逮捕了陳聲，命令武士用燒紅的大鋸鋸斷陳聲的頭，並把他的屍體投到四望臺下，讓狗吃狼嚼。十六國時，前秦符健生性凶暴，錐、鉗、鑿、鋸等殺人刑具常備在身邊，這其中就有用鋸鋸人的刑罰。南朝宋後廢帝劉昱慣用酷刑，所用的刑具之一就是鋸。北朝北齊文宣帝高洋平時在宮廷中羅列著大鑊、長鋸、剉碓等刑具，若有人稍微觸犯了他，就要受到各種非法刑具的折磨。五代時南漢主劉鋹也是有名的暴君，他常使用的有刀鋸、肢解、刳剔之刑，鋸這種刑具在他這裡也派上了用場。

另外，後世有時施行斬首時，劊子手砍不下犯人的腦袋，就改用鋸鋸斷脖頸。例如清代咸豐年間，有一次，官軍在福建沿海地區捕獲海盜五十餘人，押赴福州市北郊刑場斬首。但這些海盜多是有些功力的，劊子手行刑時，對一名囚犯連砍數刀還是砍不下頭來，於是就另想辦法，找來一條木匠用的大鋸，兩人對拉，鋸斷囚犯的脖子，囚犯號叫，慘不忍聞。

從以上例子可見，寺廟壁畫中描述的地獄鋸人之刑並非空想，實際上反映了人間殘暴行為的可怕寫照。此外，現實和地獄中實施鋸割刑罰的情況，已在人們心中根深蒂固地形成了恐懼和心理壓力，讓人不寒而慄，難怪魯迅先生筆下的祥林嫂一聽柳媽說她死後將被閻王鋸為兩半、

分給兩個男人分享，就嚇得非要到廟裡捐一條門檻當替身，且她捐了錢之後，才感到精神舒暢，眼神有了神采。中華婦女雖然勤勞質樸，卻被封建思想所束縛，相信至今仍有不少女性陷入祥林嫂般的思維困境中。

鋸末、蠟汁、釣鉤

刑具就是用來處罰人的工具，法內刑具已是名目繁多，法外刑具更是無奇不有。上述提到醋、酒、糞便皆可作為刑具，本段講鋸末、蠟汁、鵝卵石、釣鉤也可作為刑具刑人。據南宋文學家洪邁《容齋四筆》卷四「閩俗詭祕殺人」載：南宋初年，福建某些地區民情凶悍，或倚仗豪富，或自恃勇力，常常處心積慮害死人命，而且將人害死還讓人看不出痕跡。例如有的用酒調和鋸末，逼迫人飲下肚，鋸末不能消化，黏在腸胃間又不能排出，這人不久就會死去；有的是把熔化的蠟汁灌入人的耳孔裡，既燙壞耳膜又損傷腦髓，能使人變得又聾又傻，即使不死也成為廢人；有的用溼草墊裹住人的身體，另外用布包住鵝卵石向他身上猛擊，這樣可以把五臟六腑打爛而致死，但體表卻看不出傷痕；有的是將人的肩部按摩，使皮膚放鬆，然後把鋼針灸入他的肩胛骨縫隙裡，不能取出來，這人骨髓受傷，不久便會死掉；有的把釣鉤藏在泥鰍肚子裡，逼人吞下，泥鰍在胃裡被消化，釣鉤卻勾在胃壁或腸壁上，造成穿孔而送命。

以上提到的各種殺人手法都能將人殺死，但官府的驗屍卻無法發現破案的線索。洪邁在描述這些令人恐懼的殺人手法後，警告那些前往閩地擔任官員的人，在處理命案時一定要仔細調查。但是，當殘酷和邪惡的風氣已經形成時，官府也常常無能為力。這就像一個人想用自己的頭髮來離開地球一樣荒謬。封建社會的黑暗和野蠻現象，不能指望封建社會自身來清除，只有隨著封建反動統治者的滅亡而消失。

二、精神刑具

威懾的力量

所謂精神刑具 —— 威懾，就是用某種方法，單純從精神上、意志上摧毀犯人的心理防線，迫使犯人招供。這也就是兵法上說的「不戰而屈人之兵」。當然，這種能嚇阻人的力量，你可以說它是一種工具，也可以說它是一種方式。在這裡，我們就先將它視為一種刑具。

古代最常見的方式，就是官吏們的威嚴態度和法庭上肅穆的氣氛，給罪犯帶來的心理壓力。從出土的漢墓畫像石上可以看出，官吏的墓主人最喜歡描繪的有兩種題材，一種是車馬出行，浩浩蕩蕩；一種是召見下屬，高高在上，這兩者都是各級官吏逞威風的場面和表現。西漢初，太尉周勃曾被劉邦逮捕入獄，深有感觸地說：「吾嘗將百萬軍，然安知獄吏之貴乎！」除了吏對他的侵辱之外，主要是獄吏的威儀，使這位身經百戰的將軍震懾於心，而發出如此的感嘆！大史學家司馬遷受宮刑後也說：「畫地為牢，勢不可入；削木為吏，議不可對。」在他眼裡，獄吏們神氣極了，也主要是出於對獄吏積威的震慄。古代官吏在審案時，每一發問，堂下的差役都要高聲唱和，在正式拷問前還要一再喝問。明代用御杖、廷杖官員時，打五下吆喝一聲，吏卒齊聲應和，「聲震陛階」。對一般意志薄弱者或草野小民來說，這無疑是很大的心理威脅，這種震懾力量，往往能使有些人因此而招供，所以說它是拷訊刑具，一點也不過分。

再進一步的恐嚇，是酷吏展示刑具。酷吏的殘暴，獄吏的凶狠，人

們早有耳聞，犯人在刑前已有畏懼心理，當那些可怕的刑具往其面前一扔，早就嚇得魂飛魄散了。例如唐代著名酷吏來俊臣審案，「必先列枷棒於地，召囚前日：『此是作具』。見之魂膽飛越，無不自誣者」。還有的是利用律法對拷訊的規定，在精神上折磨犯人。宋代的官箴《作邑自箴》中告誡官吏：「勘問罪人，未可便行拷掠，先安排下小杖子，喝下所拷數目，欲行拷打卻且權住，更且仔細審問。待其欲說不說遲疑之際，乘勢拷問。若未盡本情，又且略住杖子，再三盤詰。嘗留杖子數目未要打盡，自然畏懼不敢抵諱。」這是向吏役們傳授威懾成招的辦法。

除此之外，官吏胥役常用的精神拷訊方式，分為兩種：

▋ 以拷打他人來威嚇主犯

李伯元在《活地獄》中曾說過一件事例，有個姓苟的獄頭看上了被無辜關押在監內的良家婦女周氏，託女監頭目賽王婆做媒，欲使周氏依從他。賽王婆領命後，先是藉故打罵犯人來恐嚇周氏，然後在話中暗示，周氏聽了「低下頭去，半天默默無語」。賽王婆見火候漸到，「也不與她再說別的，便催服役的兩個婦人：『陜去問那爛婊子，問她可能轉心回意？倘無回心，我已經等了她兩天，可是沒有這樣好耐心了。』婦人答應著去後，不多一刻，從西間屋裡領一個二十幾歲的女子過來，蓬首垢面，掩袖悲啼……周氏看了，先自心驚……忽聽得賽王婆大喝一聲道：『妳到了這時候，還站在那裡一動不動嗎？』說著，伸手就打了這女子三、四個巴掌，把女子打跪在地，苦苦哀求。賽王婆道：『妳們這些東西是不配抬舉的，我也沒有什麼話與妳說，且叫妳今天快活一夜再說。』說完，便叫那兩個婦人從梁上放下一根又長又粗的麻繩來，把這女子掀倒在地，將她手腳同捆豬一般，一齊捆好。再把大麻繩一頭穿在她的手腳之中，穿好之後，打了一個死結。一個賽王婆，兩個婦人，一齊動手，將麻繩那

一頭用力地拉。霎時間，便把這女子高高吊起。」賽王婆用一根毛竹片，「竟把吊的那個女子，足足打了幾百下……打的那女子渾身一條一條的血漬」。這一手，把周氏「直嚇得抖作一團」。

拷打親屬，獲得口供

在向來注重孝道的傳統氛圍下，拷打親屬對犯人心理上的打擊，比前面幾種方式更厲害一籌。關漢卿筆下的竇娥，在「千般拷打，萬種凌逼」下，血肉淋漓，幾番昏迷甦醒都不肯誣供。但當她聽到官員下令要拷打她的婆婆時，卻忙說：「住住住，休打我婆婆，情願我招了罷。」值得注意的是，正史上始見記載這類拷訊方式的是在宋代，《宋史·列女傳》載：羅江士人女張氏遇冤獄被逮，「拷掠無實，吏乃掘地為坑，縛（其）母於其內，旁列熾火，間以水沃之，絕而復甦者屢，辭終不服。」《宋史·吳越錢氏世家》也載，錢假之子錢唯濟在仁宗時「知定州，有婦人待前妻子不仁，至燒銅錢灼臂，唯濟取婦人所生兒置雪中，械婦人往觀兒子，其慘苦多此類」。雖然不能說這個現象始於宋代，但至少可以說它在宋代已流行。宋代是理學孕育、成長的時代，酷吏用威懾來拷訊犯人的用心良苦，在此顯而易見。

歷代的文字獄也是這種精神拷訊、政治枷鎖、精神威懾的延續。

獄和牢

隨著君主專制統一的國家建立，監獄的設定和管理制度也開始形成。尤其是第一個封建王朝秦朝的獄制，對以後歷代的監獄建制有深遠的影響。從漢代開始，中國的監獄始稱為「獄」，明朝稱獄為「監」，秦朝確立了監獄制度。至清代則合稱為監獄，同時還承襲了周朝以來的刑徒

勞役制，在傳統的拘禁監基礎上，又發展了勞役監，使監獄的管理制度更趨嚴密和複雜。到了唐代，中國的封建獄制已臻完備。隨著封建君主專制的強化，階級矛盾和統治階級內部矛盾逐漸激化，獄制、獄政不斷受到行政權的干預，變得越來越嚴厲和腐敗。一方面是封建獄制相對完善，另一方面則是治獄實踐的專橫暴虐，兩者的嚴重脫節，更鮮明地反映了封建專制獄政的黑暗和腐敗。歷代監獄是統治階級鎮壓人民和統治階級內部狗咬狗、黑吃黑的工具。

設定多頭、體系雜亂，是中國古代獄制的一大特點，因此，它在專制主義的體系中，形成了一道黑暗奇特的風景線。由於行政權和司法權的合流，不僅各級司法機關設有牢獄，而且從中央到地方的大小行政機構，也有自己的牢獄，皇帝還可以隨心所欲設定詔獄和宮廷拘留所之類的特種牢獄。除此之外，還有宗室貴族、地主、軍閥、土豪、族祠等濫設的私牢。據記載，西漢中期以後，全國各種牢獄多達兩千餘所，僅長安一地的官獄就有二、三十所。已如前述，中國古代的監獄部分職能類似現代的拘留所，不僅直接的犯人，凡是與案情有牽連或要傳訊到案者，都可以羈押。所以，這樣一案之起，就可能有許多人被牽連入獄。

西漢武帝時，僅皇帝直接控制的詔獄中「二千石繫者新故相因，不減百餘人。郡吏大府舉之廷尉，一歲至千餘章。章大者連逮證案數百人，小者數十人；遠者數千里，近者數百里。會獄（對質），吏因責如章告劾，不服，以掠笞定之。於是聞有逮證，皆亡匿。獄久者至更數赦十餘歲而相告言，大抵盡詆以不道，以上廷尉及中都官，詔獄逮至六七萬人，吏所增加十有餘萬」。皇帝直接控制的詔獄裡罪犯就有十多萬，中央其他部門控制的牢獄罪犯肯定更多，地方上官吏掌握的牢獄案犯肯定比長安京城中案犯還要多。而武帝時期史稱盛世，牢獄中的案犯就如此之多，到歷代末世，政治危機、經濟危機經常發生，以至圄圄成市、案犯

塞路，這時期監獄裡的罪犯數量，已經不知比武帝時期多了多少倍。因此，可以說古代的監獄制度相當龐大，被囚禁的人數更是相當可觀。東漢末年的黨錮案中，李膺等被宦官誣告「養太學游士，交結諸郡生徒，更相驅馳，共為部黨，誹訕朝廷，疑亂風俗。於是天子震怒，班下郡國，逮捕黨人，布告天下，使同忿疾，遂收執膺等。其辭所連及李膺之徒二百餘人，或有逃遁不獲，皆懸金購募。使者四出，相望於道。」由此可知，東漢黨錮案牽連繫獄的人數也很龐大，黨錮案是清代文字獄的前奏，後面還會詳述，這裡就不贅述了。

中古的牢獄還有地牢的形式。漢代長安地方牢獄中，甚至有「穿地方深各數丈，致令闢為郭，以大石覆其口，名為『虎穴』」的土牢，這樣一個土牢，常常要關進上百人，「數日一發視，皆相枕藉死，便輿出。」宋代的文天祥被元人俘虜後，囚於土室（即地牢），他曾記述說：「餘囚北庭，坐一土室，室廣八尺，深可四尋（注：尋，古時八尺為一尋）。單扉低小，白間短窄，汙下而幽暗……或圊圂，或毀屍，或腐鼠，惡氣雜出……當侵診，鮮不為屬。」從這些描寫可以看出，地牢也就是人間地獄。

確實，中古時期的監獄主要是用來拘禁和鎮壓人民的工具，但有時也被統治階級用來懲罰內部爭鬥。例如獻焚書之策、幫助秦始皇建立第一個中央集權制國家的李斯，以懲罰人為樂事，但爭鬥到最後，他自己也送進了自己營造的牢獄之中，而受盡各種折磨。據《史記‧李斯傳》記載：「趙高案治李斯，李斯拘執束縛，居圉圂中，仰天而嘆。」「二世乃使高案丞相獄，治罪，責斯與子由謀反狀，皆收捕宗族賓客。趙高治斯，榜掠千餘，不勝痛，自誣服。」於「二世二年七月，具斯五刑，論腰斬咸陽市。斯出獄，與其中子俱執，顧謂其中子曰：『吾欲與若復牽黃犬俱出上蔡東門逐狡兔，豈可得乎！』遂父子相哭。而夷三族。」建造牢獄

的人而受到牢獄的嚴厲懲罰，李斯的事例甚為典型。西漢時期，皇宮中有牢獄，初稱永巷，武帝時改為掖庭。這種牢獄，專門囚禁有罪的皇后和貴人。

高祖去世，惠帝即位皇帝，呂后為皇太后，她下令將當年高祖所寵愛的戚夫人囚於永巷，並燻瞎眼睛、剁去手腳，把其扔進廁所，稱為「人彘」，戚夫人因在皇權的鬥爭中失敗，而不得不嘗嘗各種刑具的滋味。歷代的皇帝、君侯也都把牢獄作為政治鬥爭十分有效的工具來使用。一些人常把與自己爭奪權位的兄弟，把對自己統治權有重大威脅的人，包括皇太子，甚至被趕下臺的皇帝投入牢獄，囚禁起來。如晉惠帝永平元年（西元二九一年），廢皇太子為庶人，將其與三子幽於金鏞城。永寧元年（西元三○一年），趙王倫篡奪帝位，把原皇帝司馬衷幽於金鏞城。這金鏞城後改永昌宮，實際上是晉代常用來囚禁重要政治犯的牢獄。

廠衛監獄

明清兩朝，已經是封建社會的後期了。這時社會上的階級矛盾和社會矛盾變得非常尖銳。監獄作為國家機器之一，也變得更加發達和殘酷。明代的廠衛監獄和清代的文字獄，就是這個時期監獄的特殊形式。

明朝的廠衛，是由宦官和侍衛組成的特務機構。廠，指的是東廠、西廠、內行廠，是由宦官組成的特務機關，其中西廠和內行廠存在的時間不長，只有東廠設於朱棣朝永樂十八年（西元一四二○年），直到明亡為止，前後兩百二十餘年。衛，指的是錦衣衛，是皇帝的禁衛軍「上十二衛」之一，成立於明太祖朱元璋洪武十五年（西元一三八二年），到明終為止，前後共約兩百六十年。不難看出，明代的特務政治、廠衛制

度的根源，正是皇權極端強化的結果。

　　廠衛不僅有權偵察、逮捕犯人，還設定有刑訊、拘押犯人的監獄。廠由宦官頭太監主持，太監可以參加三法司會審。依舊制，三法司五年一次大審錄。但是坐在三尺之壇中間的，不是最高司法官，而是司禮太監。三法司的首腦只能坐在左右、唯唯諾諾，按司禮太監的命令列事。案件的出入輕重，全看太監的意圖而定，三法司一點也不敢違抗。這是因為天下官員的升遷削奪，全部取決於太監。文武百官要在朝中站住腳，就都必須交結宦官，就連極富政治才幹的張居正，也是靠千方百計籠絡宦官，才排擠了政敵，獲取內閣首輔大學士的地位。他拜謁太監馮保，自稱「晚生」。凡是不依附宦官的大臣會遭到排擠，凡是上奏摺揭露宦官的人，必然受到陷害。

　　廠衛特務可以任意私設刑堂，對人拷打逼供，叫做「打椿」，向被害人威嚇敲詐錢財，叫做「乾醡酒」，而且對人的毆打「痛楚十倍官刑」，並逼被害者牽連富庶的人家，由富家出繳錢財方無事；如不繳，或繳不足，就可能會有人密告皇帝，讓皇帝發下詔令，把你關進監獄，多「立死矣」。太監尚銘掌領東廠時，「聞京師有富室，輒以事羅織，得重賄乃已」。廠衛特務在刑訊時使用大量的法外酷刑，種類之多不勝列舉。如：剝皮、刷洗（在犯人身上澆開水，用鐵刷刷去皮肉）、梟令（以鉤子鉤背，把犯人懸掛起來）、稱竿（把人綁在竹竿頭上，另一頭懸石頭稱之）、抽腸、割舌、斷手、剁指、刺心、肢解、斷脊、腐刑等。明神宗萬曆年間，劉瑾時創大枷重至一百五十斤，負者「不數日輒死」。劉瑾還創立枷，「重三百餘斤，犯者立死」。

　　錦衣衛下設十七所，南北兩個鎮撫司。其中北鎮撫司專理「錦衣獄」，又稱「詔獄」，指的是不經過法司，直接由皇帝下詔審理的案子，並設有專門的獄所。歷史上漢唐兩朝都曾設過「詔獄」，但時間都不長，

只有明代的詔獄歷時最久，也最陰森殘酷。錦衣衛掌領詔獄要受宦官監視，司禮太監往往是廠、衛兼領，一身二任，並在錦衣衛中安插自己的黨羽。

北鎮撫司所掌管的詔獄，「幽摯殘酷，害無甚於此者」。在這裡被折磨致死的官員史不絕書。朝官們只要稍許觸犯太監，就被下獄整死。宦官王振當權時，翰林侍講劉球因在上疏中觸犯了王振，立即被逮下錦衣獄，並派人夜間將其殘殺，肢解屍體，埋獄後隙地。家人尋屍，僅得一手臂。劉瑾當權時，構誣陷害，詔獄人滿為患。其中御史塗禎僅僅因為還朝時路遇劉瑾，只行長揖禮而未跪拜，劉瑾便將他逮捕下錦衣獄杖死。

但是最慘絕人寰的，是大奸魏忠賢對東林黨人的迫害。天啟五年，魏忠賢誣陷東林黨人楊漣、左光斗等六人受贓，將他們逮入詔獄。施用「全刑」拷打，即械、鐐、棍、拶、夾棍，「五毒備具，血肉潰爛，宛轉求死不得。」沒有多久，六人就全被活活折磨而死。一年之後魏忠賢又興大獄，逮捕了周起元、黃尊素等七人，犯人被迫害死後，停屍獄中數日，才抬出令家屬收埋，這時屍體已血肉模糊、腐爛發臭，屍蟲爬滿全身，面目已不可辨認。

明代廠衛特務的偵緝、刑訊、殘殺以及對犯人的虐待和折磨，都是不受任何法律限制的，也不受任何法司的干涉。由於廠衛特務最接近皇帝，而皇帝也正需要一支靈活、殘暴、打擊異己、防範人民的「別動隊」，所以廠衛特務可以為所欲為、無法無天。特務頭子專橫擅權，追根究柢還是皇帝在操控。廠衛頭目的命運也操在皇帝一人手中，皇帝一旦發現這隻走狗已無用，這個特務頭目就立即從權力的巔峰跌落。明代的幾個廠衛頭目，最後的下場不是被趕跑（如汪直、馮保），就是被誅殺（如劉瑾、魏忠賢）。

文字獄

「文字獄」顧名思義，就是因文字而構成的罪案和冤獄。文字獄是中國封建制度下所特有的一種歷史文化，長期以來對人們思想箝制，成了沉重的精神枷鎖。其源遠流長，可以一直追溯到春秋戰國時期。據《春秋・左傳・襄公二十五年》記載，人們所共知的一個故事是：齊國大臣崔杼殺了國君光。太史據實記載其事：「崔杼弒其君」，他因此被崔杼殺了；太史的弟弟照寫不誤，也被殺了；另一個弟弟還是如此書寫，崔杼終於不敢殺了。「南史氏聞太史盡死，執簡以往，聞既書矣，乃還。」這就是最早史家們的職業道德——冒死直書。這大概是中國最早的以文問罪，致人頭落地的刑案，這只是文字獄的萌芽。

接著是秦始皇的「焚書坑儒」，應是封建社會最早的文字獄。封建法律中歷來有「觸諱」的規定。皇帝的名字、宗廟名、父、祖名都要避諱，否則就是犯罪。西漢宣帝曾假惺惺地說：「今百姓多上書觸諱以犯罪者，朕甚憐之。」說明西漢時觸諱罪名，就已經普遍使用了。唐律中明文規定，上書、奏事犯了宗廟的諱，要杖八十；一般口誤或文書誤犯者，笞五十；起名字犯諱者，徒三年。宋代大文學家蘇軾曾因在詩賦中抨擊時政，宣洩胸中鬱氣而被捕入獄，下獄四個月，牽連三十九人，是為「烏臺詩案」。

到了明初，朱元璋當皇帝時，以文罪人、因文殺人的例子多了起來。朱元璋出身寒微，當過和尚，投過紅巾軍（「賊」），所以對「僧」、「光」、「賊」、「盜」等字非常敏感。有一年，杭州教授徐一夔在進呈皇上的賀表中寫了「光天之下，天生聖人，為世作則」幾句歌功頌德的話，徐教授想不到他的恭維產生反效果，朱元璋看了勃然大怒：「生」者僧也，暗指我曾當過和尚；「光」則剃髮也，「則」字音近賊也。下令把徐教授殺

了。後來，文字中的忌諱越來越多，「天下有道」，與「有盜」同音，殺！「遙望帝扉」，音同「帝非」，殺！「藻飾太平」音同「早失太平」，殺！

然而，無論宋代也好，明代也罷，以文罪人的事件還是零星的。文字獄真正氾濫的時期，是在清朝。清代文字獄數量之多，規模之大，持續時間之長，量刑之殘酷，乃是歷代封建王朝望塵莫及的。

清朝文字獄，以康熙二年的「明史案」肇其端。浙江歸安縣富戶莊廷鑨偶然買得明朝大學士朱國禎的一本未刊的明史稿，他花錢請人修訂補充、刊刻成書，定名為《明史輯略》，署上自己的名字，以圖流芳百世。在該書中，保留一些站在明朝立場上說話的口氣。如稱清太祖努爾哈赤為建州都督，直呼其名而不避諱；寫清朝入關前的年代，不用清朝的年號，而仍用明朝的紀年；把明朝將領孔有德、耿仲明投降清朝稱為「叛逆」。這些寫法在當時看來實屬「大逆不道」。

這件事被人告發後，朝廷派刑部官員前往查審。結果，已經病故的莊廷鑨，被開棺戮屍梟首，他的父親和弟弟被斬首。凡是與這本書相關的人，都受到株連，寫序、校閱、刻字、印刷、書賈等人全被處死，甚至買書、藏書的人也難逃厄運。原禮部侍郎李令晢曾為這部書寫過序言，自己連同四個兒子皆被殺。吳炎、潘檉章兩人對明史很有研究，被列入校閱者的名單，因而被處死。杭州將軍松魁因事先未稟報，被削去官職，他的幕客程維藩代他而死。歸安、烏程兩縣學官被加上「查辦不力，有意包庇」的罪名，也掉了腦袋。湖州知府譚希閔到任剛半個月，案件就發生了。倉促間因抓清朝文字獄氾濫，讀書人無端下獄不到莊家的人，以「隱匿」罪處以絞刑。號稱盛世的康熙王朝「明史案」共殺害了七十多條人命，這是一次有意識的小題大作，其目的是給懷有反清思想的漢族知識分子一個暴力的威脅。清代箝制人們思想的精神牢獄 —— 文字獄 —— 開始建構了。

▌戴名世《南山集》案

康熙五十年（西元一七一一年）十月，清廷都察院左都御史趙申喬向皇帝上呈了一份奏疏，控告當朝名士、現任翰林院編修戴名世，「妄竊文名，恃才放蕩。前為諸生時，私刻文集，肆口遊談，倒置是非，語多狂悖」。康熙閱疏後批曰：「這所參事情，該部嚴察，審明具奏」。刑部在戴名世十年前刊印的一本叫《南山集偶鈔》的書中查出，〈與餘生書〉文內錄寫南明三王年號，並將南明政權與偏居川中的蜀漢，退守崖州的南宋相提並論；〈與弟子倪生書〉文內提到清朝開端應是康熙元年，順治不得為正統等等，「悖逆」之言，隨處可見。康熙驚怒，刑部遂以「大逆」定罪，擬將戴名世凌遲處死，其三代以內，男性直系親屬年十六歲以上者具擬立斬，十五歲以下者及母女妻妾姐妹媳等發邊或給功臣家為奴，為《南山集》作序的名士汪灝、方苞等處以絞刑，但後來從寬免罪。又因〈與餘生書〉中提及順治朝弘文院侍讀學士孝標《滇黔紀聞》內載永曆年號，牽連方氏宗族，一併問罪。此案牽連入獄者三百餘眾，朝野震動！這幾乎又是一樁與康熙初年莊氏「明史案」相抵的文字大獄。

▌查嗣庭試題案

雍正四年（西元一七二六年），查嗣庭擔任江西省的考官。他出了一道考題，叫做「維民所止」，這本是《詩經‧商頌》的一句話，可是有人卻向雍正報告說：「維」「止」二字正是「雍正」二字去頭，這不是要砍皇帝的頭嗎？結果查嗣庭在獄中被迫害致死，還被戮屍梟首，他的兒子被處斬，弟弟和姪兒被流放三千里。

▋ 呂留良、曾靜之獄

雍正年間最大的一次文字獄是呂留良、曾靜之獄。呂留良是浙江人，是明末著名的理學家，明亡後他始終不和清廷合作。後來因為拒絕參加博學鴻詞科學考察試，乾脆削髮為僧，在和尚廟裡著書立說。他主張皇帝和臣子的關係，不能與父子一樣，而應當以義為重，反對君尊臣卑的風氣。他還主張把驅逐異族統治者、恢復漢人的天下，視為是比君臣之義更重要的道德原則。呂留良死於康熙二十二年。湖南生員曾靜是呂的思想崇拜者，他與呂的學生嚴鴻逵經常來往，試圖把反清的思想變為反清的行動。當時川陝總督岳鍾琪，傳說是岳飛的後代。曾靜派門生張熙帶了密信去遊說岳鍾琪，和他們共謀舉事，推翻清朝。岳鍾琪不僅不同情他們的反清義舉，反而向皇帝告發。結果，當時已經死去的呂留良和他的兒子呂葆中、學生嚴鴻逵被剖棺戮屍。呂的另一個兒子呂毅中、嚴鴻逵的學生沈在寬被砍頭，子孫遣戍、婦女為奴。曾經為呂留戶建祠刻書和私藏呂著作的人，一律論死。但是，雍正卻留下了曾靜和張熙，令他們寫出表示悔改的供狀，連同雍正親自寫的諭旨，合刊成《大義覺迷錄》，發到全國各府、州、縣及遠鄉僻壤，要求做到家喻戶曉，肅清反清思想。雍正還利用這個案件，大肆追查「政治謠言」，目的在打擊與雍正爭權的諸王勢力。但是曾靜、張熙二人雖表現悔改，也難逃厄運，雍正帝一死，他們就在乾隆即位的當年被凌遲處死了。既樹反旗，投降何益！

呂留良、曾靜之獄，算是清代文字獄中唯一的一次謀反案件，儘管這個反抗很微弱、不成氣候。至於其他明朝遺民，只不過是借吟詩、作文發發牢騷，暗寓譏諷，也同樣招來殺身之禍。所以，清代專制主義箝制人們思想的文字獄，對後世造成了十分嚴重的影響。

▋ 徐述夔賦詩構禍案

乾隆時代有個叫徐述夔的舉人，因為他寫的詩得罪了統治者，被取消參加會試的資格。對於一個以功名為唯一進身之路的文人士子來說，這是個沉重的打擊。從那時起，他開始發牢騷，不久後便捲入了一宗案件。在匆忙之間，當局找不到真正的罪魁禍首，就以「隱匿」罪名處以絞刑。

類似這種詩詞文章的案件，有些是有意影射，有些是出於無心。但是權貴勢力的擁護者以及社會上一些不法之徒，往往牽強附會、捕風捉影、挾嫌報復，陷人於文網之中，製造不少冤案。雍正王朝時，原庶吉士徐駿寫過「明月有情遠顧我，清風無意不留人」的詩句，被依「大不敬律」而被殺。有人寫了「橋畔月來清見底」詩句，被人挑出「清」是對清廷不滿；有人寫了「亂剩有身隨俗隱，問誰壯志足澄清」，也被是為蓄謀反清。類似這種吹毛求疵、深文周納、無限上綱而造成的冤獄不少，在當時社會上引起極大的恐慌。凡是「南」、「北」、「明」、「清」等字眼，人們都不敢輕易使用。有些人因為已故的父、祖寫過一些「違礙字句」，慌忙將書籍呈送官府自首，表示自己是專制高壓下的羔羊，以求苟活。

▋ 謝濟世案和《字貫》案

文字獄還把思想上、學術上的不同見解視為打擊目標。雍正年間，監察御史謝濟世，因上疏抨擊雍正的心腹之臣田文鏡，被充軍到新疆阿勒泰。謝濟世在那裡自己注釋朱熹的《大學》，繼續闡述自己的學術觀點，以此為精神寄託。清初推崇程朱理學，並頒發過《四書》的欽定本。謝濟世在學術上不同意朱熹的觀點，提出一些自己的見解。他不想人云亦云，卻反而招惹麻煩。在當時，反對朱熹就是反對官方、就是彌天大罪，本來要被處斬，幸而皇帝開恩，謝濟世被從寬發往軍隊當苦差，被罰服役改造贖罪。

　　乾隆時，有個叫王錫侯的舉人，認為《康熙字典》收字太多，難以貫穿，於是自己編了一部《字貫》，意思是這部書可以用字義把零散的字貫穿起來，正好彌補《康熙字典》的不足。《康熙字典》是康熙朝奉皇帝親諭制定的，批評《康熙字典》就是批評清王朝。乾隆皇帝親自看了《字貫》一書，又發現在範例中，提到康、雍、乾幾個皇帝的名字時，都沒有避諱，認為這是「大逆不法」、「罪不容誅」，命令照「大逆」罪處決。江西巡撫海成因為沒有看出《字貫》中的未避諱處，被革職查辦，判了「絞監候」；他的上司兩江總督、同僚江西布政使、按察使也受到株連，被革職治罪。

▌獻媚者禍由自取

　　一些歌功頌德、獻媚求寵的人，甚至精神病人，也成為文字獄的犧牲者。雍正五年，太常寺卿鄒汝魯呈進〈河清頌〉，頌揚皇帝的功德，用了「舊染維新」、「風移俗易」的字句，雍正看了，懷疑這兩句話別有用心，於是這個倒楣的獻媚者，被削去官職，發往荊州府了。

　　有些窮秀才覺得自己懷才不遇，企圖向皇帝獻計獻策，以求一官半職。這些窮極無聊、類似瘋癲的舉動，有時會帶給自己殺身之禍。廣西六十歲的生員吳英，抱著對朝廷的一片忠誠，攔住布政使的轎子，獻上自己的策書。吳英所寫的不過是減免錢糧、設倉備荒、制止盜匪之類的普通意見；但是，統治者既不讚賞他的計策，也不體諒他的忠心，而是指責這個鄉愚「狂悖」、「疊犯皇上御名」，被按「大逆」罪，奏請處以凌遲之刑。乾隆十六年（西元一七五一年），山西有個叫王肇基的讀書人，向地方官呈送一個歌頌皇太后生日的詩聯，希望皇帝賞識而求得一官半職。被地方官指責為「借名獻頌，妄肆狂言，大於法紀」，後來山西巡撫查證王肇基是個瘋子，上報皇帝。乾隆御筆硃批後，又下諭旨說：「病發

時尚復如此行為，其平昔之不安本分、作奸犯科已可概見，豈可復容於化日光天之下。」令將王肇基「立斃杖下」。像這樣的精神病患者也遭迫害，文字獄的殘酷程度可見一斑。

　　清代的文字獄在康熙、雍正、乾隆三朝越演越烈，前後歷時一百多年，大小案件不下百起，被判死刑的共兩百餘人，受到株連被流、徒、沒為奴婢的更是不計其數。被害者上至朝廷大員，下至秀才士子，以及鄉愚迂儒、江湖術士、轎伕船工等都有。文字獄是清代極端專制主義統治的突出表現，它充分暴露封建法制野蠻、專橫、殘酷的實質。清代文字獄對後世的影響非常深遠，文字獄的陰魂在中華這塊古老的大地上，時不時冒出來遊蕩。

拘禁戒具

　　古代監獄在拘繫犯人時，為了防止犯人逃跑、暴動或自殺，設有不少戒具。這類戒具主要有：

▌拘繫手足的桎梏鎖鐐

　　早在商代甲骨文及出土陶俑中就可見到，當時已用一種長形、兩端呈銳形的刑具來拘械犯人的手，稱為「梏」（也稱「杻」）；後來，又出現了械製的腳鐐，叫「桎」，這兩種常常一起稱為「桎梏」。桎梏一般用木頭製作，大約從南北朝開始，刑律中對它的規格已有規定。鐵製的鎖鏈原是用於繫頸的刑具，《新唐書·刑法志》可看出，當時鎖鏈還是一種較輕的拘禁刑具。宋代開始，鎖鏈漸用於足，宋人官箴《作邑自箴》云：「重囚以鐵鎖，長八尺。於一頭安粗鐵泒，如大拇指大，用砧槌款曲，鉅其一足，以軟帛厚裹，勿令磨擦。候出禁，以二小鏵車拽開其泒。須精熟

好鐵，庶屈伸不折。」此例一開，拘足之鐵製刑具漸重，至元朝，元律專稱繫頸之鎖鏈為「鎖」，拘腳之鏈為「鐐」，並規定「鐐連鑲重三斤」。可見，在中國古代實際獄禁中已有重鐐，以至於必須在律法中加以限制。古代的鐐銬多以生鐵製作，「兩邊起了稜角，其鋒利像刀一樣，人的皮膚磨在上頭，不消兩三磨，俱已磨破」。

▌邊枷將幾名犯人夾在一起

宋代監獄裡有用鐵做的枷，明代的監獄裡則有一百斤、一百五十斤乃至二百斤的創紀錄重枷。當時還有一種連枷，即在一個長枷上開兩個或三個人頭孔，把兩個或三個犯人夾在一起，兩人或三人的行止、便溺必須同時進行，極為不便。明太祖朱元璋在《大誥》中首創「枷號」懲處貪官汙吏，甚至還有將贓官「枷項，諸衙門封記，差人互遞有司，遍歷九州之邑」的「枷項遊歷」酷刑。明代中期的《問刑條例》更於法外擬定關於「枷號」的五十三條規定，從此，酷吏們又多了一種虐待犯人的方式，而錦衣衛、東西廠更緣此衍生出以重枷來「立枷」犯人的酷刑。據史料記載：「近來廠衛多用重枷，以施御囚，其頭號者至重三百斤，為期至二月，已百無一全。」；「凡枷未滿期而死，守者掊土掩之，俟期滿以請，始奏聞以埋。若值炎暑，則所存僅空骸爾。故談者謂酷於大辟。」到了清代，還製有專門的「站籠」。這種刑具是將枷固定在一木籠的頂部，從枷到籠底的距離，比一般人頸部以下的高度要高，犯人站進籠中必須在腳下墊磚塊，若磚塊墊得高，犯人還可以在籠中苟延時日；否則，腳無法著地牢固，不到數日就會喪命。宋以後，獄中又增設了一種「匣床」禁具。原先，它只是一種與枷配合使用，以防囚犯逃亡的拘足具，稱為「匣」。《作邑自箴》中說，為了加強對犯人的警戒，「長枷於左閃未鑿竅可容三指，每夜禁囚上匣了，通以長鐵鎖貫之，多以響鈴繫鎖上」。犯人

常被這種禁具拘束，會因氣脈血流被阻而導致腿足瘡腫。大約在元代，這種「匣」改成床的形式，犯人躺在上面，整個被拘鎖住，故亦稱「匣床」或「囚床」。當時的公文中提及，「江南諸處官府在牢設定匣床，本為防備所禁囚徒畏罪疏虞之患」。又據明人記載，當犯人被帶到匣床上時，他們會戴著木製的鐵腳鐐躺在上面，頭部和胸部會被裝上鐵環和鐵索，還會在腹部壓上一根木梁，然後再加上向內釘有釘子或刺的匣蓋。犯人因於匣床後，幾乎無法動彈，遇有蟲蚤老鼠，只能聽憑叮咬。這種禁具常被吏卒胥役作為懲罰、殘虐囚犯的方式。《水滸傳》中的武松被誣下獄，「牢子獄卒把武松押在大牢裡，將他一雙腳晝夜匣著；又釘住雙手，哪裡容得他鬆寬」。明人小說《灌園叟晚逢仙女》中也述及，喜植花木的秋公得罪了惡霸，被誣為「將妖術煽惑百姓」，下在牢中，獄卒將他上了囚床，就如活死人一般，手足不能稍展。清代時，更有「以長木將各犯同繫之床，謂之鞭床」的禁具。

　　毫無疑問，這類禁具的使用非常殘酷；因其殘酷，歷代法律中對這種拘禁刑具的使用多有規定。《舊唐書·刑法志》規定：「杻校鉗鎖皆有長短廣狹之制，量囚輕重用之。」唐《獄官令》規定：「禁囚，死罪枷、杻，婦人及流以下去杻，杖罪散禁。」同時，法律還對不依法使用戒具的行為定有處罰條款，唐律規定：「諸囚應禁而不禁，應枷鏁（鎖）杻而不枷汲杻及脫去者，杖罪笞三十、徒罪以上遞加一等」；「若不應禁而禁及不應枷汲杻而枷汲杻者杖六十。」但實際上禁具常被超出限度使用，成為加重對囚犯懲罰以增其痛苦的手段。北齊的張和思禁拘囚犯，「無問善惡貴賤，必被枷汲杻械，困苦備極，囚徒見者，破膽喪魂，號『生羅剎』。」有人甚至親眼看到明代刑部監獄中，犯人被禁錮的慘狀。「有的犯人被綁在木板上，他們帶著鐐銬和鎖鏈，固定在鐵樁上，頭髮也拴在鐵釘上。即使這樣還不讓他們自在，他們的腳用板夾住，背上和胸上纏

著一百碼的鎖鏈和刑具，恐怕要壓斷肋骨，他們哭嚎著⋯⋯」。所以，在監獄這個大刑具裡面，還有大大小小的拘禁刑具，它們都能帶給犯人不可言狀的痛苦。

牢頭獄霸

　　馬牛、毒蟲、虎豹都是刑具，而且是活刑具；監獄裡也有活刑具，就是牢頭獄霸，而且這種活刑具比死刑具還屬害。囚犯一入牢獄，就在牢頭獄吏的管轄之下，這批胥役社會地位雖然不高，但他們實際控制了囚犯的生存處境，因此常常憑藉這點權力，倚勢敲詐勒索、摧殘凌辱囚犯。《舊五代史・刑法志》說：「初則滋張節目，作法拘囚；終則誅剝貨財，市恩出拔。外憑公道，內循私情，無理者轉務遷延，有理者卻思退縮。積成訛弊，漸失紀綱。」五代時的眉州刺史申貴，以「誅虐聚斂」著稱，他公然指使獄吏「令賊（被關押者）徒引富民為黨，以納其賂」，並「常指獄門曰：『此吾家錢穴』」。宋代的牢頭獄吏「以獄為市」，公開索賄受賄，「若不得錢，不與燥地，不通飲食」；遇到無錢之囚，則視作「猶犬豕，不甚經意，初有小病不加審詰，必待困重方以聞官，甚至死而後告」。儘管當時嚴禁獄內外交通勾結，但「有財者可使獄吏傳狀稿，通消息」；桎梏等禁具雖有定，但「吏輩受賂，則雖重囚亦為釋放安寢」，以至「有貲之囚，巧為敷說」，使之「詐病」，「漸為脫免之地。」在以宋代為背景的小說《水滸傳》中，對這種「賄賂公行」的黑暗獄政有淋漓盡致的揭露。小說中的差役、獄吏，看到錢就像貓見到老鼠一樣，什麼法律、規定都可以不顧，全都能夠靈活處理。押送刺配的犯人，只要有錢，就可以去行枷，要走就走、要停就停。犯人進監，都要打「殺威棒」，只要有錢，就可以「有病」為名免打。錢能通神，這個價值規律在監獄裡表現得更加明顯。

　　若窮人進監獄，可就慘了。明代甚至有「獄卒索要不遂，凌虐（囚犯）致死者」。清代的獄中賄賂，還有種種規格和名目，如「全包」，即花錢買通自門役到提牢主事以及相關衙門司官、茶房等全部人員：「兩頭包」，即買內不買外，買上不買下；「撞現鐘」，即犯人每有一行動要求，就得送錢，現使現報；「一頭沉」，只用金錢賄買獄內牢頭，少受皮肉之苦等等。方苞在刑部監獄中親眼見到，人犯入獄後不問有罪無罪，「必械手足，置老監」，使他們困苦不可忍；在獄中熬了一段時間後，獄卒就會來誘惑囚犯花錢，納賄多者，立刻可以獲得保釋出獄；次等者，花上幾十兩銀子，也可以解除手銬腳鐐；極度貧窮又沒有依靠的囚犯，則會被繼續銬著，以此來威嚇其他囚犯。有錢能使鬼推磨，沒錢就難辦事。

　　李伯元寫的小說《活地獄》中曾生動地揭露當時監獄中，賄賂公行的黑暗情景：有個叫黃升的傭人，無故被牽連下獄，衙門的資優班頭子史湘泉，先把他關在臨時拘押牢中，然後故意用鐵鍊將他綁在靠近牢房的尿桶旁，一頭繫在他的脖子上，另一頭繞在牢房的柵欄上，鐵鍊長度剛好，使他懸在空中，無法躺下。就這樣拘禁了大半天，黃升不堪忍受，直到掌燈，史湘泉便來與黃升講價錢了：「你想舒服，卻也容易，裡邊房裡，有高鋪，有桌子，要吃什麼有什麼。」說著便把黃升鐵鍊解開，拿到手裡，與他向北首那個小門，推門進去，只見裡面另是一大間，兩面擺著十幾張鋪，也有睡覺的，也有躺著吃鴉片煙的。黃升看了一會兒，便對史湘泉說：「這屋裡也好。」史湘泉道：「這個屋可是不容易住的。」黃升問他怎的，史湘泉說：「進這屋有一定價錢。先花五十吊，方許進這屋；再花三十吊，去掉鐵鍊；再花二十吊，可以地下打鋪，要高鋪又得三十吊。倘若吃鴉片煙，你自己帶來也好，我們代辦也好，開一回燈，五吊。如果天天開，拿一百吊包了也好。其餘吃菜吃飯，都有價錢，長包也好，吃一頓算一頓也好。」黃升聽了，把舌頭一伸道：「要這些嗎？」

史湘泉道：「這是通行大例，在你面上不算多要。你瞧那邊地上蹲著的那一個，他一共出了三百吊，我還不幫他打鋪哩！」這裡，國法成了獄吏手中的玩物，這些人不是太黑、太狠了嗎？

利用監獄中的慣犯，來虐待、欺負初進監獄的犯人，也是牢頭獄霸們常用的方式。《活地獄》中寫到：有個姓王的秀才因平時得罪了人，被官府暗暗記下了名字，後來正好遇到一椿人命案，就以嫌疑犯名義把他抓了進來。王秀才進監獄一看，「黑洞洞的，地下潮溼得緊，霉氣燻人。再朝上邊看看，一帶高牆，砌得十分堅固，連飛鳥都飛不出一個，別說是人了。柵欄門的木柱有臂膊這麼粗，過了一重又是一重，裡面蹲著許多死犯，簡直不成人樣了。頭髮都有寸把長，面孔上汙穢不堪，身上披一片，掛一片，咽喉裡鎖著胡桃粗的鐵鍊，手上手銬，腳上腳鐐，上半段還有梃棍繫在那裡，坐又坐不下，睡又睡不直」。「前面一個禁子，歪戴著困秋帽子，穿著監布小襖，套著蒲鞋，把王秀才牽獅猻一樣牽到一個所在，說：『小王，你就在這裡歇歇吧！我們明天見吧！你可有什麼話說，我幫你傳到家裡去，招呼弄幾個錢來。』王秀才大罵道：『別說我沒錢，就是我有錢，也犯不著賞給你們這些奴才！』那禁卒冷笑道：『好嘛！好嘛！回來你瞧吧！』說完，便把王秀才項上的鐵鍊繫在一扇柵欄門上，揚長走了。王秀才到此，一無法想，只得也學那些同伴蹲了下來。他身邊有個老囚，頭髮都花白了，看見王秀才蹲了下來，惡狠狠地瞪了他一眼，嘴裡便叫道：『小三兒呢？』那邊一個年輕的，聽見叫喚，說：『在這裡呢！』老囚說：『你給我賺縶著過來！』小三兒便一步一寸地爬了過來。老囚又朝著小三兒對他努了努嘴。小三兒理會得，爬到王秀才身邊，故意歪著身子，橫到王秀才身上來。王秀才讓又讓不開，正在著急，又覺得小三兒的頭和自己的頭靠在一起了。小三兒滿頭都是蝨，聞著王秀才的肉香了，剛剛頭髮接頭髮，那些蝨一個一個的從小三兒頭

髮上爬到王秀才頭上。兩人頭髮猶如替蝨搭了一座浮橋一樣，咬的王秀才又是痛，又是癢，後來也麻木了，糊裡糊塗的人也蹲不住了。兩腿卻待要跌，被鐵鍊繫住，跌不下去，王秀才的身子如懸了空，就這樣熬了一夜。」

　　古典文藝作品中寫到犯人入獄，每每提到親友要拿錢「上下打點」，並非虛言。這裡的「上」，顯然是指審判官員，而「下」，則無疑是那些牢頭獄霸。有人作詩說：「此魚肉耳好誅求，閒置空房飭速籌，有錢者寬無錢仇，欲壑不填怒不休。」這首詩生動描繪出捕頭獄卒魚肉人犯的醜惡嘴臉。以上可知，牢頭獄霸這種活刑具，比不會動的死刑具要狠毒得多。

　　古代封建專制統治下，監獄中的牢頭獄霸，不僅以種種殘酷的方式凌辱、敲詐勒索囚犯，而且還常常不經過司法審判程序，非法處死囚犯；若從這方面來說，他們不僅是刑具，還是死刑刑具。

　　例如著名小說《水滸傳》中說，武松一入監獄，眾囚徒就告誡他千萬不可得罪獄吏，否則將會遭到他們私刑處死：「他到晚把兩碗乾黃倉米飯，和些臭魚來與你吃了，趁飽帶你到土牢裡去，把索子捆翻，著一床乾藁薦把你捲了，塞住了你七竅，顛倒豎在壁邊，不消半個更次，便結果了你的性命。這個喚做『盆吊』……再有一樣，也是把你捆了，卻把一個布袋盛一袋黃沙，將來壓在你身上，也不消一個更次便是死的，這個喚做『土布袋壓殺』。」當然，牢頭獄霸這種非法殺囚的情況是很複雜的，而且絕大多數是受人指使，但直接的劊子手則是這幫活刑具 —— 牢頭獄霸。

　　製造這類非法殺囚的罪魁禍首，有的是最高統治者。在他們為了剷除異己而製造的冤獄中，有許多查無實據、無法定案，只能用這種暗殺手法來處死政敵。最典型的例子，就是南宋時著名的岳飛冤獄。過去的一些史書和文藝作品，把這樁千古冤案描述成完全是奸臣秦檜一手造成

的；而事實上，製造這起冤獄的主角，應是宋高宗趙構。當時在宋金和談中，金方表示，「必殺飛，始可和」。於是，秦檜、万俟卨之流在宋高宗趙構的默許下，逮捕岳飛等人下獄。「或教卨以章臺所指淮西事為言，卨喜白檜，簿錄飛家，取當時御札藏之以滅跡，取行軍時日雜定之，傅會其獄。歲幕，獄不成，檜手書小紙付獄，即報飛死，時年三十九。」這裡說的「檜手書小紙付獄」，就是寫給獄頭們一個條子，他們便以「莫須有」的罪名把岳飛殺害於獄中。明初的著名文士解縉，也是這樣不明不白被處死的。永樂十三年，解縉已在獄中多年，這一年「錦衣衛紀綱上囚籍，上見縉姓名，曰：『縉猶在耶？』」永樂皇帝的這一句話說得很含糊，有可能打算赦免解縉，也有可能是在想：「解縉怎麼還沒有死？」紀綱不敢進一步追問，為保險起見，他從第二種可能去理解永樂皇帝的意思，在當天夜裡「醉縉酒，埋積雪中，立死」。這裡雖然未提到紀綱寫條子給獄史們，但這肯定是獄頭們所為，難道紀綱這類特務還須親自劐雪埋解縉嗎？

監獄中祕密處決的第二種類型是酷吏任意殘殺。隋朝的酷吏田式「或僚吏奸贓、部內劫盜者，無問輕重，悉禁地牢中，寢處糞穢，令其苦者，自非身死，終不得出」。《金史‧宗弼傳》記載，宗弼之子完顏亨在海陵王當政時被誣下獄，海陵王遣工部尚書耶律安禮、老僧等訊之，完顏亨「與其家奴並加榜掠，皆不伏」。老僧懼怕將來被完顏亨報復，遂「夜至亨囚所，使人蹴其陰間殺之。亨比至死，不勝楚痛，聲達於外」。在明代特務機關衛所牢獄中，這類事更是司空見慣。英宗正統八年，「雷震奉天殿鴟吻，詔求直言」，當時有個侍講劉球上疏抨擊時政，觸犯了當權的太監王振，奏疏根本沒有到達英宗御前，便被王振扣下，指使錦衣衛逮捕劉球下獄，「振即令其黨錦衣衛指揮馬順以計殺球。一夕五更，順獨攜一校，推獄門人，球與董璘同臥，小校前持球，球知不免，大呼

曰：『死訴太祖、太宗！』校持刀斷球頸，流血被體，屹立不動。順舉足倒之，曰：『如此無禮！』遂肢解之，裹以蒲，埋衛後隙地。董璘從旁匿球血裙。尋得釋，密歸球家，家人始知球死。子釺、鈇求屍，僅得一臂，乃以血裙葬焉。」更惡劣的是，這些酷吏往往在得知大赦命令之時，大批殺害囚犯。例如唐武則天時的酷吏來俊臣，「每有制書寬宥囚徒，俊臣必先遣獄卒，盡殺重罪，然後宣示」。南宋光宗末年，朱熹知潭州，後來光宗禪位於其子趙擴，朱熹得丞相趙汝愚密信，知即將大赦天下，「竟入獄，取大囚十八人立斬之。才畢而登極赦至。」

除此之外，不能滿足牢頭獄霸的要求而被處死者，還是占多數：「有獄卒要索不遂，凌虐致死者；有仇家買求獄卒設計致死者；有夥盜通同獄卒致死首犯以滅口者；有獄霸放債逞凶，滿監盡其驅使，專利坑貧因而致死者」。例如《水滸傳》中的解珍、解寶因獵獲的老虎被財主毛太公竊去，到毛太公莊上索要，被毛太公設圈套將他們拿下，以「白晝搶劫」為名，解往州府。「本州有個六案孔目，姓王名正，卻是毛太公的女婿，已自先去知府面前稟說了。才把解珍、解寶押到廳前，不由分說，捆翻便打，定要他兩個招做『混賴大蟲，各執鋼叉，因而搶擄財物』。解珍、解寶吃拷不過，只得依他招了。知府教取兩面二十五斤的死囚枷來枷了，釘下大牢裡去。毛太公、毛仲義自回莊上商議道：『這兩個男女，卻放他不得，不若一發結果了他，免致後患。』當時父子二人自來州裡，分付孔目王正：『與我一發斬草除根，萌芽不發。我這裡自行與知府的打關節。』」明太祖朱元璋也承認，當時監獄中有許多犯人是「無罪而死」的，「蓋謂主典欲財無與，或受他人之財，代其報仇。」

從以上概括列舉的幾個方面來看，正如李伯元在《活地獄》結束時，借書中人物之口所說的那樣：「封建專制社會的中國監獄制度，真是黑暗到了極點！」封建統治者製造的冤獄、酷吏的慘苛、牢頭獄霸的狠毒，

毫無疑問與專制統治有密切的關聯，即使是牢頭獄吏的私刑凌辱，也是由舊式監獄的本質所育成的惡果。糟糕的監獄環境、殘酷的刑具，為他們的痛苦提供了現實條件；單純懲罰的監禁目的，強化了他們的殘忍本性；官場貪汙腐敗的風氣，使他們對囚犯進行敲詐勒索。

就像法國偉大作家雨果所說的那樣，這些人就是「監獄的化身」，「監獄……正如有鐵柵和門閂的形象一樣，它又有人的形象。這堵牆就是石頭的監獄；這扇門就是木製的監獄；而這些獄吏和看守們，便是有骨頭、有肌肉的監獄。監獄是一種可怕、完整而不可分割的東西，一半是房屋、一半是人」。而且，從某種意義上來說，牢頭獄霸這種活刑具，比監獄這種死刑具更凶狠、更可怕，因為活生生的人如果失去了良心，做起壞事來是難以想像的。

刑罰之下，歷史的審判反思：

文字獄、車裂、鬼目粽、燻耳、二龍吐鬚……古代的刑罰有多狠？超多冤案由此誕生！

主　　編：孟飛，蕭楓

發 行 人：黃振庭

出 版 者：複刻文化事業有限公司

發 行 者：複刻文化事業有限公司

E-mail：sonbookservice@gmail.com

粉 絲 頁：https://www.facebook.com/
　　　　　sonbookss/

網　　址：https://sonbook.net/

地　　址：台北市中正區重慶南路一段六十一號八
　　　　　樓 815 室

Rm. 815, 8F., No.61, Sec. 1, Chongqing S. Rd.,
Zhongzheng Dist., Taipei City 100, Taiwan

電　　話：(02)2370-3310

傳　　真：(02)2388-1990

印　　刷：京峯數位服務有限公司

律師顧問：廣華律師事務所 張珮琦律師

定　　價：350 元

發行日期：2024 年 05 月第一版

◎本書以 POD 印製

國家圖書館出版品預行編目資料

刑罰之下，歷史的審判反思：文字
獄、車裂、鬼目粽、燻耳、二龍吐
鬚……古代的刑罰有多狠？超多冤
案由此誕生！/ 孟飛，蕭楓 主編.
-- 第一版 . -- 臺北市：複刻文化事
業有限公司 , 2024.05
面；　公分
POD 版
ISBN 978-626-7426-70-8(平裝)
1.CST: 刑罰 2.CST: 歷史
548.792　113005123

電子書購買

臉書

爽讀 APP